萧山家谱资料选编 墓志 卷

杭州市萧山区档案馆　编

夏锦灿　整理

西泠印社出版社

图书在版编目（CIP）数据

萧山家谱资料选编. 墓志卷 / 杭州市萧山区档案馆
编；夏锦灿整理. -- 杭州：西泠印社出版社，2024.
10. -- ISBN 978-7-5508-4618-0

Ⅰ. K820.9；K877.45

中国国家版本馆CIP数据核字第202406LZ39号

萧山家谱资料选编**墓志**卷

杭州市萧山区档案馆 编　夏锦灿　整理

责任编辑	伍　佳	
责任出版	冯斌强	
责任校对	曹　卓	
出版发行	西泠印社出版社	
	（杭州市西湖文化广场 32 号 5 楼　邮政编码　310014）	
经　　销	全国新华书店	
制　　版	浙江省邮电印刷股份有限公司	
印　　刷	浙江省邮电印刷股份有限公司	
开　　本	710mm × 1000mm 1/16	
字　　数	360 千字	
印　　张	22.25	
印　　数	001—700	
书　　号	ISBN 978-7-5508-4618-0	
版　　次	2024 年 10 月第 1 版　第 1 次印刷	
定　　价	88.00 元	

西泠印社出版社发行部联系方式：（0571）87243079

《萧山家谱资料选编》编委会

主　　编：金　飞

副 主 编：沈美群　陈　新

编　　辑：王金金　章爱青

　　　　　王国海　金至柔

封面题字：陆灿伟

设　　计：周春春

前　言

　　墓志与墓表，均为记录墓主姓名字号、籍贯族属、祖先世系、配偶子嗣、生平履历、生卒葬期等内容的石刻文字，两者的区别是前者埋藏于坟墓之内，后者竖立于坟墓之外，但它们纪事颂德以图不朽的功用则是一致的。

　　墓志起源于何时？由于对墓志的形制、内容有不同的理解，目前学术界尚无定论，但是在南北朝时期已经出现内容与形制都较完备的墓志则为学界公认。据公开的资料，魏晋南北朝墓志1500余种，隋唐五代墓志约20000种，宋元墓志约5500种，明代墓志约5000种，清代墓志约20000种。这是就有原石或拓片存世的而言，可见中国古代墓志文献的数量是相当可观的。

　　家谱是记载同宗共祖的血缘集团世系、人物和事迹等方面情况的书籍，世系和行传是家谱必不可少的核心内容。每个家族成员都能在世系和行传中找到自己的位置。对于本族中的重要人物，除了世系和行传之外，往往还有专传，不惜篇幅，浓墨重彩加以记述，以起到弘扬祖德、激励子孙的作用。墓志作为一种广义的传记材料，其文字被家谱收录也就不足为奇了。墓志的文字原本刻于特制的石头之上，但沧海桑田，陵谷变迁，家谱所载墓志原石能保存至今的少之又少。家谱收录了墓志的文本，在原石已佚的情况下，显得弥足珍贵。

　　笔者据李维松先生《萧山宗谱知见录》一书统计，萧山现存家谱320多种，其中收录墓志的有60多种，约占家谱总数的五分之一。这60多种家谱分布在40多个姓氏、20多个镇（街道）。本书收录其中40个姓氏的53种家谱。原则上，收录的姓氏和家谱数量应该越多越好，以期全面反映萧山家谱墓志的基本情况，但鉴于以下几种原因，仍有10多种家谱的墓志未予收录。

　　一是墓主为迁萧山以前的先祖。如《萧山凌溪丁村周氏宗谱》、《马谷周氏宗谱》、《山阴温泉周氏宗谱》（谱籍地进化镇凤凰山村）都载有《天锡公墓志铭》，墓主是周敦颐之曾孙周靖。据上述三种家谱，周靖字天锡，北宋宣和二年（1120）进士，南宋绍兴三年（1133）迁居临安（今杭州），十一年（1141）迁居诸暨紫岩乡。史载周敦颐是道州营道人，其曾孙周靖之迁临安，应自营道，因而周靖实际并未在萧山生活，诸如此类的墓志不收。与此同类的还有《山栖杜氏宗谱》的《岐国公墓志铭》《祁国正献公墓志铭》，墓主分别是杜佑和杜衍。

杜佑，字君卿，京兆万年（今陕西西安）人，中唐名相，诗人杜牧之祖，著有《通典》一书。且不说山栖杜氏与杜佑有无渊源，可以肯定的是，杜佑生平与萧山无涉。杜衍，字世昌，越州山阴人，大中祥符元年（1008）进士。据谱所载，明代永乐年间（1403—1424），杜有亮从山阴县永昌乡（今柯桥区兰亭镇）入赘山栖颜氏，为山栖杜氏始迁之祖，由此可以说明明永乐以前这支杜氏的生活区域属于今天的柯桥区。杜衍是北宋人，不符合收录标准。《临浦蒋氏宗谱》载有《明封征仕郎彦深公墓志铭》等七篇墓志，墓主都是明代人。而据该谱，蒋氏原籍山阴，至清顺治年间（1644—1661）方迁居临浦，故该家族明代的先人墓志不收。

二是墓主生活年代较早，墓志真伪不易辨别的。如《萧山孙氏袁姓宗谱》载有《宣议大夫七三公墓志》。墓主孙锡予，字重礼，号南溪，生于宋哲宗元祐八年（1093），卒于宋孝宗淳熙四年（1177）。宣议大夫，似为文散官之名，然翻检《宋史·职官志》，文散官称大夫的有光禄大夫、金紫光禄大夫、银青光禄大夫、正奉大夫、中奉大夫、太中大夫、中大夫、中散大夫、朝奉大夫、朝散大夫、朝请大夫，带有"宣"字的有宣德郎、宣奉郎，却没有"宣议大夫"的名目。再看本志的内容，除了诸如"生而俊慧，自幼笃志好学""事亲孝，必致其乐，当大事，尤加谨慎"等泛泛的称扬之外，并无实质的内容、具体的事例。署衔是"宋景定癸亥二月吉旦，玄孙六合县教谕一中撰"。景定癸亥，是宋理宗景定四年（1263），上距其生已一百七十年，其玄孙的记述来自听闻无疑，因而对祖先官爵的记述容有舛误，这也构成了对这篇墓志真实性的质疑。为了谨慎起见，不予收录。

三是某些家谱所收墓志与同姓的其他家谱所收相同，则只收录其中一种家谱，以免重复，如《萧山任氏宗谱》（谱籍地义桥镇西山村）载有苏伯衡撰《元处士任子仁公墓志铭》、俞廷辅撰《贞素居士任公墓志铭》、何舜宾撰《处士任士信公墓志铭》等文，与《萧山任氏家乘》（谱籍地城厢街道凤堰桥一带）所载全同，且西山任氏出于凤堰任氏，故本书根据《萧山任氏家乘》所载录文。

四是笔者周览不全，如《萧山汀头沈氏宗谱》，藏于浙江图书馆，因场馆建设，无法查阅。

除却以上几种情况，凡载有墓志的家谱，本书皆有选入。各家谱所载墓志篇目悬殊，多者数十篇，少者仅一篇，故本书所选，多寡亦不一。为便于分析，先将收入本书的家谱姓氏、谱名、谱籍地以及所存墓志篇数与选入本书墓志篇数列表如下：

姓氏	谱名	谱籍地	所存篇数	选入篇数
丁	古越萧南丁氏宗谱	戴村镇半山村	2	1
于	萧山于氏宗谱	新塘街道车家埭社区	2	1
王	苎萝王氏宗谱	临浦镇大庄村、浦阳镇临江村	3	2
	萧山车里王氏家谱	城厢街道	2	1
	萧山王氏家谱	城厢街道	18	11
	萧山新发王氏家谱	衙前镇衙前村	1	1
孔	萧山苎萝孔氏宗谱	临浦镇前孔社区	1	1
	觉山孔氏宗谱	临浦镇自由孔社区	1	1
田	欢潭田氏宗谱	进化镇欢潭村	8	6
史	萧邑史氏宗谱	蜀山街道	2	2
冯	赭山冯氏家谱	南阳街道赭山社区	1	1
朱	萧山瓜沥朱氏宗谱	瓜沥镇航民村	3	2
	萧山朱家坛朱氏宗谱	新塘街道朱家坛村	1	1
	萧山朱氏宗谱	衙前镇翔凤村	1	1
	萧邑桃源朱氏宗谱	浦阳镇十三房村	1	1
	黄阁河朱氏家谱	蜀山街道黄家河社区	2	2
任	萧山任氏家乘	城厢街道	13	8
华	萧山华氏宗谱	闻堰街道潭头村	1	1
汤	萧山夏孝汤氏家谱	长河街道长二社区	5	4
	杭州汤氏宗谱	长河街道汤家桥社区	2	2
许	山阴碧山许氏宗谱	瓜沥镇党山村	2	1
	萧邑桃源许氏宗谱	浦阳镇灵山村	1	1
李	天乐李氏家乘	所前镇李家村	2	1
来	萧山来氏家谱	长河街道	42	22
吴	萧山吴氏宗谱	城厢街道	2	2
何	萧山何氏宗谱	城厢街道百尺溇	12	8
沈	萧山长巷沈氏宗谱	瓜沥镇长巷村	3	2
	萧邑中潭沈氏宗谱	戴村镇八都村	9	6

姓氏	谱名	谱籍地	所存篇数	选入篇数
陈	唐里陈氏宗谱	新塘街道塘里陈社区	5	4
周	来苏周氏宗谱	所前镇来苏周村	4	3
於	萧山於氏宗谱	义桥镇湘南村	4	3
郑	萧山郑氏宗谱	蜀山街道湖山社区	6	5
单	萧山单氏家谱	城厢街道西河	3	3
赵	萧山赵氏家谱	城厢街道大弄	3	2
	山阴天乐赵氏宗谱	进化镇华锋村	2	2
俞	萧山黄岭俞氏宗谱	楼塔镇黄岭村	1	1
施	萧山施氏宗谱	蜀山街道湖东村	1	1
洪	萧山洪氏宗谱	戴村镇石马头村	10	1
祝	萧山桃源祝氏宗谱	浦阳镇江南村	5	1
姚	桃源姚氏宗谱	浦阳镇曹坞村	2	2
夏	所前东山夏氏宗谱	所前镇越王村	3	1
倪	古城萧邑桃源倪氏宗谱	临浦镇横一村	1	1
徐	萧山徐氏宗谱	城厢街道	5	4
郭	萧山郭氏宗谱	戴村镇张家弄村	2	2
黄	萧山埭上黄氏家谱	蜀山街道知章村、黄家章村等	15	10
盛	萧山盛氏宗谱	戴村镇八都村	1	1
韩	湘南韩氏宗谱	义桥镇湘南村	2	2
	萧山义桥韩氏家谱	义桥镇义桥村	4	3
葛	山阴天乐葛氏宗谱	进化镇山头埠村	2	2
傅	萧山傅氏宗谱	浦沿街道冠二社区、长河街道长一社区	1	1
楼	仙岩楼氏宗谱	楼塔镇楼塔村	22	13
管	萧山管氏宗谱	城厢街道	2	2
瞿	萧山大桥瞿氏宗谱	河上镇大桥村	1	1

　　这张表格，揭示了墓志分布的不平衡，这可从三个层面来理解。一是墓志在各个姓氏中的分布不平衡。如上所述，萧山现存家谱有 320 多种，而墓志只

分布在60多种家谱中，这意味着有约五分之四的家谱未收墓志这一文体。如果按照本书凡例的标准，那么未收墓志的家谱的比例还将提高。换句话说，萧山家谱的所有墓志集中在不到总数五分之一的家谱中。二是墓志在空间分布上的不平衡。表中所列家谱，谱籍地属城厢街道的9种，戴村镇、浦阳镇、蜀山街道各5种，临浦镇、长河街道（原属萧山，现属滨江区）各4种，新塘街道、进化镇、瓜沥镇、所前镇、义桥镇各3种，衙前镇、楼塔镇、浦沿街道（原属萧山，现属滨江区）各2种，南阳街道、河上镇、闻堰街道各1种。可以发现，萧山南部及中部地区不仅家谱数量多，还分布密集。属于现今城区的城厢街道有9种家谱收录墓志，位居所有镇街之首，戴村镇、浦阳镇、蜀山街道各有5种，并列第二位。南片的楼塔镇、河上镇、浦阳镇、进化镇、戴村镇、义桥镇、临浦镇、所前镇，每个镇都有收录墓志的家谱分布。相较于中部与南部，东部和北部收录墓志的家谱则寥寥无几，位于新塘街道以东的衙前镇有2种，瓜沥镇有3种，衙前镇、党山镇以东、以北的益农镇、新街镇、党湾镇、靖江街道、河庄街道、义蓬街道、新湾街道、前进街道、临江街道则是一片空白。南阳街道有一种，即《赭山冯氏家谱》，但其谱籍所在地原属海宁县，因钱塘江河道北移，在嘉庆十八年（1813）方划归萧山。三是墓志篇目分布的不平衡。墓志所收篇目位居前五的姓氏是来氏（42篇）、楼氏（22篇）、城南王氏（18篇）、黄氏（15篇）、任氏（13篇），总共110篇，几乎占了总篇目的半壁江山。

这种分布的不平衡是由萧山特定的历史、文化造成的。第一，墓志姓氏分布和篇目分布不平衡主要是文化的不均衡造成的。具体来说，墓志集中在文化发达的地区和文化积淀深厚的家族。现今的城厢街道，是古代县治所在，众多官署及文庙、书院都在这里，是当时的政治、文化中心，附近聚居着多个文化积淀深厚的家族，如凤堰任氏、芹沂何氏、县前徐氏、大弄赵氏、西河单氏等。且以凤堰任氏为例。任氏原籍河南，始祖任钥任山阴知县，卒葬山阴桑盆里（今属绍兴市越城区斗门镇），子孙遂家焉。第五世任定翁，自桑盆里奉父柩葬萧山，家于昭明乡凤堰里，子孙繁衍，蔚为大族。元末明初，第七世任源，字原礼，号养晦，任萧山县儒学训导，仗义疏财，好结交当世明贤。刘基、宋濂、苏伯衡、王祎、高启等知名人士均与之交往，流连盘桓于任氏之怡怡山堂，并有诗文往还。任氏族人多能诗善文，整整两卷《遗芳集》，共收录族人诗词500多首。任氏共有进士4人，举人3人，秀才100多名。任氏称得上是文化世家，其家谱收录数量较多的墓志也就在情理之中了。再如长河来氏，自南宋来廷绍赴绍兴知府任，卒葬萧山，长子来师安守父墓卜居萧山以来，历代人文荟萃，科甲鼎盛。明清两代，来氏共出进士约30人，举人60多人，贡生接近百人，出仕者数百人。萧山民间有"无来不发榜"之谚，通俗地说明了来氏在萧山科举中举足轻重的地位。收入本书的墓志中，墓主为进士的有来廷绍、来天球、来经济、来斯行、来集之、来起峻，计6人7篇（来集之两篇）；本族举人、进士撰文的有9篇，于此可见举人、进士与墓志撰写的密切关系。举人、进士属于高层次的功名，拥有这两类功名的无疑是当时的文化精英，因而墓志的撰写与文化有着非常密切的关系。第二，墓志在空间分布上的不平衡主要是萧山不同的地域文化造成的。萧山南部及中部，居民大都聚族而居，形成以姓氏为聚合点的自然村落，开发时间较早。例如楼塔镇的楼氏，在宋初迁居于此，人口繁衍，达数万之多。大桥瞿氏、欢潭田氏、戴村丁氏、义桥韩氏、西河单氏等，虽人数有多寡，但数十代聚族而居则是一致的。这些家族往往有浓厚的宗族观念，家谱几经续修，传承有序，因而积累了为数不少的墓志。而东部地区，一部分土地是嘉庆间由海宁划入，一部分是20世纪六七十年代以来围垦而成，居民大都从临近乡镇迁入，只有五六十年的历史，尚没有形成以姓氏聚居的自然村落。各行政村姓氏多而散，没有编修家谱，更何况家谱的墓志呢？

广义来说，墓志也是传记的一种。我在《萧山家谱资料选编·传记卷》的前言中，曾指出家谱传记具有"作为文献的史料价值""作为文章的文学价值""主人公精神的传承价值"。我想这个判断对于墓志也是适用的，在此就不一一展开了。这里我想着重谈谈萧山家谱墓志文献对于名人文集的辑佚价值。

魏骥（1374—1471），字仲房，号南斋，浙江萧山人。永乐三年（1405）举人，次年会试中副榜。授松江训导，召修《永乐大典》，擢南京太常寺少卿，正统间官至南京吏部尚书。景泰元年（1450）致仕，居乡二十余年，热心萧山水利，倡修螺山、石岩、毕公诸塘堰，以抵御钱塘江潮水，恢复湘湖水利。年九十八而卒，谥"文靖"。有《南斋摘稿》十卷行世。

《南斋摘稿》十卷，全名《南斋先生魏文靖公摘稿》，是由魏骥之子魏完和孙婿洪钟就当时尚存之魏骥原稿摘编而成，于明弘治十一年（1498）刊行。洪钟序云："钟忝馆甥，幸获拜观而遍阅之，起而叹曰：惟公弘才正学，充诸内而形于言，粹然道德之敷陈，真典则之文，有非工富丽尚清峻者之所能及也，其可以不传乎？但其简帙浩繁，未易遍刻，乃再阅原稿，凡题上有点注者，皆公墨迹，玩其词意，其有补于事者也。因摘取以刻诸梓，盖亦千百中才什一耳，名之曰《南斋先生魏文靖公摘稿》。"可见当时编选，删略的文章当不在少数。《南斋摘稿》十卷，墓志、墓表在第三卷和第七卷。卷三有墓志铭二篇、墓志四篇、墓碣铭四篇，卷七有墓志铭八篇、墓表三篇。通读这些墓志墓表，它们的墓主没有一位是萧山人，而本书所收魏骥文章达七篇，分别出自《萧山华氏宗谱》《萧山来氏家谱》《萧邑中潭沈氏宗谱》《萧山郑氏宗谱》《萧山埭上黄氏家谱》，它们的墓主都是萧山人，可以肯定都是《南斋摘稿》没有收录的，属于魏骥集外之佚文。

对于本无别集传世的乡贤，我们也可通过家谱保存的文章一窥其文风。朱凤标（1800—1873），字桐轩，号建霞，道光十二年（1832）一甲第二名进士，授翰林院编修。十九年（1839）入值上书房，提督湖北学政，历官刑部、兵部、户部、吏部、工部尚书。同治七年（1868），拜体仁阁大学士，十二年（1873）卒，追赠太子太保，谥"文端"。这样一位科甲高第、身居显位的文人却未见有诗文集传世。无论柯愈春的《清人诗文集总目提要》，还是李灵年、杨忠的《清人别集总目》，都未著录朱凤标的诗文集。而仅就笔者所见，萧山家谱保存的朱凤标各体文章已不下二十篇。本书收录朱凤标文章两篇，分别是出自《杭州汤氏宗谱》的《汤宰熙公暨元配张太孺人合墓铭》及出自《萧山管氏宗谱》的《管朝贵公墓志铭》。前者仅有铭文，采用离骚体式，多用"兮"字，隔句押韵。后者不仅有铭文，还有序文。序文叙事简洁，语言质实。铭文为四言，隔句押韵，揭示了墓主的品格，表达了作者的仰慕之情。两篇文章都非常符合墓志铭的写作程式和规范，显示了朱凤标的文学才能。

仅此两例，足以见家谱文献在保存文献方面的独特价值。倘能就萧山家谱竭力搜罗，并与诸家文集比勘，附于本集之后，将会使其文集更加完善。本无别集者，将其文章汇集一处，亦可尝鼎一脔，可知其味。有志者致力于此，所获定当不小。

夏锦灿　2022 年 8 月 30 日初稿
2024 年 10 月 31 日定稿于念斋

凡 例

一、本书收录"墓志""墓铭""志铭""墓表""阡表""墓碑铭""墓碣铭"等与墓葬有关的诸体文章,为避烦琐,本书统称为"墓志"。

二、以 1958 年的萧山行政区域为准,凡谱籍地在此范围内的家谱,均在收录之列。

三、墓主应为实际生活在上条所指区域内的人士,迁萧山之前的先祖墓志不收,原籍萧山而迁居别处的,视其知名度,酌情收录。

四、现存萧山家谱,多数为明以后所修,故本书所选,以明清为主。对于宋元时期的文献,取谨慎态度,宁缺毋滥。

五、原文为繁体字,本书一律改为规范简化字。人名、地名中的异体字适当予以保留。

六、原文间有校语,本书径采其结果而不录校语本身。

七、原文间有小字,凡表示注释的,本书亦以小一号字标识,唯原文以双行排列的,本书改为单行;凡表作者谦卑的,则不再保留小字。

八、文章均加新式标点,并据文义适当分段。

九、原文的空格,凡表尊崇的,不再保留;凡作者空缺留待家属填写的,保留;原书破损无法识别的,以空缺符"□"表示。

十、原文中的避讳字,凡缺笔的,径改回原字;凡因避讳追改前代史实的,亦改回原字。

十一、原文的讹误,凡确有所据的,根据相关文献改之,并加按语略述改动理由。

十二、为便于查找,本书据文义另拟标题,而将原题置于新拟标题之下;署衔及年月一依其旧。

十三、原文中墓主年龄与所述生卒年无法对应的,依生卒年径改其年龄。

十四、文章以家谱姓氏笔画排序,同姓的以纂(续)修先后为序,出自同一家谱的以卷次先后为序。

十五、附录一"参考文献",凡家谱,列谱名、卷(册)数、纂修时间、版本形态、收藏机构;其他文献列出编著者、出版机构及出版时间。附录二"索引"，凡墓志撰文者、书丹者、篆额者、填讳者皆列入，以音序排列之。附录三"墓主索引"，亦以音序排列。

目 录

丁应正墓志铭

明故太学生东皋丁君墓志铭

东皋丁君卒既久，且葬，其子隆景来请曰："吾父今殁于地矣，维先生图之。"於乎！予忍志铭君耶？其子固请曰："非先生重图之，吾父永殁于地矣。"於乎！予忍弗志铭君耶？

志曰：君讳应正，字文旦，号东皋，裔出齐侯吕伋。唐光化间文靖公璞徙邑之许孝乡，高祖昌出赘邑西张氏，遂家焉。昌生显，显生潭，博学有隐德，人称"月溪先生"。月溪先生举五子，其四君父也，号双槐，名阳春，积善好施，有司赐爵一弁。母田氏，浔州太守惟祐公犹子庠生瑞女，举一子一女。女字戴君尚志，遂归之，中式浙江丙子举人，人服双槐君蚤见。君幼有巨志，六龄入塾，日诵若干言。既而受书诸儒，诸儒以为敏，授简使著博士家，诸生齑齑多奇构。从祖鸿胪宾山公周、诸父云门先生伯耕、屏南先生鸣春交誉双槐君有子矣。君弱冠游太学，时华峰秦公鸣雷掌成均，抗颜尊重，鲜许可，独奖异君。同舍郎陈君大科、胡君祥霖六七辈，重海内英俊，咸折节下君。后陈君成进士，司越评，胡君授萧判簿，时过君请益，叙平生欢。

君天性孝爱，事双槐君、田孺人，朝夕与居惟谨。处宗族姻党睦而有礼，课诸子督之严甚，微趋庭时训饬百端，命内子具夏楚，所亲蕲省改，良久乃已。诸佃田者不取盈，米盐出内，钩校悉纤末。性嗜书，手常挟册，遇知己议论今古，挥霍中觳，即号称博雅者不能傲君以所不知也。每际淑景，辄郊游，陟吴越故亭，西眺湖，东睇海，适意鱼鸟，薄暮乃返，而诗满囊矣。君生平以礼自束，不敢妄谒县大夫，先后县大夫咸遇君殊等，未尝以寻常礼礼君也。有摭他事构君于许令，君承周令，君立昭雪，且以所罪罪之。君为请赏，其人负荆请曰："愿明公弗仇。"君笑曰："吾代若请矣，异时胡仇。"卒善遇之。君游吴中，主于大贾潘佐家，夜抵寝室，觌遗金，乃主家意群仆攘匿也。诘旦，君询而还之，主惊谢。偕群从立谈道左，见老伧负篋走，甚疾，遗小囊。君亟以足践囊，亟呼老伧。老伧不应，君亟使使追之。老伧至，乃移足令认取。老伧惊泣曰："我府城鲁某也，业贩皮，幸获羡二金。微相公，举家填沟壑。"摸拜而去。逾年，君渡涛江，复遘老伧。老伧欢曰："此活我丁公也。"道厥详，啧啧称高谊。

尝罹回禄，先业去十九，君勤心拮据，徙宅西河里，堂构什器，灿灿复备。双槐君遘奇疾，百药不为愈，君于除夜默祷，请以身代，元旦复祷。双槐君自此渐差，疏草可覆，详具缙绅先生咏歌中。君殁之前七日，值月溪先生讳辰，肃沐如礼，浴竟，觉神疲，就寝。翌日，遂伏枕。衮越五日疾大作。君自知不可起，执朱令人手曰："吾病甚，类尔舅，畴昔之祷，验在兹乎？即死何憾？第以双亲诸孤累若。"言毕而逝。

君生于嘉靖己亥正月一日戌时，卒于万历壬午正月二十九日卯时，享年四十有四。娶朱氏，云南沅江军民府经历少南朱公应朝男耆士衮女。男五：长即隆景，娶礼部主事菲泉来公汝贤男庠生献策女；次隆吉，娶河南府推官泰征王公景星女；次隆元，聘九江府推官巨川曹公揖曾孙庠生敏学女；次隆运，年幼未聘。女二：长隆嬿，适予儿训睦；次隆好，未字。孙男三：其美、其英、其夷。孙女一：其玉。咸景出。景等卜于乙酉年十一月二十四日权厝金山之麓，盖祖兆也。铭曰：

有崇斯封，有坎斯宫。

卓哉孝子，归藏其中。

忆在九京，伊谁与同？

旦代某身，猗欤姬公。

嗟嗟尔嗣，兹可以风。

时万历十有三年岁次乙酉孟冬之望，赐进士出身、奉议大夫、江西建昌府同知、前南京工部虞衡清吏司主事同邑姻生张试顿首拜撰。

于文熊于惠昌墓志铭

儒有迪吉于公合墓志铭

于氏多醇德君子，儒有、迪吉二公居其二。父圣藩公，娶柴氏，生三子：长郡庠生儒有公，讳文熊；次迪吉公，讳惠昌；季西崖公，即泰之外父也。事父母甚孝，事继母黄一如柴。时长公病剧，黄日夜吁天哀告，瘥而后已，则公之事母可知也。兄弟更友爱，有事兄必商之弟，弟必禀于兄，不敢自执意见。外父时尚幼，慰诲勤勤，颜色怡怡，历终身如一日。长公性倜傥，遇事敢为，次公性恬适，以静自守，至于临大事、赴大义，未尝不欣然偕往、争先恐后也。高祖左乔公自水阁徙西蜀山下，历公四世，业颇饶。长公知节俭，故能增益开大，次公淡于利而不逐时，然亦不失故业。

长公配金氏，生子二，女一；继王氏，生子三，女一。次公配柴氏，生子一，女二。金、王两孺人暨柴孺人妯娌谐和，皆能助公理家政，其婚嫁名姓详载宗谱世系中，故不赘。长公卒于雍正乙卯十月初四日，次公卒于乾隆丙寅十一月初八日。长公在时，预卜吉于居宅之西偏，次公曰："吾兄弟友爱，不忍离。"遂并封之。外父曰："余两兄行谊虽不克光显于时，而醇德实足为闾里式也。"命泰志墓并为铭。铭曰：

> 人生百行，孝弟为先。伯氏倡兴，仲也比肩。
>
> 融融泄泄，门庭蔼然。才能起家，郭铁邓钱。
>
> 性乐葆真，无怀葛天。蜀山之上，草木芊绵。
>
> 虬松峭石，秀拱平田。殁葬其麓，神游其巅。
>
> 埙篪永叶，长此万年。为著醇德，并刻于阡。

时乾隆廿九年岁次乙亥二月花朝，岁进士侄婿何国泰顿首拜撰。

光绪四年《萧山于氏宗谱》卷三

王国桢暨妻朱氏墓志铭

明通奉大夫福建布政使司左布政使龙阜王公配朱氏夫人合葬墓志铭

公姓王氏，讳国桢，字惟宁，所居有卧龙山，因自号龙阜，晚更号足庵。云其先宋文正公，后从驾南迁，居萧邑之苎萝乡。其六世祖均寿赘于山阴天乐乡朱氏，因家焉，名曰鹊竿。均寿生汝邱，汝邱生彦德，有子玉玭者，配亦朱氏。生公父哲斋公恺，以公贵，赠兵科给事中。配茅氏，封太孺人，举四男子，而公为长。生而有奇征，年垂髫，即俶傥负大志，箍炬远游学，虽严寒酷暑，不废诵习。董文简公一见甚器之。

嘉靖丁酉，以白衣就有司，试咸首，遂领乡荐，成进士，授行人司行人。寻迁南京工部给事中，奔赠君丧，未赴。服阕，改授兵科。边将朱汉者，恣睢嗜利，总督翁公万达劾奏，有诏被逮系。而汉入赇顾㧑，公抗疏捃摭，上额之。靖藩邦苎与御史争事相构，上既重御史，权不欲为中挠，而又虑夫亲亲心，计遣平允直亮臣往勘，则无如公者。公往而事遂定，还称上旨。时东南海寇横讧，实都御史朱纨开衅端。当路者以纨故，遽罢镇。镇罢而诸将吏无统，则益哗，寇益横。公方承大母重家居，为惋叹久之。无何，又闻北虏阑入塞，烽火彻于都门，天子震动旰食。而镇臣用贿脱，获轻论焉。公服阕之官，即首疏浙镇不宜罢，罢浙镇是惩噎而废食也。以故复署开府，而因荐王公忬、胡公宗宪，寇赖以平。又疏蓟镇罚太轻，无以示后来，且京营兵马皆赚眊小夫，设近郊报警，孰有窥左足而先应者？反复数千言，朝论韪之。迁户科，历左右，已复迁兵科。都本兵某者，推边将而以蓟界成勋，大同界张坚。公谓北事所系，无大此两镇，而两臣偾师，远近莫不闻。会其偾事，虑更置，晚矣。则抗疏入，而本兵辨之力。公曰："大臣务逞胸臆，不深惟国事，且欲言官习党同、缄口木舌乎？"益侃侃论不休。盖是时，分宜相持国事，公先后论列皆与分宜左。于是，分宜憾公，特深适。公偕六科建议，忤旨，上乃摘他故廷杖六科。公蒙杖，而严氏与本兵益阴伺公，隙谋中公矣。公因求外补，得广东参政，分岭西道。时大罗山贼跳梁，公运筹劾之。督府谭公恺并采通判吕天恩议，直捣其穴，斩首二千有奇。交、广民立祠祀三公，语在《肇庆府志》中。

始公拾遗十三年，循资当得京堂官，比出又建殊勋，谓宜擢公不次，而竟坐严氏故，止从常调为云南按察使，擢福建右布政，转左布政。闽方有岛夷之梗，公调停兵饷，不至乏绝，卒大歼岛夷，闽人安堵无患。分宜府灾，议更治，招诸藩出缮以助。公曰："朝庙大工则有助，未闻其以重臣助也。"坚拒之。时抚按交章论荐公，天官当公清廉吏第一，就质分宜。分宜叱曰："是夫倔强不知有人世礼数，固宜置山泽间耳。"天官稍持之，命考功郎三诣，救不可得，竟罢公官。

公之归也，杜足不入府，于卧龙山之阳构屋数椽，凿方池，日哦咏其中。焚香瀹茗，莳花竹，钓鱼为乐。客有来唁者，公辴然曰："予昔历官中外，间关南北，第督督一梦耳，而今始醒。予昔不任贺，今亦不敢任唁也。"遂取醇酒灌客，极欢。而扁其堂曰"梦醒"，为文记之，其率素简脱如此。

性至孝，悲赠君不逮禄养，携像至官邸奉事之。当其疾日，必涕泣痛绝。及归田，太孺人尚强饭，公依恋如婴儿，意稍不怿，辄长跪请杖。弟三，国宾、国望、国器，而国望早丧，遗孤儿。太孺人病溃，甚不能语，数指目公。公跪榻前，泣曰："儿在，幸无忧国望孤也。"故公以己子子犹子，而出所居让诸季，自即湫隘居焉。与配朱孺人处，相待如宾，白首无斁，朝夕课子孙，则曰："我本贫士，致位方岳，若等勉诗书，勿登枝而捐其本，嗜荣干进以玷清白也。"

公弱冠即能诗，老而弥工，疾之日，不及家人生产，犹搦管占数语而逝。朱孺人者，名家女也，以荆布归公，历公第至臒仕，封孺人，无几微动色，事堂上竭其妇恭，而赞诸幼叔成立。公故有庶出子男二、女四，孺人畜之无异己出，而畜其母如所以畜其子。孺人先公逝，公自为状，状之甚详，兹掇其大者。

公生正德癸酉十一月十七日，卒万历乙酉五月初六日，年七十有三。孺人生正德乙亥七月十六日，卒万历丙子三月十三日，年六十有二。子五人，敬学、正学、明学、硕学、循学；女五；孙二十人；曾孙三十人；玄孙三十三人。以万历壬辰七月十一日迁公及孺人窆，合葬于萧之紫湖山。正学等以余有世讲，雅持罗少宰所为状乞铭。余读史，识郭生本云："淮水灭，王氏绝，言继续，无穷也。"公岂其遐裔耶？王氏以德贵者，无过司徒导，司徒六子皆贵达，累数传不衰，然第醇谨笃厚。以言抗贵势，有所张设，则未也。公子姓绳绳，飞腾未艾，盖与司徒埒，而平生所建竖则过之。乃所称曹夫人妒，以视朱夫人，又何如也？是可铭矣。铭曰：

　　惟公之生，忠清果劲。文为国华，教成家政。

官无中人，宁若归田。古语则曰，天道曷然？

彼夸呲子，机捷祸速。项强有公，竟跻荣禄。

阎泽如春，切谏干云。不尽之报，千子千孙。

郁郁佳城，阴阴隧碣。功成身退，身死名烈。

　　赐进士出身、资善大夫、礼部尚书兼翰林院学士、经筵日讲官、同修国史会典副总裁、知起居注同邑朱赓撰。

民国三年《苎萝王氏宗谱》卷二

王师陆母曹氏墓志

先妣曹孺人墓志　　二十七世

先妣曹孺人，同里宗先公中女也。先妣生而婉娩闲静，咸丰六年来嫔我先君静川公，十年姊氏生。十一年秋九月，洪杨党羽陷浙东各郡县，家当富、萧冲，自唐以来浙东西有事，吾黄岭辄无遗种，先君愬焉忧之。所以不即徙避者，则以先王父春秋高，两目失明，起居需人扶掖。先君又远游谋事，孺人能先意承旨，当得老人欢也。呜呼！孺人于是为妇而兼为子矣。

孺人性和厚，寡言笑，勤操作，岁成布数十端，衣被外鬻，以佐家用，孝事先王父。如楼娣俞两孺人，自得孺人来，骤轻仔肩。孺人亦以后来得逮事为幸，不辞劳瘁，楼、俞两孺人益爱敬之。孺人终日坐机杼，午夜纺不辍。然先王父略一呻吟，即趣问安否。先王父蒙眬絮絮询曰："日未晡乎，抑旰乎？可啜粥也。"孺人则随所欲敬进之。姊或索乳，先王父闻，乃命归寝。始趋出哺之，以为常。

其明年，蒋公益澧由上游金华复诸暨、萧山，洪杨党羽仍自吾乡窜富阳，庐舍为赤，所居正屋之左亦被火。孺人急偕楼、俞两孺人以篾舆挽先王父，从右廊出，安置别室。先王父谓为舁出，负曝于庭也，喜。孺人急反身抱姊氏，已无及矣。随从楼、俞两孺人奔避，乱兵追及之，连刃孺人背，血湿絮衣，模糊不知痛。楼孺人喉洞二穴，未殊；俞孺人头颅碎，幸脑浆不迸裂也。孺人忍痛匍匐，仍坐先王父侧。无何，兵去远，楼、俞两孺人各诉悲苦。孺人则左右慰藉，不暇自哀，此同治二年正月二十三日事也。二十七日晨，先王父溘然长逝，寿八十有八。孺人随同楼、俞两孺人含殓如制，招外甥楼南城来，为料量。孺人复随同扶榇，葬大园地。大园地者，先王父寿圹所在地也。葬事毕，先君坌息奔至，擗踊无算，哀毁不欲生，深感楼、俞两孺人，泣曰："同父三人，殓不凭棺，葬不临穴，脱无若妯娌三人者，吾辈何以见先人于地下乎？"

含哀出门，逾月，先君负种籽钱米付诸侄，令照旧耕作，挈孺人赁居江塘之仁里王。明年，移居萧之东门外黄鞠山麓。十一月，不孝始呱呱坠地。明年夏，西江塘溃，水浸萧之南门，城居民攀屋脊呼号。孺人怀不孝，凭窗槛啜泣曰："一块肉将并葬鱼腹矣。"孺人自遭丧乱，精力衰竭，经此奇灾，得惊悸症，医皆束手。延至八月，遂不起。呜呼痛哉！

不孝母氏前后共五人，俞孺人无禄，继陈孺人，举一子，六岁而殇，无禄。继骆孺人，则又无禄。独孺人生我姊弟，而姊又殇于兵燹，难星甫过，二竖为殃，孺人遂溘先朝露。继徐孺人，鞠育之勤，恩逾生我。不孝幼时能遵守礼法者，禀诸继母之训为多。犹忆四龄时，何家母姨来省后妹，先君谓不孝曰："儿欲知尔母否？尔母状貌一如母姨。"不孝泣呜呜，投母姨怀。母姨涕洟抚之，先姊徐孺人相与泣下沾襟，咽呜久之。因请延画师以母姨为孺人像，迄今岁时瞻拜，得稍伸孺慕者赖有此。

徐孺人慈惠有礼，其治家也，勤苦操作，廉俭谨严。有识二孺人者，谓后先可称双媺。光绪二十五年九月间弃养，寿七十有九。窃念徐孺人之恩勤，乌私得以稍遂。至孺人之淑德懿行，惟时时闻诸趋庭之诏及婶母俞孺人之口述。且坟墓远在百里，子孙展省不以时，松楸将芟夷于樵牧。为此谨就曩昔所闻，涕泣而为之志。

孺人生道光九年十一月初六日，卒同治四年八月二十二日，权厝萧之西门外桥头潘。同治九年某月日葬于二都四图史家桥西北原盛家墩，墓旁树界石二。子一，即不孝师陆；孙四，赓亮、赓祥、赓昶、赓阳；曾孙一，国权。

民国三年十一月　日，不孝师陆谨志。

民国三年《苎萝王氏宗谱》卷十

王政墓志铭

宾泉公墓志铭　大房二十世

公讳政，字文震，宋兵部侍郎追封晋国公之云礽也。其先居魏州，至绍兴年间有讳性者，扈跸南渡，因家萧山，世居王龛，遂为萧山人，迨公凡十二世。公方弱冠，念亲老居乡，村乏时新瀹醢美味奉养。即徙居邑中，偕弟文隆，列肆居积致富，买田数百亩，置别业于邑东赵墅。每五夜出课僮耕，指授治生方规。昼归侍亲，凡时物佳味，不计价值贵重，必市进亲前。食余，请与问余，曰："有。"默契曾子养志大孝。既而父仲谦卒，哀毁不已。事母刘氏愈恭顺，一钱尺帛，悉贮母帑，出纳必禀，不敢专。而刘太君有陶母懿行，善主北堂，闺门雍肃。公之起家，贤母多助焉。

公性勤敏，丰俭适宜，积而能散。乡人有赵二、吴华死，无棺殓，公即施以棺。同井有张姓者，喑哑不能言，死无人收殓，公即给衣棺葬之。佃户沈清例还田租四石，公至彼家索租，见其无升斗贮，妻子啼饥，即蠲不取。凡假贷者，或贫无力偿，但收本不取息。有张姓莫姓者，室如悬磬，假本米六石，公悯其穷，即并本息不取，而焚其券。许寺钟楼颓圮，公曰："是司晨昏候者。"出白银助修。见桥梁道路毁损，即施资辑理，不少吝。

娶娄氏，妇道母仪为乡楷范。见子琼幼警敏，劝公遣游邑庠，暮归必课读，至夜分方许寝。学成，除湖广郴州兴宁县知县。方子莅官时，遣人迎公就禄养。公念家政纷纭，若治禄则治生无主矣。示书曰："尔但守俸效忠，胜养我老。"终不许迎。公平素不谄媚豪右势位，不迫人于险，不取予以非义，不忤于物。乡评谓陈实、郭泰流亚也。

娄孺人先公四十年卒，子三人，曰琼，曰玉，曰珍。继娶孙氏，一子，曰玟。孙男九人，孙女四人，曾孙女六人。公生洪武甲戌九月二十日子时，距成化十七年辛丑八月二十五日寅时，享年八旬有八。士林称为"颐寿处士"焉。

处士子兴宁尹琼衰绖立候予臬司门外，俟予出，扣马泣请曰："生父不幸卒于乡，犹子钦捧浙檄来告哀，今即行。生念父存不许迎养，死又不铭墓，子职之罪莫大矣。兹归将卜成化十九年十二月庚申朔，迁母娄氏柩，合葬祖茔下。敢于大人先生征言，勒石掩墓，用垂不朽。"即呈其乡张学正铭所状行实，再拜，

9

因请铭志。予愍其孝，且同乡曲，乃按状以志，复系之铭曰：

> 处士克孝兮，贵子效忠。
> 为乡仪表兮，德尊望隆。
> 积而能散兮，有马援之高风。
> 天不慭遗兮，胡耄年即考终？
> 若臻期寿兮，生膺子官迁转之荣封。
> 今虽不幸兮，赠诰不日必锡自九重。
> 魄安瞑目兮，永处幽宫。

中议大夫、赞治尹湖广等处提刑按察司副史山阴薛纲撰文，承德郎、湖广都指挥使司经历司开化徐琪书丹并篆额。

民国六年《萧山车里王氏家谱》卷三

王道由墓志铭

明本明处士王公墓志铭 第二世

处士讳道由，字本明，号处善，姓王氏。其先世系不详，由五世祖讳赞臣
膺孝廉，授江浙庆元路总管，卒于官。其子制古舁柩葬萧之桃源山中，因家焉，
故遂为萧山人。曾祖即制古也，以孝行闻。祖讳德和，父讳汝楫，皆隐不仕，
守分务本，以至蕃裕。君貌峻整而心坦夷，善居室，乡闾族人无不敬信。能与
人交，时贤大夫如方公以规、徐公端蒙、张公孔昇皆相好。读书知大义，常曰：
"士生不获罪于亲戚乡党，使得自娱于一丘一壑足矣。宠荣权利，非吾愿也。"

公年六十九，生于元顺帝至正丙戌七月十七日，卒于永乐甲午十月十一日。
且卒，命其子曰："我家世儒者，我死后，汝当以时敛葬，毋越礼，毋用释道
士以违圣人教，且诬辱我。"配包氏，先公卒，合葬崇化乡西山先茔之侧。子
四人：长原善，中二子原仁、原义早逝，四曰原吉。孙三人：翼、辂、惠。君
卒之明年，公之犹子如意以原善来，泣拜于观，请铭其墓，且曰："吾叔有才
有学，宜用世泽物，乃阃秘不显，斯为可憾。"观曰："不然。《洪范》称人
之福有五，民鲜能兼也。今公年七十不满一，不为夭；有田宅以足衣食，不为贫；
守己而不恶于人，不为不康宁，而不为无德；世乱而生，世治而死，生不见兵戈，
而死在正寝，不为不幸。夫何憾？"乃为之铭曰：

生不劳其形，而以善名。
死不离于否，克全弗毁。
谁如其祉，以覃子孙。

同邑仙岩楼观撰。

乾隆二十年《萧山王氏家谱》卷二

王允墓志铭

乡大宾南川王公墓志铭　　五房第七世

　　南川公，余季儿沈妇翁也。余生平负气慕义，任侠自喜，于海内贤豪间交游颇多，而最厚且久者，无如翁，然竟不能名翁所为人。余睹其一二行事，似战国两汉初侠士，至综其终始，核其忠质，深处则似三代时敦学力行君子，余总而名之曰"翁非今人也"。

　　翁故富家子，娶于张，其舅得罪邑令。令诛其所逋税三百余金，急甚，逮其子。其子孱，弗任棰楚。翁曰："出则死矣。"乃传匿诸戚家，而代往对簿，大为令所苦，尽输其所逋，而其舅竟为令所中戍边。令去，翁为诉，得调近卫。当是时，翁几死，费且千金，翁名由此重，人人争向慕之。后张之疏族有娣归於者，人以杀人诬於，讼之。翁知其诬，私见讼於者，曰："於实不杀人，若诬之，奈何？"其人见翁，惭且恐，曰："惟公命之。"翁曰："若憾於耳。吾令於以二十斛粟饷若，可释乎？"其人喜诺，翁遂以己粟与之，於得解去。翁终身不见於，於亦竟不知也。有女兄适任，任后衰，失其奁田。翁为赎其田而归其入于任，任复失之，翁复赎而归之，至三而后已。又有骆三者，与翁无素。翁之大父之外侄张，其妻为人诱去，翁为之从骆乞诉词得还，后十余年不相闻。骆病且死，苏，再三曰："吾欲一见王南川翁逝矣。"家人走迎翁，翁至，骆曰："无他愿，以孤子为托。"翁额之。丧毕，挈其子来，善抚之，至成人，复与之生资而遣之。闻者不多翁贤而多骆能知人，死而能庇其子。司马子长云："趋人之急，甚己之私。既已存亡死生矣，而不矜其能，羞伐其德。"至如翁者，讵不近耶？

　　然余睹翁平居动由礼度，斤斤不越尺寸，无敢眦睚加人，日凝坐南楼几间，记籍出入，米盐之类，纤纤缕缕，岁以烦积。余曰："何琐也？"翁曰："万一失记忆，如负人何？"常与余言："宁我厚人，无宁使人厚我。非不欲利，此心自不能已。稍非吾心，数夜不寐矣。"意翁在燕私中，颇有洙泗门墙治心之功，衾影可对，颜容自别，至使族里之为不义者，窃窃然惟虑翁知之，避不敢见，此又非朱家、剧孟辈所有。

　　余始为诸生，与郡国士角艺图进取，既而治戎行，历提兵闽粤幽蓟之间，与诸将吏捣巢穴，积岁上功首虏。既而解甲归田，从闾巷故戚相涉，铢两之往还，见少可自便处，无不攘臂而起，或肘蹴以阴收之。曾不谓彼人当奈何？盖余少故饶，已困于业儒，后已禄饶，又以罢禄困。阅人面目亦若与我之饶且困相改换，而数十年面目如一日者，独翁一人。故吾谓"翁非今之人，而古之人也"。

翁修髯隽表，亭亭鹄峙之望，雅娴谈笑，每与人论事，一涉儇浮，则摇手引髯作谚语曰："去不得，去不得。"一座为之尽倾。少治举子业，以独子家政弗遑中废，延名师以教子，供馈备恭谨隆厚。三子力学，一时蜚声。胶序中人皆谓：王氏门闾，旦暮且有驷马高车。而孟与叔皆蚤世，女归余季儿者亦亡。翁拊膺曰："吾获戾于天，天其殛我，我复何求？"闭门自苦，谓不敢复知人间之乐。

而邑大夫今浙大参养初王侯下车，从长老诸先生问所以安集百姓，数造请翁。翁不得已，强为大夫出。王侯得翁陈说，晓邑中诸利病，政声藉甚，而翁未尝言吾为邑大夫陈说如此。王侯益贤之，又以乡饮礼宾翁泮宫。而嗣是来令者，今冬官郎康吾马侯、柱史望海刘侯，并礼访如王侯。夫翁以庶民，幅巾深衣，雍容闲雅，作揖客于诸大夫之庭，在古惟言武城之于澹台、曹平阳之于盖公，亦非所见于今世郡县之吏也。

王氏来自会稽，有讳赞臣者为元庆元路总管，徙萧山桃源，其曾孙子辅徙城隍庙东，世称庙东王氏。翁大父为润，父为兰。翁讳允，字尧恭，别号南川。娶张氏，恭俭孝慈，与翁合德，先翁四年卒。生四子：孟持敬，庠生，娶蔡氏，无出，以仲子之子懋学为后；仲持信，庠生，娶瞿氏，生四子，懋学、懋训、懋贤、懋绩；叔持忠，庠生，娶徐氏，生一子，懋孝，女一，适山栖李有立；季持仁，娶曹氏，生女一，受县前徐一栋聘。懋学娶徐氏，生二子，克家、明家；懋孝娶曹氏，生二子，启家、振家；懋训娶蔡氏。

翁晚而好《易》，居家动以筮筴多验，厥考妣兆水自穴中出，因又究形家者言，改筴于江塘山之北支，已又改于其南支。自营葬地于山栖，群山万壑所赴，岿然特达如贵人，中坐而佐从屏障，层罗于外天，或以是笃王氏之福也。翁生于嘉靖三年八月廿六日，卒于万历乙未九月初五日。举家闻鼓吹声和雅非常，时在楼头时在牖，左右觇之，他处无所有。客从外来问疾者亦闻之，至翁瞑目良久乃已。

记曰：清明在躬，志气如神。岂翁诚心实行，一无愧怍，垂绝不乱，上格重玄，真有神人仙乐导迎升天之事，而不堕于佛氏所云轮回地狱者耶？是诚可异也。

持信等卜以是年十二月二十二日启张孺人枢合葬，抱其所为状来，稽颡请铭。铭之曰：

　　韩退之有言"自今以后不复有如古人者，于今忽有之"。惟翁以之，封骨于此。福绳绳兮，惟子若孙其食之。后千百年永固护兮，莫或坏之。

　　福建都指挥使司都指挥同知、镇国将军同邑眷姻弟曹南金顿首拜撰。

乾隆二十年《萧山王氏家谱》卷二

王一和墓志铭

近竹王君墓志铭　　六房第七世

嘉靖丙辰二月之望，予姻氏近竹王君卒于家。明年丁巳十二月十有八日，葬君于至湖岭之原，盖君所自择新阡也。厥子嘉兆偕予甥凤来谒予，以铭请，其状则福州守湘湖翁君之所次述。矧厥行谊著于乡评，亦余之所素知者，为志其略。

君先世居会稽，其来远矣。宋有讳仲仪者，在仁宗朝官谏议，仲仪之孙肇弘，生子赞卿，为西浙提举，过经萧山桃源里，乐兹山水佳胜，因家焉。六世之后有讳汝楫者，赘居苏潭，遂称苏潭王氏。汝楫生道由，道由生原善，原善生君曾大父辂，辂生君大父英，又自苏潭更兹地，盖今称庙西王者，言著姓也。父杞，配胡氏，生子二人，长一初，君次之，讳一和，字节夫，近竹则其别号也。生于正德丙寅三月十九日，存年五十一。子男四：长即嘉兆，太学生，娶徐尧典女；次嘉闻，邑庠生，娶庠生张天年女；次嘉仪，聘太学生魏承爵女；嘉士，聘张封君子词女。女一，适徐金宪孙庠生凤来，即予甥也。孙女四：一许配庠生来端甫子庠生士美，一许配庠生施友儒子庠生施炳，二尚幼。孙二，曰三才，曰三大。

君自少颖异，长能以孝义自立，不随时俗为好恶。邵武节推南墩朱公一见而奇之，曰："吾尝为孙女择一可配者，此其人也。"乃不责君家厚聘，归君十年公殁。既久，家渐凋落，母氏尚存，君谨事之如礼，恤厥子孙，傍及诸子女，婚嫁以时，终始如一日。至今人服南墩公有知人之鉴。君以《尚书》游邑庠，砺志奋庸，遭时不偶。不知者劝君俯就例贡之途，非君志不悦也。其在诸弟子列，独见知于学师。师称其贤，君亦愈加检整。时教谕丁君假君五十金偿己所贷，未几以疾卒于官，君竟不言，且为尽力得归旅榇。

兄友弟恭，式相和好，闺间朝夕。兄遗二子，一甫十二龄，一在襁褓，仗君抚育。继母韩氏，过君家不数载，公殁，性颇难事，君能委曲顺承，咸适母意，母亦爱之不异己出。其事嫂亦如事母然，凡有所事，禀命而行，不蓄私财，澹然自处。姊氏赘庠生任曦，曦蚤逝，遗甥克肇，长婚家室，置产分居，悉如姊意。不幸甥亦早亡，痛姊中岁茕然，益勤省事。其诸敬贤取友、赡族睦邻，名重乡闾，不一而足，可谓有道君子矣。惜乎时命乖违，末由通显，年方半百，遂尔倾逝。

嗟哉！叔世民伪日滋，而君独乐善好修，永垂宗范，振振子孙，亦将有为国嘉祯以光泉壤者出焉。此则定命于天，不但已也。是宜为铭。铭曰：

> 剑锋弗试，含光自鸣。君子抱璞，孰彰尔名。
> 维天有命，孰云未定。弗逮尔身，终延尔庆。
> 倬彼灵丘，寂寂松楸。铭石斯藏，永奠诸幽。

赐进士出身、翰林院编修、经筵国史官、提督校书、同修明典前承德郎、吏部考功司主事年家眷弟钱塘金璐撰文。

乾隆二十年《萧山王氏家谱》卷二

王慎之暨妻施氏墓志铭

诰赠内阁中书慎之公暨配施太孺人合葬墓志铭　大房第十世

　　余同年宗兄毅庵先生卒有年矣，其子圻以乙酉副车教习京师，又余前所取士也。得时谒余。今年冬，教习事竣，将告归，伏地请曰："圻之祖慎之府君，向葬会稽桐坞山之麓，形家谓非吉壤，同族议更迁之，圻不能禁也。惟念向无墓志，今既迁，愿得大人先生言，以光泉壤。"因捧前纳言石公周先生状，以丐余为铭。余与毅庵为年兄弟，交二十载，闻赠公生平甚悉。今圻又恳请再三，余弗能辞。

　　按状，王出琅琊，元时有庆元路总管赞臣公者卒于官，因家萧山，数传至子辅公，生道由，由生原善，递传八世至赠公。积学力行，与其从叔侍郎三才、从兄河道命禹咸以诗文名于时。公在胜国启祯间，年才强仕，见世且乱，遂绝意进取。尝曰："吾无孔明、王景略之才，徒以呫哗搏科第，恐于世无补，吾其潜也。"于是卜地东门外北庄，与其淑配施夫人啸歌相得，陶然风尘之表，暇则率僮仆课耕稼，占晴量雨，有终焉之志。已而世变沧桑，巨宗世家皆失故武，而公独克保田宅，享余赀，超然物外，为无怀、葛天之民，其所见高人一等矣。

　　公之先代以孝友著，公更以是为教里中。有以曲直质成者，必以孝友告诚之，触其天性，相悦而解。虽古之王彦方，不是过也。又性好施与，甲申、乙酉岁大祲，公悉出所有赈之。有箴以"事难为继，且当留自赡"者，公曰："吾志在利物，念不及此。即如所言，亦更图之耳。"其平时好义乐善、舍己从人类如此。呜呼！世之挟所有以傲人者，方将居奇获重售，虽道有殣、室如磬，视之漠然不介意，闻公之风，其亦可少愧哉！邑南路为省郡通衢，公亲募工于里，伐石于山，甃砌平直，至今行旅便焉。晚年迁居邑城，与诸耆旧往还，话曩时所经阅，辄娓娓不倦。雅不好饮而强饭，善步履，皤皤黄发，筋力逾于少壮。望之如神仙中人，年七十三而卒。配施氏，文学望湖公女。其归公也，不及事其舅，而奉姑节母任太夫人，以孝闻。子三：长伦，诸生有名；次之佐，早卒；季先吉，成进士，即余同年兄而圻之父也。今以康熙庚辰年三月十二日与其配施夫人合葬于西山，系以铭。铭曰：

　　　　琅琊之后，遂显于萧。奕世载德，令闻孔昭。

赠公继之，实维人豪。清风亮节，学晦光韬。

白水浩浩，其鱼鲦鲦。彼则求仕，我惟逍遥。

有瓜与壶，有桂与椒。鹿门偕隐，鼓簧执翿。

翛然尘表，匪士也骄。昊天不惠，金流石焦。

民嗟艰食，色菜腹枵。公曰噫嘻，甚惫无聊。

忍视人困，而我独饶。薄言赈之，以济昏朝。

悯俗之偷，以淳易浇。维孝维友，爰诲尔曹。

异口同词，谓我心劳。没而祀社，百世不祧。

昔葬卑壤，今迁于高。川原回合，祐尔裔苗。

赐进士出身、光禄大夫、文渊阁大学士兼礼部尚书年侄太仓王掞顿首拜撰。

乾隆二十年《萧山王氏家谱》卷二

王先吉墓志铭

进士候补内阁中书毅庵王君墓志铭　大房第十一世

毛奇龄撰《进士候补内阁中书毅庵王君墓志铭》

君以康熙己酉举于乡，庚戌成进士，是年即考授内阁中书舍人，不即补。归而家居，越二十年死。死时，其子坛以排马湖滨君尝徘徊焉，顾而乐之，将以其地为瑕丘，而以予密友知君，恐一旦还京朝不能待，谁则能传君者，因再拜，涕泣请予为铭。予思君举乡时，君之子坛同入试，人疑坛中式而不疑为君。暨坛以辛酉副榜贡于廷，领八旗教习者三年，考授县职，今其归又四年所矣。君尚以吏部进士栖迟家庭间不少动，其澹于仕宦如此。

前此予在京，值王师平滇黔，西南再辟，朝廷受其俘，献之九庙，颁敕于天安门外。凡覃恩所及，中外见任官均有赐锡，即未任者，许援例纳粟请诰敕，而君以例请。予难之曰："君仕自有在，何难延一命，需之异日，而遽出于此。"君坚请不辍。当是时，君盖自分以家居老矣，然又恐失时不为，将过此以往不再遇，稽先人赠典，不孝虽后悔，亦何及。因汲汲于此，乃既膺锡命，而即以乡人之请，捧牒迎赠君尸木，祠诸簧宫，使春秋有司例享之，以上跻于邦贤之列，抑何豫与？

君赋性迟重，深醇简慎，言词不妄发，不为己，甚毋务为新奇可喜之行。初若闷闷焉无所短长，而既而思之，未尝先人，然争先者无以过。虽重缓，究未尝以重缓败事。凡机事之来，必镇定有先见，从容暇豫，初若无可恃，人卒以此恃之。顾尤惇伦类族，饶仕宦，一门群从多以意气相矜高，君处之泊然。尝以立家庙，鸠工庀材，君力任其事，自始至终，虽尽瘁不以已。遇邑有大事，水旱修筑，君素不欲先人者，独挺身先之。其教子弟以身授，不动容色，慈逾于严，而子弟之速化者累累。生徒负笈，如坐春风中。善饮，顾不喜豪饮。每饮，少年任气者举觯扬斗，翻瓶瓷，欢噪沾洒狼籍。君未尝不饮，饮不三五，啐不釂，釂而继进，不三五，谢不受，受不三五，举不及唇。及他人以醉去，或欹或侧，而君从容踞席，饮未艾也。

　　君生平以文章名，少与予同砚游于先教谕之门。先教谕每课文，日三义，见烛收其文，择其不完者黜之。预储从人之给写者，而写其完文以进，缄名。坐中庭点阅，阅竟，甲乙之录簿，然后遣都讲开缄而第其有名者。于是榜于庭，鳞次给笔札受奖，若大试然。当是时，惟君多第甲不乙，孝廉韩君者次之，若任君廷尉则甲乙半，予则乙九而甲一。及赴试，而君果以第一为诸生，饩于庠，每岁类必高等。尝谓诗文不一规，而少学之人随时转圜，初奉唐明为指归，而既而厌之。于是有创为宋元之学者，举凡宋元之嗲形秽貌、嗷嘈不堪者，而反袭之为金科，全失三百以来温柔敦厚之旨。因选汉魏六季而唐而宋而元而明诸诗，取其可法者汇录之，共四十卷，名《古今诗统》；复集诸古文，将比其例为《文统》，不就卒，时康熙二十七年十一月十二日，距生万历四十六年十二月八日，享年七十有一，以康熙二十年覃恩敕授文林郎、内阁中书舍人。娶蔡氏，处士敬云公女，敕赠孺人，生一子，即坛也。继娶来氏，前福建布政司使马湖公孙女，敕封孺人，生四子，曰圻，曰埻，曰垣，曰垍。坛以副榜贡生、正蓝旗教习考授知县，娶蔡氏，庠生大敬公女。君与大敬为密友，大敬死，君为经纪其丧事，与都尉赵君、检讨毛君请之督学，使迎其主入乡贤祠。继娶丁氏，见任广西南宁府经历亮生公女。圻，庠生，聘蔡氏，候选州同德辉公女。埻，聘夏氏，前吉水知县梅梁公孙女、庠生寅公公女。垣，聘吴氏，候选布政司经历以重公孙女、廪生仲荣公女。垍，未聘。女二，俱来出，长许字廪生征吉吴公子，次未许氏。孙二，长仲旦，次仲华，未聘。女孙四，长许字陕西凤翔府知府起莘丁公曾孙庠生天叙公子，次许字太学生公协傅公子，次许字庠生广荣陆公子，次未许氏，俱坛出。乃为系曰：君讳先吉，字枚臣，别字毅庵，王其姓也。因为之铭，其词曰：

　　　　江东旧阀，首推乌衣。况嬗骏誉，青箱是期。
　　　　谁谓蓬辖，沙行需迟。安徐静重，乃德之基。
　　　　所惜晚达，缓于从时。衣沾豹雾，书留凤池。

有经可授，有文可贻。孝友姻睦，乡评庶几。

彼丹文者，千秋之碑。只怜械书，用乙者辞。

翰林院检讨、史馆纂修官同学眷弟西河毛奇龄顿首拜撰。

乾隆二十年《萧山王氏家谱》卷二

王九龙墓志铭

乡大宾王君禹门墓志铭　大房第十世

　　康熙壬子年十月十九日，萧山乡大宾王君禹门卒，孝子谦吉等以辛酉年十一月廿四日卜葬君于航坞山之阳，县尹桐城姚文熊志其墓曰：

　　君讳九龙，字禹门，世居县之庙西，里称庙西王氏，衣冠名族也。曾大父文学，大父南渠，父仰渠，并擅儒业有名。君生而伟异，家素饶，好施乐善，持身治家，内外斩斩，接人以恭，时誉坌集。娶西陵戴氏孺人，生一子一女，将成立矣。值王师过江，城守者溃，居民各奔走，里井一空。孺人惧见辱，赴城东之壕水死焉。俗所称姚家潭，其殉节处也。时君避匿他所，仓猝不及相顾。孺人已死，所遗子又不幸夭殁。君之年已五十，泣念向时伉俪相得，有倡必随，忽忽如梦中事。今戒旦无闻，而弓裘之欲坠者间不容发，因再聘同邑金氏为继室。

　　金孺人亦名家子，素娴内则，踵美前徽，助君好施。而君益乐善不倦，然未兑遽有子也，遂并纳副室曹氏及韩氏焉。不数年而瓜瓞绵绵，芝兰绕室，时人始以贤节称戴，至是更以惠爱推金，而君之刑于概可知矣。康熙元年，前令段举行乡饮礼，询知一邑之中耆年硕德无过于君者，爰具书命敦促，延为宾饮之首，时人又啧啧称荣，谓如君者，既富而寿，康宁好德，实无忝于斯礼云。

　　予自奉命莅兹土有年矣，公事之暇，乐与贤士大夫游，而惟王氏一门投契最密。其以文词著称、中庚戌科进士名先吉者，君之犹子也；以翘关膺选、中甲戌科进士名选者，君之再侄也。二人尝缕述君之行事不辍，而予得于宴饮之会，心识其为人，乃本其始终而志其大略如此。

　　君生于故明万历壬寅三月廿一日子时，享年七十有一。子五，曰元吉、永吉，金孺人出；曰谦吉，曹氏出；曰恒吉、迪吉，韩氏出。女六，孙十四，女孙十二，聘许皆名族。呜呼，是可铭也已！铭曰：

　　　　多则衰，寡乃益。不僭不僻，令闻奕奕。
　　　　航坞之阳，结此幽宅。左贤右淑，以永世于无极。

赐进士出身、文林郎、知萧山县事年家眷弟姚文熊撰。

乾隆二十年《萧山王氏家谱》卷二

王人骥墓志铭

候选州同德良王公墓志铭　大房第十二世

　　吾友德良王君既没之三年，其孝子锡晋以书来告，将以今雍正丁未秋七月六日葬君及孺人李氏于螺山之侧，以余知君之深者请铭。余与君为总角交，继而缔婚姻，其志气之相得，盖有不言而喻者，宜其不请于他人而独请于予也。

　　君五岁而孤，甫受书，即能刻厉自奋，峥然见头角。弱冠补邑弟子，家故阜于财，以不得志于有司，援例入赀需次州牧。而君性至孝，以不能夙夜离其太君，卒不赴选。洎太君卒，而君之五男子渐长，遂筑室于宅之西园，日课督其中。暇则与二三知己饮酒赋诗，临泮水之清流，挹西山之爽气，而君亦无用世之志矣。君为人慷慨好施，其视天下事若不足为，而周知情伪，遇事可否，辄数言而决，出人意表。康熙甲午乙未之间，岁频饥馑，当事者檄县设厂煮糜，饥民奔走道路，多有莩者。君谓邑大夫："如此恐无益于民，不若使一坊救一坊，一乡救一乡，则不假手于胥役而民得实受其惠，蔑不济矣。"且出粟数十石以为倡，由是全活者甚众。余初任蓬莱，邑尝大饥，集邑人劝输粟，而区赈之。当时登州十州县，而蓬莱之民独不至流离，监司以余为能安辑百姓，而不知其法之出于君也。君以不及事其先君，每遇忌日必奉奠流涕。及其既老，犹无日不以其母曹太君之艰难守贞为诸子孙训也，盖其发于天性者厚矣。

　　君讳人骥，德良其字也，卒于雍正甲辰二年十二月初四日，享年七十有五。其孺人李氏，庠生李昇公女，克俭克勤，凡所以事其姑者一如君之志，先君十年，康熙乙未十二月二十四日卒，年六十有五。君五子：长锡晋，县学廪生；次锡命，庠生；三廷锡，康熙己卯举人；四锡田，太学生，余婿也，不幸先君三年而亡；季锡圭，太学生。女四：长适双桥孔毓美，次适庠生蔡绶礼，三适己卯举人单国球子太学生家谟，幼适进士钱士谷子太学生文焯。

　　初，君之卒，余待选于京师，不克走哭。今葬有日矣，以忝宰高苑，又不克执绋而临君之窆。呜呼！羁宦数千里，以七十年之老友而不得一叙其哀，此君之所以不肯轻出而膺民社也。爰为之铭。铭曰：

　　　　以君之才兮而蕴不施，奉慈母兮色怡怡。

咏后嗣兮笃燕诒，螺山之侧兮鉴水之支。

千秋万祀兮，不朽于斯。

赐进士出身、敕授文林郎、知山东高苑县事同学姻弟何垣拜撰。

乾隆二十年《萧山王氏家谱》卷三

王钧暨妻周氏墓志铭

岁进士秉成王公暨配墓志铭　令嗣左泉君附　大房十三世

　　王公讳钧,字秉成,由庠生贡于乡。曾祖九思,以少子康熙庚戌进士先吉贵,赠内阁中书;祖伦,庠生;父培,国学生,以季子锁贵,赠河南南阳府邓州州同。兄弟四人,公居其三,为后于叔父庠生奇勋。所后母金氏,以节孝坊表门闾。公性孝友,生平慷慨好施,以母疾兼精内经。人有疾苦辄疗之,从不取赀。配山阴周氏,浦口总兵方苏孙女,广东番禺丞延绪女,孝慈仁厚,人无间言。生一子澄源,即太学生左泉君也。力学敦伦,有乃父风。居母丧,不饮酒,不茹荤,苦寝丧次三年。父没亦如之,不胜哀毁。于乾隆丁卯四月十六日卒,时年四十有九。配李氏,康熙壬子孝廉、衢州教授日焜孙女,廪生班女。侍奉舅姑,舅姑以为孝。

　　公卒乾隆乙丑四月三日,享年七十有三。周太君先公十年丙辰八月十四日卒,享年六十有二。女二,长适太学生汪璠,次适候选吏目任雍。左泉君生五男,长宗校,太学生,娶何氏,任江西铅山县西堰孙女,州同锡国女,子二,之煜、之焯;次宗彬,庠生,娶汪氏,即太学生璠女,继娶陈氏,任河南学院至言孙女,贡生师亮女,子一,之焘;次宗兰、宗梅、宗杏,俱幼未聘。女二,长适汪宗锦,次适郭师颢。

　　今以乾隆十九年甲戌十二月十有六日庚申合葬萧山昭明乡之姚家岸,以左泉君附,李孺人虚右以待,孝子宗校承其孺慕之志也。爰题其墓曰"桥梓继美",而为之铭。铭曰:

　　　　是父是子,种德也厚。
　　　　报不于躬,必昌其后。
　　　　姚江之滨,泉清土阜。
　　　　繄桥梓兮,永藏不朽。

赐进士出身、诰授朝议①大夫、礼部仪制司郎中年家眷世侄会稽胡国楷顿首拜撰。

乾隆二十年《萧山王氏家谱》卷三

---

① 议，原作"仪"。朝议大夫，清从四品文散官之名。《钦定大清会典》卷七《吏部》："凡封赠之阶十有七，正一品从一品均封荣禄大夫，……正四品中宪大夫，从四品朝议大夫。"

王锳墓志铭

邓州司马君衡王公墓志铭　　大房第十三世

余大父以下内外兄弟二十有五人，而王氏得四人焉。四人者，曰镐，曰鈇，曰钧，曰锳。锳字君衡，即邓州司马也。君伯仲长余二十余岁，叔与君年相若也，凡年少诸戏事恒与偕。先府君好骑射，家畜二马，君每来，辄与驰马南山下。叔从后鞭之，或蹶而颠，则抚掌大笑，以为乐。当是时，余孟兄域、仲兄佐、三兄墀，及余及叔及君相得如亲昆弟，不知君之为王氏也。

君年十七入太学，从秦先生于漳南者二年，归而鞠躬曲肘，一除豪习，恂恂有大雅之风。余年三十，旅食京师。又四年，西方用兵，君思效力于疆场，与余孟兄域走陕西凉庄。君外舅凉庄道何公谓君儒家子，宜治民，为援例需次州司马。君自陕归，又三年，长子文澄已学能文，而次子文津尚幼。君乃委文津于余三兄学，走京师待选就余，君年将五十矣。既而余除闽吏出都，又一年，君得邓州同知，与余仲兄佐同赴南阳。君为人狷介，避热如仇，而佐贰职多曳掣，无所舒其磊落不可抑之气。河南田中丞搜剔属吏，无遁疵廉。君丝毫不苟取，凡馈饷事一切委君。君疲于道路，喟然谓余仲曰："吾亦与子采湘湖莼、玩苏潭月耳。吏也何为？"

当是时，无锡稽文敏公总制两河，檄君理河上事。稽公，何氏婿也，与君室为姑侄，诸效力者见君芦房中一灶一榻，巡工手搐。落落寡交游，蔑不视。文敏公知君慎密，一日庭见诸僚，指君而言曰："此余内侄婿也。"众皆属目，多顾其庐者。君率职维谨，益习河防事。稽公将以通判入荐，而君以文澄病瘵于家，大遽乞休。文敏公不可，请益力。公知不可留，叹息许之。君归而文澄竟死。余是时自松溪丞摄崇安县篆，君闻崇安有武夷天下之名山也，即来闽，与余谋买山而隐其中。余谓君曰："文澄虽死，文津犹在，奈何舍之而隐岭外乎？"洎余知建阳，君复来谋山事，余以不得于上官，亦拂衣去，不克遂君志。君归，文津又死。初，君之得文澄兄弟也，爱甚，常自负之，哺之诲之，跬步皆有则。文澄颖悟，一目五行，作古文诗歌，洋洋数千言立就，年未二十，其名已噪，文津敦厚而笃于孝友。余兄弟常以二子卜王氏之兴，不数年而相随以死，可哀也已，而谓君能不隐于厥心哉？

　　君家南城苏潭，与余居石峡相距四十里，余兄弟造君，一盂一蔬，非二三句不听去。君来石峡，亦一盂一蔬，而君每不再宿，然数月中或一至，或再至。君以一月不见余兄弟，惘然如有失，既见则欢，欲其久留，则又不可，盖其性如是，而余兄弟亦弗强也。余犹忆康熙己丑，先府君年七十，内外兄弟称觞于堂。君兄弟惟仲早卒，而何氏姑与傅氏姑子兄弟及余群从犹二十有二人。今余年六十有四耳，内外兄弟之存者仅七人焉，而七人之中余兄弟尚三人，而君家则惟叔在矣。其于盛衰之感，何如也？

　　君之卒也，在癸亥八月之十日，闻疾不可为，余兄弟来永诀君。君执手欷歔，曰："余阅人多矣，惟子兄弟，始终不慁，今长别矣，亦复何恨？而澄津早夭，是余之遗憾也。"泫然而逝，君年六十有九。娶何氏，凉庄道何公廷圭女也。生二子，文澄、文津。女一，适监生瞿廷助。继娶会稽虞江太学生盛梓女，生三子，文淮、文浩、文汉；侧室张氏，生一女，适徐。今文澄有二子，国枢、国楠，而文津竟乏嗣也，乃以国楠为后。乾隆甲子正月二十五日葬君于湘湖罗山之麓，从君志也。爰为之铭。铭曰：

　　　　介介者君之性耶，郁郁者君之志耶？
　　　　有拔而起之而君不回，谁嗣而续之以慰君怀？

　　岁贡生、敕授文林郎、知福建建宁府建阳县事表弟郭尚墉顿首拜撰。

乾隆二十年《萧山王氏家谱》卷三

王文炜暨妻单氏墓志铭

锦堂王公暨配单孺人合葬墓志铭　六房第十三世

公讳文炜，字绚尚，锦堂其别号也。公父蕃生公，于公周岁时即见背，母来太孺人守节抚育之。公生而凝重，人以为有乃祖伯宪公之风。伯宪公讳之法，明庠生，守义不仕，人推高隐者也。公自幼奉养伯宪公称孝，及长，好读书，以迫于家计不足资色养，乃师事画师周之尹，遂精于写生。凡四方富家宦族为父母求公者，日踵门至。公亦竟以是克家，生平乐善好施，性能隐忍。方孤寡伶仃，莫之御侮，耽耽者造门思逞，但谨避之，未尝介意也。有损祖业以分润者，却弗受，尝曰："祖宗，根也；子孙，枝也。根培则枝茂，奈何剥削之。"公外舅本富家后，子孙贫无以葬，棺之暴露者相望。公乃出橐中金，悉为营瘗焉。叔高祖学九公，四传而嗣绝，公汇其各像，手并一图，复以己田供岁祀。

公自始祖孝廉公讳赞臣者，尝于元末为江浙庆元路总管，葬于萧山，遂世称萧山王氏。四世暨六世祖并以德行宾于乡，七世八世祖并赠通奉大夫、山东布政使。九世系公高祖，讳三才，字茂槐，万历辛丑进士，仕至应天府府尹，赠工部右侍郎。曾祖月生公，讳命伊，历官工部都水司郎中，以云南广南府知府致仕。祖即高隐伯宪公也。公悲父之早世，自祖以上皆以积学成功名，而己独身兼他艺，不得遂其所好，故其训嗣君尤切。至小试辄售，公无所喜，试于乡不获隽，则自引咎焉。每太息曰："母以苦节终身，当得冥报，岂余尚少阴功耶？"公意盖欲嗣君博一第，以来太孺人之节上闻。既而不可得，乃于乾隆五年叩抚宪卢公具题，遂得坊旌于来太孺人之墓侧。公年六十，偶凭几少息，忽见青衣二竖携笔墨去。觉而异之，继为人写照，无一肖者，恍然曰："吾以笔墨成家，今天夺之矣。"嗣后乃不复举笔云。

公卒于乾隆庚申七月二十五日，距生康熙丁巳六月十日，享年六十有四。配孺人单氏，邑人言如公女，性勤慎，事来太孺人以孝称，一切丧祭婚娶黾勉有礼，尤勖诸子力学，后公十二载殁，时乾隆壬申七月二十八日，距生康熙丁巳七月二十一日，享年七十有六。生子三：长增，廪生，娶蔡庠生石麟公女；次峻，庠生，娶钱太学生左佩公女；次莹，廪生，娶单太学生远功公女。女三：长适虞，庠生讳蔚；次适吴，太学生讳宗德；次适俞，戊子举人、江西南昌府守府天锡公子太学生讳绍尧。孙男八：长华国，庠生，娶来友仁公女；次元镇，娶吴太学生仲容公女，俱增出；次元钛，娶钱太学生奏成公女，埈出；次元镰，聘吴宣平县儒学教谕汉臣公子庠生纪元公女；次元钰，次元锡，次元锟，次元镕，俱未聘，并莹出。女孙二：长适山阴童太学生济玉公子，增出；次字陆太学生振声公子，莹出。曾孙男四：长沐，次滨，次淳，次沂，俱幼。曾孙女四，俱未字。

公嗣君伯仲先后授徒于余之乡邻，时相过从，季君又为余诗友，拟于某年某月某日葬公与孺人于某山之阳，乞余志其墓，而且为之铭。铭曰：

> 惟公门阀，伟于萧然。
> 以德克承，不愧其先。
> 翰墨之事，直通造化。
> 下笔有神，惟吴生亚。
> 孝扬母节，慈成子名。
> 刑于化美，共永贞珉。

山阴杜应誉顿首拜撰。

乾隆二十年《萧山王氏家谱》卷三

王仲华暨妻丁氏墓志铭

太学生再荣王君暨配丁孺人墓志铭　大房第十三世

　　王君讳仲华，字再荣，辛酉副贡、考授知县杏侯公之子，庚戌进士、考授内阁中书毅庵公之孙，乡大宾、赠征仕郎慎之公之曾孙也。性最孝，仁而好施。先是，杏侯公娶庠生大敬蔡公女，早世；继娶山西太原府通判亮生丁公女，质羸而多病；副以陈氏，乃生君。君自幼依丁太孺人侧，就外傅后，反必面，出必宛转床笫间，数四而后去。稍长，以太孺人之病之转剧也，抑郁悲愁，日延医士，亲调药饵，晨夕奉之，久而不效。君乃发愤自责，弃举子学，学为医。嘱配丁孺人侍疾闾中，独坐一室，专心《难经》《素问》及今古名医所著诸书，数年而精其术，恍然曰："吾知所以疗吾母矣。"试之，渐差服，至逾年而太孺人之病竟霍然俱已。

　　君居家质朴，务省约，丁孺人克以勤俭佐之，然于丧祭婚嫁诸大事，未尝不加意丰腆，以宜于其礼也。君自通岐黄后，念人有疾病，迫丁求痊，而庸医误人，每使人子之心不得自安也。遂日出橐中金，广收金石草木诸药品，准以名方炼就，贮于家。人有求者辄施之，越十余年不倦，而怀其惠者弗可胜纪。呜呼！《诗》所云"孝子不匮，永锡尔类"，非即君之谓欤？

　　君赋资敏达，通于经籍，以太孺人之病，无志功名，故终于太学。配丁氏，庠生君庸公女也，徽柔懿恭，能辅君成孝义。子三：长洪济，娶任氏，德公公女，继娶张氏，岐山公女；次洪灏，早卒；次洪涛，国学生，娶蔡氏，国学生嗣襄公女。女三：长适兆佳丁公子槐茂，次适国学佐王缪公子国芳，次字殿先吴公子禹清。孙二：槐标，洪济出，未聘；桂芬，洪涛出。孙女一，字心一来公子征瑞，洪济出。君卒于雍正癸丑五月初十日，距生康熙庚申九月廿四日，享年五十四岁。丁孺人卒于乾隆丙寅八月廿九日，距生康熙癸亥正月廿九日，享年六十四岁。今卜于乾隆五年十一月廿五日，葬君与孺人于邑南门外埭上之矗笔溇，而以状请余铭其墓也。乃为之铭。铭曰：

　　　　行有百，孝最先。孝必奇，岂其然？
　　　　亲尝药，垂简篇。疗母病，病果痊。

以视古，何歉焉？广施仁，惠共沾。
推此心，同自怜。成夫志，推妇贤。
蠢笔溇，峰插天。木森森，水溅溅。
卜于是，谁之阡？问其名，以孝传。

秋田何国泰拜撰。

乾隆二十年《萧山王氏家谱》卷三

王兰墓志铭

丹木王君墓志铭

《萧山新发王氏家谱》封面

　　君讳兰，字丹木，一字臭斋，贡生，例授修职郎，赠修职郎觐颜公之长子也。先世有肇新翁者，明季由府城迁邑之新发里，至君为第七世。君性颖悟，方幼读，塾师以远到期之。年十九丁母忧，服阕后，受知于芸台阮宗师。以丁巳科试入学，二十六复丁父忧，君亲营窀穸，尽哀尽礼。时家况颇艰，君以一身任之。禫服后，为诸姊妹遣嫁连年，支绌经营，耗瘁异常，而不废青灯黄卷之业。嘉庆丁卯十二年，援例贡成均。始不复应乡闱试，中年家计小康，与其弟燧木翁鸠工筑室，同居共庆，怡怡如也。而榜其轩曰"未雨"，盖鉴旧时艰难，示后人早为绸缪之意。自是益务勤俭，里有善举则解囊佽之，岁或歉收则指困贷之。遇有鼠牙雀角之争，必谆谆为之开示，期于排解而后已。尝勖其子曰："读书所以明理，汝曹读书无多寡，从此识一'理'字，庶亦无负于世矣。"已而复溯前迹，凡其祖若宗之同源异出者，详搜简取，汇为一编，新发之创有宗谱，自此始。

君配徐孺人，生子曰仁，早世；曰选，贡监生。孙曰锡祺，方其生也，君已六旬晋一矣。是年，其家及亲朋称觞补祝，君曰："寿者，酬也。天酬其德也，余不德，何以称寿？若天假之年，愿与若力图善举而已。"越五年卒，道光辛丑年八月十八日也，距生乾隆丙申年四月二十日，享年六十有六。所著有《未雨轩诗钞》，待梓。其明年，选将以某月日葬君于龛山白鹤寺前之原，而以行状乞余为铭。余不敏，且谊关父执不敢僭，然念"孝思维则""以永终誉"，亦不敢辞。铭曰：

> 新发一村，齿德兼尊。孝于亲，友于弟，慈于众，修天爵。
> 以叙天伦，翱翔黉序，贡入成均。怡怡秩秩，堂构聿新。
> 四十抱子，五十教子，六十含饴而弄孙。
> 赋诗言志，著手成春。乐善不倦，垂裕后昆。
> 无恶无射，庆溢一门。十年十世，福荫云礽。

道光壬寅二十二年春正月　日上浣之吉，赐进士出身、工部屯田司主事兼管都水司加一级世愚侄朱城顿首拜撰。

光绪十年《萧山新发王氏家谱》卷首

孔漱山墓表

先考漱山府君墓表

溯我先公，族开两宋，有龙警踔兮，拥扈风高；派启三衢，有鹿夹轮兮，吉祥云涌。始买邻于余暨县边，继作室于苎萝山曲。诞生先考，教衍象环，奇分麟绂。念鼎铭而传家训，抚俎豆以振先灵。质秉炀稣，襟怀神憺，接人则粥若无能，律己而梗其有理。剧刓书以嗜炙，五夜殚精；羌摇笔而散珠，千行敓目。遂乃梓里名豪，芹宫誉重。忆卯年折桂之晨，扶鹏遂志；值丁岁敁标之日，题雁蜚声。辞帝里而封拜，剸桐百里，应郎官之宿；奠民居而欢庐，骑竹万家，迎使者之车。矧复典备三升，棘院屡预衡文之选；才罗八斗，槐街艳传取士之公。泮水菁莪，半栽棠舍；彼都草木，争入药笼。惟苞职首戒寅清，四知守昔贤之训；斯报最特敷辰告，三载膺上考之书。花满金城，塞外鸿施夫展布；符分蒲坂，河中鹊噪乎声名。政成而蝗不为灾，合泌水交山而煦德；化行而庑无使吠，统平河安泽以扬仁。所以治县谱中，久已推为第一；循吏传内，允宜订为无双。方府君奉调永济，时历城李筱湘中丞守蒲郡，契府君深，飞檄饬赴任。永为山右西北冲区，隔潼关一衣带水，羽书云集，驿传星驰。豫棰陇徊，狼奔豕突。府君沈几应智，聚米席前，中务动言，借筹阃内。或仗戈矛而警巡虎塞，或纡裘带以娴习鹳军，靡不调立精严，张施帖妥。乃风惊唳鹤，我师乍传银鹘以如飞；而星敛贪狼，彼众已带金犀而不动。民之庆也，府君之力也。

大府特荐可太守，天子俞之，加道衔，洊加盐运司衔，以道员用。两任太原府知府，露冕班恩，勋业追踪苏白；脱巾按部，猷为媲美龚黄。输卧镇于北门，群倚寇公为重钥；结去思于南陌，争酬刘宠以大钱。彼小民三沐三薰，虽留靴之谊重；奈大夫再仕再化，已挂笏之情殷。鲈脍莼羹，吴下之乡思正切；六桥三竺，湖边之景色惟新。簪履雍容，平子归田之赋；烟波浩荡，志和泛宅之歌。援古证今，当仁不让。人或为含章可贞，遁之亨者抽身于福地；府君为知足不辱，艮其止者安命以乐天。于是分琴鹤之余闲，赵清献一麈寄意；问竹松兮幸在，陶渊明三径怡神。知垂佑不外乎诗书，勖丹铅于后叶；惟孝让克绵夫家世，诵清白之先芬。洵足震撼乎咫闻，而揆张夫德讲矣。

兹者三阳协律，一献陈仪。凄凉防墓之封，心惊尼父；璀璨泷冈之表，泪洒庐陵。听威凤之在山，敢卜和鸣五世；指眠龙于此穴，愿赓福禄万年。敬襄徽音，当披黄玉绿纯之策；载酾僎爵，俨佐椒浆兰酌之供。黍稷匪馨，陈栖梋而进修跽拜；昆礽肃列，设裳衣而如接声灵。睹兹郁郁松楸，偕崇德报功以俱远；数到声声箫鼓，效明禋典秩而弥虔。告洁告丰，来歆来格。

男昭瑛谨陈。

光绪二十九年《萧山苎萝孔氏宗谱》卷二

孔传慧墓志铭

德楷公墓志铭

　　乾隆壬寅之秋八月中浣既生魄,族叔德楷公以卒,余时方丁母艰,未遑吊也。嗣君辈卜葬公于村后之高田,以翔素知公者,命作铭以志其墓。

　　公讳传慧,字德楷,族叔祖万秀公仲子也。公性豪迈,遇事有胆略,百折不回,而家庭中孝友笃爱,能得二老欢心。万秀公游南海,有讹传舟覆者,公闻之号痛几绝,寝食俱废,急欲往寻,立誓不得见亲不复为人,盖至性中语也。行装已具,公大哭,举家皆哭,声震数里。适万秀公已至山邑亲串家,公知欲往寻,急归里。公转哭为喜,旁观亦皆为公喜焉。

　　生平不崇佛教,比壮盛,愈好读四子书,尤嗜朱子小学,居恒以此自勖,即以此勖嗣君辈。翔昔时在家塾课童子,公日夕往来,常言欲以蓝田吕氏约法教族人,盖有志而未逮也。岁丁丑,宗人修家乘,公素明大义,此事尤踊跃,故公之力居多,而宗人至今传颂之。先是,家庙为族中不肖占踞秽亵,公告于族长,驱逐而空之。嗣后扫除黝垩,春秋祭祀外,启闭有时,宗人咸遵其约束焉。公好施与,济贫穷,养孤恤寡,乐善不倦。有甥柳某者,自幼抚养,俾至成人,为之婚娶。有族侄某,父母没时,仅七龄,孤苦无以为生。公抚养十余年,今已成家室。盖其父生前与公最相善,故力为保护,冀其一线相延,情谊之笃,直不以死生易也。公以食指渐繁,为谋生计,尝于萧之瓜沥外沙垦田数十顷,乾隆庚寅岁,黄茂垂成,而瓜沥地近海滨,七月下旬飓风大作,片时海水高于平地数丈,漂没卢舍居民无算。公得以身免,此殆天之报施善人欤?

　　初,堪舆家言村之东偏宜植木以培阳宅,翔总角时,往来寺麓,新塘之侧松柏成荫,望之蔚然,不见村落。厥后林木濯濯,基址亦侵削,非昔比。公自创议清厘,为之畚捐俱作,兴复旧塘。塘下系社田,社中人以不利于己,群起讦讼。公因与申理,社中旋自悔悟,谓公兄翼士公之故。公向与翼士公相友爱,非特不以此事怨兄,且为之对众排解,然卒以劳瘁病终,时年五十有九。翔素与公游,迄今十载,而公墓木成围,追忆曩昔,笑言如昨,而星霜几易,风景顿殊,不觉泪涔涔下也。

　　公配李孺人,勤而好礼,有贤声。男三人,长继烈,次继照,三继勋,国学生。

女三，长适陶，次适夏，三适夏。孙广忠、广恩、广增。爰为之铭曰：

　　幽垅长扃，松楸为幄。
　　公也而止于斯，天乎何酷？

时乾隆五十五年庚戌孟秋七夕前五日，族侄继翔顿首拜撰。

民国八年《觉山孔氏宗谱》卷三

田华中墓志铭

山阴处士伯庸田公墓志铭

国子博士、迪功佐①郎兼修国史四明傅贵清撰文
翰林典籍、修职郎东鄞周翰书丹
国子助教、修职郎三山徐演篆额

自古以来，士君子得用于时则能善致德业，以见于斯世，其或时之未遇，则惟安恬乐素以终其身焉。嗟乎！与其仕也政声泯泯以无闻，孰若退修于家而推重于人？天下所以重夫处士也，其在于今若故田公伯庸甫，非其人乎？

伯庸甫讳华中。田氏之先，本于汴，汴在宋为东都。其族姓之地，世称其为田家庄，去陈留之邑一舍而近，乃为田真之后云。宋初有讳锡者，为左拾遗，以直言忤卢多逊，出副河北漕，改知相州以卒。金人陷汴，宋社以南，拾遗之曾孙晟，建炎初守官于蜀，后以丞相张忠献公荐，累官至经略节度使，进大司徒，封鲁国公，子三。司空扈跸南渡，爱越中山水之胜，始定家于山阴之欢潭。自鲁国公历九世，而其诸孙有倅列郡监省仓及为他官者甚众。自省仓传四世，是为处士曾祖，讳诚，行清二。祖讳祐，字古甫，行仁五。考讳甸，字仲源，行义二。曾祖妣黄氏，祖妣黄氏，妣陆氏，生母宋氏。

处士自少读书，长益修饬自树立。亲殁，号恸几绝，殡殓葬祭克尽情理。服制既终，则课僮仆力耕稼，以保族宜家为务。元季兵戈四起，张氏则据有越山阴、会稽二邑之地。处士叹曰："污身于乱世，岂若避地以自洁？"于是挈家居诸暨数十岁。天朝龙兴，益买田筑室，为子孙世居之计。宾朋造门，一豆一觞，必尽其欢然后已。他如睦宗姻、恤贫匮、剖决乡闾之讼，在予有不可胜书者矣。春秋既高，辄谓其亲友曰："古人有言：'生，寄也；死，归也。'与其营墓于殁世之后，孰若先事而为？"康宁之日，寿藏既营。暇日则与亲友宴乐于其中，其高世旷达之志类此。

---

① 佐，原作"左"。明从八品文散官初授之阶。《明史》卷七十一《职官一》："文之散阶四十有二，以历考为差……从八品，初授迪功佐郎，升授修职佐郎。"

生于至正乙酉四月十有七日，卒于永乐丙申六月十有六日，寿七十有二。娶祝氏，有妇德，先六年卒。子男二人：世英、世宗。孙男七人：澄、净、泗、济、津、滋、湜。曾孙男女八人。世英以才推择于有司，入枢府，服庶务之劳，享禄位且有日。至是，不幸有哭父之戚。今将以其年十一月甲子葬于邑东楼义郎山之西北，即处士向所营之地也。前期奉同藩黄浉之状，诣太学谒余铭。铭曰：

彼或昧昧乎事理，在处士则旷达。
谓生者必有死，死奚足以惊怛。
存吾顺事兮没吾以宁，君子考终郁郁佳城。
禄虽不逮兮世有余泽，贞珉勒辞兮丕昭厥德。

田钜墓志铭

故荣义将仕郎田公墓志铭

余来南都，与同年秋官主事祝君维容瀚交最密。一日蹭余坐久，默默而容甚戚。余起问之，乃言曰："瀚自幼见爱于先姑，图报未及万分，而先姑卒已四载，先姑夫又继殁。瀚之哀虽欲已，曷容已？然发潜阐幽，惟文是宜子，子其终图之。"余方以不文辞，而君且以状至，遂叹曰："山阴荣义田公，谓古义士，非乎？"

公讳钜，字九陔。成化丙申，浙大饥，劝分之令下，公独慨然竭私廪以输于官，民以获济。事闻，锡以冠带，授将仕郎。民之食公德者，相率推公所居之堂曰"荣义"。公不可，强之而后听。山阴黉宫坏不支，公首捐金佐修葺费，而游歌之士获有所息。郡侯益起敬之，勒名于石。焚券以安负租之心，或讥其市名，公不与较。凡赒穷恤匮，义之当为者千金不之靳。揆古义士，独何逊耶？

公自幼岐嶷，肌肤玉洁，发漆黑，眉目如画，乡人咸异之。年甫十有四，公之考泉石府君蚤世。公哀毁骨立，敛含葬祭礼弗失。惟谨事母，烝烝孝养，惟恐不至。长而益自立，家益裕，乡誉益起，公恒谦如也。与人交，不煦煦以为恩，不仆仆以为恭，不复言重诺以为信，不促数纠逑以为密。任真诚，破崖岸，心胸洞然，一言即见底里。人有过，微以温语讽之，人莫不自服，咸曰："公其君子人欤！"性嗜酒，客至未尝不醉，善谑而不虐。每酒酣耳热，豪谈剧论，四筵耸然，琐琐世务一不撄其心。年五十有二，以疾终。生于正统丁巳二月十有四日，卒于弘治戊申九月三日。卒之日，犹戒其子以野服殓。若此者，又非其达生知命者耶？

公之配即秋官君之姑祝氏，淑德懿行，表于九族。在家为孝女，归田公为贤妇，抚诸子为慈母。而于秋官君，诸侄中尤笃恩义，尝许以大器，而勉之以忠孝，是又其识见超异，非寻常女妇等也。秋官君尝曰："已富而不忘于勤，已嫁而不衰于孝，吾先姑盖无愧矣。"信哉！先公四年卒，享年四十有七。今合窆于罗山之原。

公之先开封府陈留人，宋高宗时有讳晟者，守蜀有功，官至司徒，封鲁国公。鲁国公之子秩为司空，扈跸南渡，遂居山阴之欢潭，公之十六世祖也。讳棣者，公之曾祖，妣陈氏。讳辉者，公之祖，妣杜氏。讳墉者，博学能诗，以草书名，号泉石,即公之考,妣车氏。蒋氏,公生母也。公有丈夫子五,曰可,曰奇,曰台,曰启,曰哲。女二,长适暨阳翁璋,次在室,俱先卒。孙男二,曰滢,曰渭。呜呼!天之庆,何独钟于田氏耶?不然,何其夫夫妇妇皆贤若是耶?惜乎皆不及下寿,虽予不能不怆然,宜秋官君之哀莫能已也。爰系之以铭。铭曰:

> 天庆匪僭,丰于德门。温温良人,孝义是敦。
> 非惟良人,淑嫔伊匹。恭俭慈惠,垂壶之式。
> 巍巍其堂,华扁辉若。乡人瞻依,趋慕跷跷。
> 凤凰于飞,载息载止。天不终祐,哀动邑里。
> 尔弗用哀,鸳封翠如。勒石著辞,亦慰尔思。

赐进士出身、南京大理寺评事华亭彭敷撰。

光绪三十年《欢潭田氏宗谱》第二本

田可暨妻汪氏墓志铭

明散官信庵田公元配汪氏孺人合葬墓志铭

赐进士出身、中宪大夫、知广西平乐府事、前南京云南道监察御史侄孙田麟撰文
赐进士出身、奉议大夫、江西按察司佥事、前两京户科给事中内侄汪应轸篆盖
赐进士出身、文林郎、南京河南道监察御史同邑潘壮书丹

  吾宗之先，自宋大司空讳秩由汴扈跸南渡，乃家于越之山阴欢潭，宦辙相承，代多显人。至十四世祖讳辉，字孟昭，潜德弗耀。十五世讳墉，字士端，号泉石。翁博学能诗，草书擅名。十六世讳钜，字九垓，输粟授将仕郎，娶祝氏，南昌太守惟容公姑也。是实生有公。公讳可，字廷允，号信庵。和易而介，宽厚而理。少居丧哀毁，襄大事皆合礼。方茕疚中，勤恳教育，诸弟婚娶惟慎。时总家政，虽赀累千金，未尝私殖。庭无间言，乡人士论皆归之。性好咏吟，兴至辄就放浪山水间，脱然无流俗态度。弘治癸丑，岁歉，诏下民间输粟赈济。公慨然曰："朝廷仁民至意也，庸敢后？"即发粟若干，无靳色，竟以是拜官。其处宗族，明谱裔，宏塾教，尚敦睦。其与人无欺绐，人服其信，公因以名庵，且自勖焉。嘉靖二年冬，郡侯渭南南公大吉慎重乡饮礼，凡齿德弗称者不滥预。闻公贤，敦召至，再享朝廷盛典，乡人荣之。又四年，御史台下令，有司榜善人以彰激劝。时吾邑录三人，而公居其一。是虽位不台鼎而声流章掖，此生其不虚矣。

  麟自游庠、举进士第，尝曰："勉尔志业，以亢吾宗。"实惟公翊相是赖。乃嘉靖甲午夏，谓麟曰："古人如陶渊明、秦少游，自为挽歌。彼直以死生为昼夜。吾年已中寿，将卜藏于罗坞之原，而未有志铭。吾子其知我者，盍为纪诸隧石，以图不朽，吾之愿也。"麟因感其言，而叹今之乡人懋德如公者，诚不易得，惜不偶耳。宗党中亦罕如公贤，况麟稔知公，又乌敢辞？

  公娶越城汪氏顺庵公女，今江西按察司佥宪子宿公之姑也。奉舅姑惟孝，待诸叔以义，处妯娌以和，与公相敬如宾，内职克修，肃穆遗风，今犹为族党所称也。嘉靖五年四月二十八日先公卒，距其生天顺壬午八月一日，享年六十有五。公悼失良内助，赋《十挽》哀之，誓不再娶，其义尤足嘉尚云。公生于天顺庚辰三月十有三日，今年七十有五。子三：长曰渭，次曰演，三曰泽。渭

娶凰桐俞氏，演娶紫岩冯氏，继九眼高氏；泽娶越城韩氏。女适暨阳应世隆。孙男五：大器、大经、大有、大纶、大纯。孙女五：长适凰桐俞凤鸣；次适琴坞屠元贞，余俱幼。曾孙应昌。夫公以盛德，享福考，多子孙，是宜铭。铭曰：

> 繄我世祚，濬德司空。厥派绵历，沿流于公。
> 恒性孝友，蹈礼屏私。乃睦尔族，乃信尔黎。
> 官次散阶，曰维尚义。列位宾筵，万民攸视。
> 于皇淑相，内治孔闲。元冥造衅，痌贻有鳏。
> 郁彼罗麓，鹤丘卜焉。勒石扬休，亿万斯年。

光绪三十年《欢潭田氏宗谱》第二本

田奇墓志铭

明故田廷美公墓志铭

赐进士第、承直郎、南京刑部主事同邑祝瀚撰文
赐进士第、承直郎、南京刑部主事余姚蔡钦篆盖
赐进士第、江西提学副使余姚冯兰书丹

　　君讳奇，字廷美，其先河南开封府陈留人。宋高宗时司空讳秩扈跸南渡，因家于山阴之欢潭。禄食绵蔓，代多显人。祖讳墉，抱道不仕。父讳钜，字九垓，别号荣义，以入粟补官。母祝氏，有贤德，不寿，即瀚姑也。君生有异质，眉目清秀，肌肉若玉雪可爱。事父母至孝，待兄弟克友，字童仆有恩。与人交，刚中少容，一言不合即拂衣去，万夫挽之莫回也。及长，克自磨砺，脱去边幅，一露坦夷温厚和易之容，即之蔼然。乡之老者咸器之，曰："胸襟澄彻如秋月冰壶，丰姿美丽如春风杨柳，德性温和如兰芽玉粹。田氏之子，其庶几乎！"予自幼尝从乡先生往来郡胶，道君所，必造之。君倒衣屣出迎，谈笑追陪，洽旬日始别去，益熟知君为人。君性颖悟，善草书，幼多病废学，颇留意阴阳医卜家说，不经师傅，多所自得。每见予，必出此论难，怪语落喙，蝉联不少休。予务力胜之，帻堕地，不暇顾。后二年，予领乡荐之京师，回哭君母。又四年，拜南都秋官尚书郎，便道回哭君父。时君累累然缞服中，节哀疚，与予周旋，不忍顷刻离。予亦勉为君留数日，尽欢而别。岁几何，又哭君。人生如传舍，可弗信乎？

　　君生于成化己丑九月二十三日，卒于弘治己酉十一月二十四日，享年二十有一。娶暨阳应氏敬初公女，无出，继兄子渭为嗣。后二年，应氏亦卒，享年二十有七。次年二月二十日合葬均山之阳。先期其兄廷允以书速铭。呜呼！以君之才之德，将图厥成而天不少假以年，中道毙之，是岂命耶？非耶？更可以不文辞，而泯吾廷美乎？铭曰：

呜呼廷美，而至于斯！

德足以基，才足以为。

命之不时，而止于斯。

光绪三十年《欢潭田氏宗谱》第二本

田渊暨妻俞氏墓志铭

明赠文林郎南京云南道监察御史默斋田先生配俞孺人合葬墓志铭

赐进士出身、朝列大夫、南京国子监祭酒、前翰林院侍读兼修国史经筵讲官增
城湛若水撰文
赐进士出身、承事郎、南京吏部考功司主事古鄞丰坊篆盖
赐进士出身、文林郎、南京河南道监察御史同邑潘壮书丹

南京云南道监察御史田子介潘子直卿过辟雍甘泉子曰："麟之先子，默斋
渊也，生于景泰丙子二月十一日，卒于弘治乙丑十二月廿一日，享年仅五十，
不及于寿，哀也。吾母，俞也，先八年而卒，又哀也。合葬于后山之原且二十年，
墓木拱矣，而未有志铭，弗昭诸幽，又哀也。然而必得名笔以不朽，若有待于
甘泉先生者。先生幸念而赐之铭焉。"

甘泉子曰："久矣，吾之以病废文也。虽然，必愿闻先君之懿。"因问其世，
麟曰："吾先汴人也，有讳秩者仕宋，扈跸南渡，世家山阴之欢潭。勋伐武绳，
入国朝，粹为儒雅。维先子出于府君玉也，玉好善乐施，与人贸易，有遭溺者，
尽以货归其家。玉出于府君锡也，锡出于府君墉也，皆以勤俭起家焉。"问学术，
麟曰："先子性颖发豪宕，好读书，了大义，厌举子业之束缚，遂弃去。学三
尺法，兼精医术，著《经验方》，旁通象纬阴阳诸家，曰：'庶其有济于时乎！'"
问出处，曰："吾先子有用世之志，稍从事臬司，疾时之深刻也，乃独持平反，
曰：'大小者，其职异也；轻重者，其权同也。服念求生之心，宁有异乎？'
是实生有麟，以至今日也。"问行义，曰："先子刚直足以严惮于族里，孝节
足以垂训于子弟。其居丧也以礼，不作佛事；其营葬也以身，不顾尽瘁。"又曰：
"先妣俞，暨阳之望彦也。与先子相敬顺，倾奁以供葬事，诸叔请均其费，辞
不可。夫所谓自尽者。"又曰："先子伤悼失良内助，故终竟不再娶。"又曰："先
子有志开义塾义田，未就而卒，又可哀也。"问所谓训教于子弟者，麟曰："吾
兄弟三人，麟也，凤也，鹗也。先子教之以义方，弗专之于文艺。女子子一也，
娴于阃仪，适邑之韩氏镇世。麟也幸赖先子之教，以有今日，举进士，擢今职。
以今上登极推恩，阶文林郎。赠先子如其官，妣俞赠太孺人。麟也下悲先德之

未彰，上愧君恩之勿扬。且有美而勿彰勿扬，勿仁也；无其美而言之，是诬亲也。诬亲，勿孝也。麟也安敢阿而诬诸？且幸有金臬汪子子宿之状在，惟先生畀之铭焉。"

　　求铭者六月矣，潘子以田子之意来促铭，曰："否则无以焚黄于墓。"甘泉子曰："吾久以病废文也，然而吾夙已诺田子矣。"遂强而铭之。铭曰：

> 奕奕大田，于浙之东。于彼山阴，欢潭溶溶。
>
> 有宋南渡，祖秩扈跸。来斯来宇，武绳文郁。
>
> 锡甫玉甫，启家维实。遭溺归赀，维天阴骘。
>
> 一传默斋，从事维仁。平反求生，服念时旬。
>
> 维刚维直，维孝维勤。在妻维义，子则慈恩。
>
> 其义维何，亡弗再述。其慈维何，德业双修。
>
> 笃御史麟，显扬厥休。帝曰嘉哉，爵命是褒。
>
> 褒命皇皇，于山之原。维山斯永，不替有虔。
>
> 凡庸庶姓，天鉴弗悬。念祖敬宗，式训后贤。

光绪三十年《欢潭田氏宗谱》第二本

田元福暨妻俞氏墓志铭

明待赠隐君鹤冲田公暨元配俞孺人合葬墓志铭

赐进士第、中宪大夫、太常寺少卿、前应天府府丞、福建山东两道三奉命提督
应天等处学政、督理长芦等处盐课兼河道驿传、巡按陕西监察御史通家眷侍生
金兰撰文

赐进士第、中宪大夫、广东兵巡道、前翰林院编修、经筵展书、起居日注、六
曹章奏奉使周藩通家眷侍生鲁元宠篆额

赐进士及第、奉政大夫、左春坊左庶子兼翰林院侍读、前左右春坊谕德中允、
国史修撰直起居注编纂章奏、管理两朝实录、经筵日讲官通家眷侍生余煌书丹

　　古辂轩之使，采风郡国，凡四方之茂良秀孝，与夫端士博闻有道术，虽幽
隐必以上闻，而书于太尝，祭于大烝。如丘明、子夏而外，凡二十人，率皆通
经服古之儒，不必三事人夫而后节春秋、隆俎豆也。余位忝台班，兼参清选，
其于阐幽扬微，职固应尔。矧夫敬崇孔李，睦缔潘杨，如鹤冲老先生田太翁其人，
吾越口碑勒之不置，可以才逊中郎，使有道之懿行不传乎？

　　谨按公冢孙静持亲翁行状，公讳元福，字惟厚，号鹤冲。其先妫氏之裔，
霸国之遗也，所从来久远，第弗深考。在宋则司空田晟公由中州陈留扈跸南狩，
卜居欢川，累世仕宦显著。明靖难初，议以豪右实边。田氏名家，适中徙，举
族西迁关中，其别居山阴者不绝如线。车衍千秋，庆延贺氏，盖若天所祚焉。
从祖鹅峰公，起家甲科，拜绣衣使者，弹射有声。次即公祖见龙公，端诚愿愿，
乐善好施，人咸称长者，知其有隐德云。生勉吾公，性方峻，不妄投契，意所不可，
虽高门华胄绝弗与通。里人以是严惮之。

　　举丈夫子五，公次第三，则五常之最良者也。生颖慧，览辄数行下。六岁
通《孝经》《论语》，稍长能文，绣肠彩笔，往往讪其曹偶。弱冠，补郡弟子员，
试数高等。天性孝友，朝夕问视，罔不恭恪。铜车竹马，让枣推梨，一门之内，
愉愉油油，有万石君风。娶俞孺人，为次峰修武县县丞俞诚斋公女，柔淑婉娈，
祗敬如宾，且却纨丽亲，操作得舅姑欢。公无忧内顾，而后乐可知已。自是学益深，
名益噪，交游亦日益盛众，皆祭酒奉之。然数奇不偶，踬棘围者五，危得之而

危失之者二，知与不知咸为怅憭。公谈道著书，委心任运，虽箪瓢屡空，晏如也。居恒每自叹曰："良农不为水旱不耕，商贾不为折阅不市。吾奈何以困穷改节？且天道难明，近者被于厥躬，远者及其子孙，吾独不可常厥德慎厥终，以迓福善锡嘏之天乎？"乃绝去制举业，肆力于古文，以羽翼圣贤为己任，金声玉振，岳峙渊渟，卓然可为子孙法。而公之子士杰象贤速肖，韶年采芹，壮年树帜。诸孙次第林立，大者龙凤，次犹虎豹也。

方勉吾公暨太孺人先后厌世，公鸡骨支床，哭泣备礼，痛深吴隐，哀极颜丁。里人闻其恸，每为罢市。越俗好生分，公析箸后，有无相恤，式好毋尤。田氏荆花，真可高视侪俗、长揖搢绅矣。妹谢孺人矢柏舟之操，继以螟蛉，鼠雀讼兴，几饱族人刀俎。公扶持而安全之，卒定厥嗣。令孺子无母而有母，孺人无子而有子，较之燃须撤馔，此则其加巨焉者耳。俞孺人早世，公念鸾镜中分，痛悼不已。既以房中之媵代匮姬姜，称如夫人者有年，然终不欲以色升加膝，致逾伦等。伉俪情深，嫡庶分正，世交重之。且赈穷周乏，排难解纷，不遗余力，而耻矜其能，羞伐其德，有凛凛退让君子之遗焉。

追六秩余，公益乐天知命，绝意人区，婆娑山水，葛巾筇杖，散带披襟，往来酿川浣浦之交，自谓是羲皇上人。而庞眉皓首，绀发青瞳，每逢春酒介眉，骥子麟孙拜舞称觞，天伦盛事，为乐未央。人并拟之淮南八公、洛阳耆英云。顾公身虽未贵，而志不忘民。当易箦日，大风雨，公他无一言，独以恐淹稼害农为虑。此与司马君实临殁谆念朝廷事者何异？古人所谓"随力到处，有以及人"，即为功业，公殆近之矣。公殁未几，而仲孙廪于邑，未几而长孙举于乡，明年成进士。又未几而季孙取次食饩，即其幼者，驹齿龙文，食牛之气故在，罔不念祖德、泣祖砚而思绳祖武。公冢孙之摄篆山阳，姑臧之清、单父之勤、中牟之卓、蒲亭之循，斯固禀义方之严训，岂非绍积累之余芬哉？"贻厥孙谋，以燕翼子。"公果往乎？其亦有往而未尝往者乎？《诗》曰："令闻令望，寿考不忘。"《传》以德、言与功为三不朽，而犹龙氏谓死而不忘者寿。公有令德以遗子孙，而子孙阐扬光大之，负公辅之才，蕴远大之器，其已鸣已跃者，则尔公尔侯，其将翱将翔者，则汝迸汝造。鸣珂集里，叠笏满床。天之报施善人，未有艾也。厚德流光，庆余善积。李文饶所谓"笃生贤人，世济其美"，将在是矣。又何速朽恒化之足忧与夫贲志殁身之疑且憾哉？公之子若孙将以腊月之吉合葬公与俞孺人于月山之阳，余辱葭莩戚，为之志其大略若此。诸裔氏姻族详家乘中，不具述。因系以铭曰：

宛委之巅兮，佳气葱茏。

维彼岳秀兮，诞此人宗。

令德来教兮，桓孟与同。

一凤孤骞兮，从以群龙。

褒纶斐叠兮，焜耀防封。

千年百日兮，寿我泉宫。

光绪三十年《欢潭田氏宗谱》第二本

史继善阡表

湘湖阡表

　　昔欧阳永叔作《泷冈阡表》于六十年之后，曰："盖有待也。"夫待者，期待之意也。有永叔其人当以远大自期，故卒也得受宠锡，以表扬世德期之，适以成之也。予作《湘湖阡表》于五十年之后，亦曰"有待也"，然非期待之谓，待时之谓也。夫待时云何？盖士庶之家，非有爵禄之可荣也，非有富厚之可羡也，亦非有赫奕之声名可以不胫而走、不翼而飞也。苟无其时，则潜德之光湮没不彰者多矣。今者宗谱告成，行将剞劂以寿世，是有可传之时矣。既有可传之时，宁得默默无言而使先人之懿范诿诸草莽也耶？谨按夫遗事以述之。

　　曾王父讳继善，字秉公，号晋陵，本庠之增生也。高祖掖垣公为常州司马凤亭何公之赘婿，诞于晋陵，因号晋陵焉。公生而颖异，入乡塾，即便过目成诵。至九岁能文章，故凤亭公有千里驹之目。年十九，受知于文宗伍公，拔置胶庠。凡以文战角胜者，无不得列前茅而声称远播。岁辛酉，洪公亨九督学吾浙，按临时公清真了毕，将试牍朗诵，复哂云："此段神肖老洪矣。"适亨九在后窃视，连点其首。公见之，骇而起。亨九挥之，一笑而去，因优拔以补增。自此以后，学问日充，文名益著。执经请益，载酒问奇，无日不盈于座上。公必终日盘桓，开樽畅饮，是以宾至如归。且善于诱迪，初无凌傲之意，虽后生小子亦必接引之，如坐春风中，不过是也。公遇事敢为，心明理彻，无格格不吐之病。倘有公务之来，关于国计民生者，必力陈可否于当事，而当事彻允之。自以萧邑当置邮之冲，徭役不至于疲弊者，公预有力也。

　　至鼎革后，无心进取，日与二三知己饮酒赋诗、论文讲学，等富贵如浮云，而杜门不出矣。公之从弟沅草公，向来游艺他邦，寓于吴门者最久，交识皆一时名士，而与圣叹、斫山、道树三先生尤为莫逆。时三先生见公诗文，无不叹服，而斫山王先生更加心契。一日致书沅草公，其略云："予于斋心静坐之中，展读晋陵先生手书，回翔百转，顾盼风生，秋云昼锦，错落升沉，令人应接不暇，学到养深，自能如此。圣叹与道树辈恨不得一见而聚谈十日也，此生何幸而得遇二难也耶？"其见重于名流有如此。嗣后沅草公移寓新安，与胡总戎奎翁、贺督台锡之缔交甚密，两公每致书于沅草公，必曰"令兄安否"，虽未谋面，实系神交也。

曾王母傅太君，系出桃源，乃硕士益吾公之女，嘉靖癸丑进士张公讳谊之甥女也。上世多隐德，而硕士尤为翘楚，孝弟力田，谦和谨厚，故太君最娴儒家礼数。于归之后，待上接下无不合节。公得尚于肄业而无内顾忧者，太君之力也。是以见者闻者并无间言，而沅草公极为敬服，向曾致书于公，有云："长兄原以凤根，因有凤缘，得逢嫂氏，守此中落，而吾父子俱沐高恩异德，于分则为叔嫂，于恩义当为母子也。"非盛德感人之深，恶能称颂如此耶？

无何，沅草公寄迹维扬，意欲请公赴淮，作诗坛讲席主。适当胜国末年，四方多事，太君曰："若闻他客处有警，则家中人愁；若闻家乡中有警，则客处人愁。以无端之讹传，致两个老年人愁思何苦也？"公是以不果行，而不罹国变之难，非识超鉴元之人，不足以语此。公与太君之生卒时日、言行节略详世系通考及本邑志中，兹不多赘。

康熙四十二年岁次癸未八月辛酉甲戌朔，越二十有四日丁酉，曾孙男兆麟表，赐进士出身候选主政年家眷晚生来燕雯顿首拜填讳。

民国七年《萧邑史氏宗谱》卷十七

史孟章墓志铭

邑庠生胐庵史公墓志铭

赐进士出身、通议大夫、詹事府少詹事兼翰林院侍讲学士加一级眷甥周之麟顿
首拜撰文
赐博学鸿儒科进士出身、翰林院检讨年家眷弟毛奇龄顿首拜篆盖
赐进士出身、文林郎、知江南松江府上海县事年家眷弟任辰旦顿首拜书丹

  忆昔予祖辩我公与晋陵史先生交最厚,过我必穷日而后返。是以予叔无公
得为先生次婿,而尊先生于外祖之列。其嗣君胐庵、觉庵两公,俱以舅氏称之。
嗣后先生之曾孙兆麟为予伯氏之次婿,而胐庵舅氏则又伯氏之尊属也,缔以世交,
加之世戚,故予之知史氏为最详。岁己未,予方膺任宫詹,深居京邸,而侄倩
兆龄奉其尊大人康衢公之命,遣函致意,欲于是岁九月之吉卜葬胐庵舅氏于小
江之西原,请予志铭,予何敢辞?
  公讳孟章,字曙寅,号胐庵,晋陵公之冢嗣也。状貌魁梧,目光辟日。天
资颖异,固胜于常人。时敏功深,复由于逊志,有非世之所可及者。年未弱冠,
从张公台岩读书武林之万松岭,会课毕,台岩曰:"汝之来学可为诚矣,然文
战数期之后而不渐加长,何也?"公因心醉者久之,方届寒食节,公东渡归,
念台岩之言,日夕寻究。至再课,而台岩击节叹赏曰:"岂尊公之有异教耶?
何其骤进有如是?"自此即受知于郡守施公,取冠多士。时县令余敬中欲以县
首作府首,公屡覆屡胜,虽能命中而嫉妒之心生。及至道试,竟以怀挟中公,
几为所累。幸而施公亲自送考,呵饬衙役,得以保全而游庠。自是以后,日有就,
月有将,学业弥见其充积,而声名遂播于遐迩。四方同志无不来学,而桃李盈门矣。
且公之识力绝高,阅人时艺即知其寿夭穷通。倘决试卷,必然中的。适文宗按临,
晋陵外祖手持一卷以示公,曰:"是卷吾已许在三名内,果否?"公阅而对曰:
"必是批首无疑,今科案发,门下应有四人。某在第几,某在第几,谅无差错也。"
届期而所取之名次毫忽不爽。
  公生当明季末年,正新说横行之时。后生小子以攻朱子为得计,公大声疾呼,
尊传注,重大全,及门学者得以日正。生平最爱金正希、杨维节两公,尚稿简

练，以为揣摩，殆于神似。丙子秋闱，自以机神法熟，入彀可期。不意闱中疾作，目痛如猬刺，聊草塞责以出，公终身痛之。昔晋陵外祖豪放自期，不事生产，遭家中落。公以馆谷得伸色养，且以其余权夫子母，并不苛以取人，故所至无不称颂。或有负财甚夥，将鬻妻子以偿宿欠者，公知之，即焚其券，且再给之，以代其偿，不止于一人而已。公之真诚，举世无匹，虽强梁如兵卒，亦为感服，兼能开陈善道，难解之纷，得公一言，无不心折。有叔沅草与公同庚同学，作客他乡，其子尚野责善而离，公手札中情见乎辞，而得释，所以沅草有云"虽系雁行，殊云犹父"之语。

顺治庚子，公年五十九岁，适弟中黄筮仕山左，请公主持西席，公应其请，及中黄升任钧州，公亦同往。凡有疑狱，与公参酌，而郡人称中黄为神君。时沈华亭绛堂分巡大梁，深服中黄之明决，后知狱词皆出公手，请公面教，并出其所圈评之谳语，以质于公，再三珍重而后别。壬寅，归自河南，因念年满六旬，气血益衰，进取之心久置冰阁，弃青衿如弊帚。退休之后，坐卧恒园，惟日对古人以消长昼。倦则行吟于林木之下，携孙问字，呼童芟草而已。如新知故旧踵门问候者，必以酒合欢，初不以富贵贫贱而介介于胸次也。

夫人氏沈，乃长巷星岳公之长女，知大体，多艺能，克勤克俭，宜室宜家，佐公以经理家政，而仓箱得以盈宁者，皆夫人内助之贤也。公生于万历壬寅十月廿四日午时，卒于康熙辛亥三月十八日酉时，享年七十岁。夫人生于万历庚子四月十一日申时，卒于康熙壬寅三月二十日巳时，享年六十三岁。子一，宗尧，邑庠生，娶国学生陆公讳守英女，继娶郡邑大宾赵公讳行可女。孙六人：长兆麟，邑庠生，娶予伯兄郡庠生讳之冕女；次开麟，出继，娶邑庠生沈公讳以祉女；次征麟，娶邑庠生来公讳英女；次载麟，娶邑庠生张公讳祯豸女；次感麟，娶郡庠生陈公讳德默女；次志麟，聘庠士张公讳正芳女。孙女一，适邑庠生黄公讳象霖长男国学生兆熊。曾孙五人：长有光，聘郡庠生沈公讳士兰女；次有辉、有基，俱未聘，兆麟出；次有权，未聘，开麟出；次有香，未聘，载麟出。曾孙女一，许字邑庠生吴公讳枞长男大燨，兆麟出。

以公之积学力行，自当高大其门，以作邦家光。不意韬锋敛锷，未见展施。语有之："不于其身，必于其子孙。"今日者珠玉盈庭，芝兰满目，行将大振其家声，恩褒数世，以及于公。斯时也，亦可以含笑于九京矣。铭曰：

于惟我公，世德发祥。识充学足，宜炽宜昌。

胡天不吊，玉蕴珠藏。庆传似续，济济跄跄。

媲美于公，永矢弗忘。西江之水，源远流长。

平原之野，卜吉允臧。经之营之，幽宅是将。

绥安窀穸，奕世无疆。

民国七年《萧邑史氏宗谱》卷十七

冯鸿翔冯又泉墓志铭

冯公鸿翔暨又泉先生墓志铭

　　道光乙巳秋，余秉铎武原，信宿萧邑，适冯君如模卜葬其祖若父，为余缕述先德而请铭焉。粤稽食采开基，于鄀去邑而受氏；始平系郡，颖川出望而著名。夏阳侯谦退为人，功冠汉室；陇西守刚强无欲，名策清时。固已光史册而常昭，垂后昆而自裕也。若夫厚泽沾于乡邑，高风仰于士林，得天独全，与道大适，其惟我赠君冯公乎？

　　公讳鸿翔，邑之北乡人也。弱不好弄，长实素心。执谦根于至性，施济出自中怀。回寒谷于律中，惟力是视；荫暍人于树下，见善必先。赵熹济及妇人，同声称祝；刘翊舍其车马，不告姓名。公之阴德耳鸣，率皆类此。所以善人是富，生有殊荣；哲嗣挺生，死且不朽。而我又泉先生有朗伯之呼，擅圣童之号，读父书则每句呼诺，闻兄唤而隔墙整巾。凡邱里所错惮者，能以身任之；凡先志所未逮者，能以敬承之。或立文翁之堂，亲炙笔砚；或舍周瑜之宅，安宿宾朋。共建宗祠，则捐千金而司赋功属役；首倡公举，则指一囷而颁仁粟义浆。布介石而草不蟠青，往来俱便；济行人而桥成迎翠，跋涉无虞。方知尊不在官，贤不需位。萧育为杜陵男子，苏纯号三辅大人。郭震散贷赀而称英雄，樊宏犒牛酒而推盛德，先生有焉。彼夫阘茸之流，穴管之见，斤斤自守，龊龊称廉，则虽高踞台衡，终归垄断，何尝有益苍生、书勋彤管也哉？若先生者，可谓世济其美，无忝所生者矣。

　　举丈夫子三：长如模，州司马；次如懋、如椿，太学生。是皆俶傥，非常人也。延访我邑，号曰半月老人，郭子展山，亦上舍中人也。及黄子向荣，皆精于堪舆，相与各扦吉穴一处，坐落航坞山北面宾字一百五十号，计山七亩零。左穴鸿翔公暨戴氏安人，黄君所扦；右穴又泉公及陈氏夫人寿藏，郭君所扦也。兹山自八浪耸尖，三袅起花，龙楼壮丽，大帐横斜。累累金水，狮子毽拏，漏听凫雁，口锁鱼鳖。丁山癸向，水归艮出，玉案近环，罗城远叠。铭曰：

　　　　　具区通气，降此淑灵。德心克广，式昭惜惜。
　　　　　亢宗有子，负荷析薪。能施而富，济物利人。

彩云影散，楚铎响沦。不离不属，孝思常伸。

幽光不泐，阳卜可贞。土坚石秀，斯是佳城。

时龙飞道光二十五年岁在旃蒙大荒落元月之吉，敕授儒林郎、道光乙酉科举人、海盐县儒学教谕年家眷弟暨阳陈祥燨拜撰。

宣统元年《赭山冯氏家谱》卷一

朱圣麟墓志铭

茂源公墓志铭

公讳圣麟，字茂源，朱其姓也。汉太仆寓萧山，始居翔凤；明太学迁瓜沥，遂别沙墩。花明柳暗之村，人耕绿野；水复山重之地，家綦乌犍。道风自高，隐德不耀。公父讳焕侯，生四子，公其季也。竹林分馔，深少子之怜；桂树含芳，切义方之训。盖公生有淳行，凤标隽声。诗书之言，能折于既耄；孝弟之性，常如乎始孩。花萼联欢，姜肱被阔；荆枝缔好，卜式田多。方期洗腆养亲，贸迁继志，并承色笑，藉慰晨昏。讵料风无静柯，云歇归影。公年未冠，父怙遽辞。诸昆兴异爨之谋，予季奋初飞之翼。我心匪石，士行如铜。戴月披星，作田家之苦；栉风沐雨，分灶户之勤。猗顿术精，王阳金富。

公复情深骨肉，意泯形骸。让枣推梨，指困出粟。三间老屋，风雨连床；一梦斜阳，池塘生草。衡宇相望，鸡犬时闻。每当风奏波前，月生林外，捉松枝而谈理，引荷筒而涤烦。乐意洽于禽鱼，和气被之草木。怡怡然，秩秩然，崇本谊也，奉先型也。且也财轻若箨，义重于山。置驿通宾，停筋待客。晋大夫之箪食，时载桑间；齐公子之券书，多燔市上。贫宗赖之炊举，素士仰其钱通。掩霜骼于秋原，有仁人意；荫暍徒于暑路，多长者风。上药治人，造轩光之灶；乳糜供佛，开拘律之厨。阴德耳鸣，名流目礼。康强逢吉，老人星即是福星；淳固葆真，寿者相原无我相。

胡天不吊，益算无从。真率初虞，遽作骑鲸之化；古稀才祝，遂为画鹤之仙。公年六十有九，生于雍正六年四月二十六日戌时，殁于嘉庆元年正月二十三日未时。东风解处，杯浮柏叶之香；朔雪消时，清入梅花之格。配王孺人，同里大成公女也。举案之风，无违夫子；折荑之教，用佑后人。先公一年卒。子男一人，绍曾，太学生。女子一人，适沈氏。将以嘉庆四年十一月初七日卜葬于航坞山之东坞，来乞余铭。

呜呼！哲人云亡，谁是束刍之孺子；典型何在，长怀倒屣之中郎。铭曰：

龙潭之北，航坞之东。蔚然深秀，君子之宫。
山列如屏，水环若画。鬼神不惊，蛟螭息怪。

郁郁盘松，苍苍古柏。春雨萦青，秋风缭白。

寒泉一盏，长思洛思。世世子孙，勿替引之。

赐进士出身、候选知县同邑眷弟王宗炎顿首拜撰。

道光七年《萧山瓜沥朱氏宗谱》卷三

朱显卿墓志铭

良侯公墓志铭

公讳显卿，字良侯，姓朱氏，汉钱塘侯太仆公儁六十一世孙也。访故里于凤村，人推望族；卜新居于瓜沥，地有良田。航坞山边，越陌度阡之埭；洛思峰下，栽花种竹之乡。尊人静条公，生三子，公其季也。十年曰幼，五尺为童。倜傥权奇，纵有丈夫之志；零丁孤苦，谁为少子之怜？以贫乏之不能存，乃经营而自为计。胥江晓渡，秋风一叶之舟；吴市操盆，春雨三条之路。谋艰糊口，计拙栖身。客路苍凉，怕洒杨朱之泪；人情叵测，空怀范叔之袍。江左有夷吾，未必鲍君知我；荆州无刘表，安期王粲依人？盖居杭未逾年，而就苏以卒业焉。茫茫笠泽，淼淼荻塘。新燕飞来，觅巢何处；流莺过去，迁木奚归？蚁成垤而身劳，蛛吐丝而心尽。经冬寒夏暑，而籴贱贩贵之术始精；越襟江带湖，而服贾牵车之道乃得。人以为赤手成家，凡事皆从乎节啬；公祇问素心可慰，遇人必闵其艰难。居货无奇，不比范大大之致富；操赢白乐，奚夸苏季子之多金？罄薄产以施贫，田呼续命；出余赀以活族，礼尽敦宗。堂建同仁，遗爱在莲溪之畔；祠名崇本，清芬从梅圃而来。非韦布而儒生，无经幢而佛子。不雕不琢，性禾善米之天；有守有为，义路礼门之矩。

而公之乐善好施，更有不可枚举者。季野四时之气，独受春多；叔度千顷之波，交推量胜。寒山寺里，惊听入夜之钟；说法台前，快睹化顽之石。木鱼击处，布须陁长者之金；锡杖招来，供香积如来之钵。明德之后，必有达人；积善之家，岂无余庆？贤嗣君鄂铧，至孝人也。克承厥志，遂大其门。养侍晨昏，五色舞斒斓之彩；学传弓冶，百年仍堂构之基。自会集耆英，筵开真率，而桥梓向荣于山上，芝兰复茁于阶前矣。秋色梧桐，蔚矣孙枝之长；西风黄菊，悠然晚节之香。啖若蔗甘，佳原由渐；味同谏果，美得于回。辛酉冬，适染微疴，遽成噩梦。王乔控鹤，不为缑岭之游；梅福乘鸾，岂羡南昌之尉？公之为人，可无憾已。

公生于雍正六年九月十七日　时，殁于嘉庆六年十二月初六日辰时，享年七十有四。夫人余氏，相夫以顺，鞠子有成。含内美于珩璜，允称内助；树良材于桢干，合号良臣。先公卒。子一人，鄂铧，太学生。女一人，字王氏。孙三人，长魁，次元，三文。将以牛眠有吉，马迹可寻。嘉庆九年十月 日下葬于吴县西跨塘七子山之平原。余是以铭之。铭曰：

七子山巅，长松千尺。前辉后光，君子之宅。
采善若菽，制行如铜。守己则约，推人以丰。
清游未终，隙影遽谢。鲤仝波骑，蠡随仙化。
左牍右牍，送抱推襟。掩此幽宅，永怀德音。

赐进士出身、翰林院编修同邑眷弟何丙炎顿首拜撰。

道光七年《萧山瓜沥朱氏宗谱》卷三

朱盈义墓志铭

行宽怀清公墓志铭

吾乡朱氏，徽国文公之裔也。其先世自婺源迁于萧，至今内阁学士名凤标者以第二人及第，而朱氏遂有闻于时。今年正月，其族修谱，予姻朱巨钊，学士之族祖也，手其故父之生卒月日而求传于予，顾不能道其行事之详也。予曰："传者，传其事实而已。无事何传？"然无以慰其所请，因略次其本末而补为之志及铭。

志曰：公讳盈义，字怀清，生于癸未，实乾隆之二十八年也，卒于道光之丙申，得年七十有四。长予近三十岁，淳朴有古人风，里闬称长者焉。祖、父世不仕，公生而微，中遭坎坷，家益替，晚而立业，乃小康，子巨钊力也。配莫氏，前公卒，生男女各二，长子巨镐，早世；次即巨钊，援例入太学。其葬也，在本村前浜之原，以莫氏祔。铭曰：

予之姊婿公妻舅，公之女孙予子妇。
壮岁识公公巳耆，无怀之民浑而厚。
阴德无知德乃阴，天假之年昌厥后。
莫为之传传以铭，藏诸家乘亦可久。

大清道光二十五年乙巳七月，赐进士出身、前署四川南部县知县姻晚生骆奎祺顿首拜撰。

同治八年《萧山朱家坛朱氏宗谱》卷四

朱仲安墓表

通议大夫河南按察使朱公墓表

朱仲安像

河南宪使朱公既卒葬二十余年，其孙谏乃持事状，不远谒告予曰："墓铭盖诸幽矣，然未有阡表以昭示于不朽。今愿窃有请焉，幸矜赐之无靳，则幽明感德于无穷矣。"

按状，公讳磐，字仲安，以字行，姓朱氏。其先河南洛阳人，有讳儁者，仕汉太尉，讨黄巾驻节萧山，登山思洛，因名曰"洛思"，卒葬是山，子孙世守不去。今号朱家坞，即其地，实公之始祖也。曾祖元太学生，克广田业，隐德不仕。祖讳宜，训迪子孙，孜孜不倦。父讳宗宸，卓然儒者，以公贵赠文林郎、山东道监察御史。宗宸生四子，公其季也。公天资俊爽，粹乎有道之士，父嘉其器识不凡，悉以所有书籍付之曰："吾子勉之，期汝必亢吾宗。"遂遣游邑庠。公亦励志奋发，研究造诣，洪武庚午中乡试选，明年上春，大祖高皇帝育才于学校，用举人为教官，授公开封府儒学训导，调河南府巩县儒学。以言事升常之武进主簿，邑民颂善政于朝，升是邑知县。未几，以忤当道罢官，后怜之不弃其才，旋征为县贰，俾督民力田于兴州。永乐改元初，授福建道监察御史，克居职务，名动缙绅，特授湖广按察司副使，调交趾按察司，以连坐失职。旋被诏，复任山东道监察御史，历任九载，克称有加。仁宗昭皇帝亟赏之，加今宪使之职。既三载秩满，入觐铨衡，课为十三道风纪之最，复任之官。诰授通议大夫，诏至之日，公方寝疾，抱病迎拜。居三日，公遂不起矣，春秋六十有三。易箦之日，河南三司僚属与大夫士庶吊哭尽哀。

娶王氏，乃宋权三司盐铁判官、尚书兵部员外郎王名丝之孙女，有淑德。子三，长用常，次用初，幼用泰。女二，长适毛永，次适蔡纯，俱昭明里人。孙四，训、谦、让、谏。谏为弟子员，卒业成均，候选天曹，显荣在即。孙女一，尚幼。

嗟夫！公文章政事，卓卓在人耳目，已蒙朝廷三赐诏敕以褒显之矣，盖不待史笔之多赞也。然公之居官，一仆一起，愈困而愈振，颠而不见其戚戚以丧所守，显而不见其跃跃以动其志。此欧阳子所谓"夷险一节"，语所谓"三仕三已而无喜愠之色"者，盖近之矣。此则可为公颂称之也。且昔唐宋诸名贤，朝而庙堂，暮而遐荒，俄而迁复，忽而斥逐。其迁复也怡怡，其斥逐也嬉嬉，卒使名节随所遇而各得其乐，揆之于今，公亦无愧也。是用表而出之，以昭示于罔极。

赐进士、中宪大夫、国子监祭酒致仕慈溪陈敬宗撰文，赐进士、通奉大夫、大理寺卿、右副都御史钱塘陈珂书丹，赐进士、资政大夫、南京工部尚书致仕进爵荣禄大夫邑人张嵩篆额。

此萧山先达通议大夫、河南按察使朱公墓表，其孙谏求慈溪大司成陈先生之作也。谏任州目，游宦广西，有志镌立，未就而卒。厥子敞暨兄敏男孔昌克承先志，勒诸贞珉，树于墓左，庶使通议公生平历任、为国为民之功传颂于世，不遂湮没，诚人子继述一事也。余见而窃识之，俾朱氏子姓知所自云。嘉靖九年岁之庚寅正月，赐进士出身、中宪大夫、四川等处提刑按察使蔡宗兖识。

此文从墓碑印出，日久漫漶，剥落者多，仍之以志阙文之义云尔。裔孙城谨识。

朱彩志铭

南墩公志铭

余在都中，每值家人至，辄问南墩先生安否，辄闻寿且康。及余归，谒先生，果如人言。一日，闻先生不嘉，曰："先生当复嘉。"又一日，忽闻先生讣，余愕然涕下不自知。奠归且逾时矣，厥子荆暨冢孙应元乞志铭于余，出所状阅之，愀然叹曰："适余归，得为先生志铭，亦数定耳。"遂拜手笔之。

先生讳彩，字奎文，别号南墩。其先世居建州，宗孝公卒，葬湘湖，子孙遂占籍萧山。曾祖本善，祖曾鲁，父穆，并著名弗仕。母彭氏，生三子，长即先生。先生美丰仪，矫矫有刚劲气，仁孝忠义，得诸天植。性便澹泊，竭艰瘁于简编，称博洽以儒名。授经弟子家，值祖母病，归问之，度不可起，嘱家人曰："脱不讳，我当具棺，病革当速报我于宾馆。"及报，即骑归，中道下溺溷厕，偶见地遗纸囊，拾起之，得五金，以抵买棺费，此孝感也。久而儒业日张，累应秋试。己酉，起家《尚书》，年簿艾矣。春官失第，竟为母老，以禄仕分教姑苏。绩三考，擢推邵武郡事，益副禄养凤心。承颜官邸，委曲周悉。尝赴宴僚署，得佛手柑，袖以供母，人争咏其孝行。其尽子道类如此。官邵武六年，殊有循政，民德之。尝摄郡篆，当道利商人，令民新开一港以通舟楫。先生以蠹民阻之，以忤当道，甘被中伤。时有门下吏来钩赂，曰："厚遗则官内地。"先生掩口而不言。此远虑，亦大义也。累庸当右迁，而卒以守贞休职。其尽臣道类如此。

先生孝于家，忠于国，慈于百姓。好题咏，不善饮，而辄留佳宾，绝不近尘秽，足垂士范于乡。呜呼，贤矣哉！配贺氏，先十六日卒。生五子：葵、兰、苗、芸、荆。侧室李氏，生一子，荐。孙男若干人，孙女若干人。先生生于正统壬戌四月二日，卒于正德戊寅十月九日，寿七十有七。缮行纯实，集享全归，孙子蕃昌，接武未量，积善余庆，固天道之经也。卜是岁十一月吉日合贺孺人窆于湘湖之徐家坞，宜为铭。铭曰：

刑家以孝，字民为忠。诗礼垂裕，古人休风。
彬彬贻厥，如烝如錱。伉俪偕老，若期而终。
是食其报，流芳无穷。乐丘之胜，埋玉斯封。

百千亿祀，有贲其宫。

赐进士出身、南京工部尚书门生张巃书丹，福建汀州府同知毛公毅篆盖。

民国十年《萧邑桃源朱氏宗谱》卷二

朱筠墓志铭

竹君先兄墓志铭

　　珪自去年八月十四日闻予兄竹君之病状于汀，十六日忽得凶耗，哭失声。既而得侄锡卣等所为行述，且曰："明春将葬，叔其为铭。"呜乎，已矣！珪悔不从兄学古文，而何以铭吾兄耶？

　　公讳筠，字竹君，一字美叔，号笥河，顺天大兴人。先世德三公，居浙萧山之黄阁河，当明洪、永间。德三公之曾祖福三公，在元时初居越寨。自上无征矣。由德三公而下，皆葬西山，世业农。八世至高祖讳尚绸公，明末官游击，亦不详其地。曾祖讳必名，祖讳登俊，起家湖广长阳、四川珙县知县，卒官中书科中书舍人。先考讳文炳，年十七入籍大兴，为诸生，官陕西鳌屋县知县，累封至中宪大夫、福建粮驿分巡道。曾、祖、考三世皆诰赠通奉大夫、山西布政使司布政使。曾祖妣白氏，祖妣何氏、冯氏，先妣徐氏，皆诰赠夫人。外王父讳觉民公，康熙甲午举人，以珪奏请，貤赠中议大夫、翰林院侍讲学士加二级。外王妣史氏，貤赠淑人。先妣生予兄弟四人，长兄堂，原任陕西大荔县县丞，貤封中宪大夫、日讲起居注官、文渊阁直阁事、翰林院侍讲学士加一级；仲兄垣，辛未进士，历官山东济阳、长清二县知县，以公请，貤赠奉直大夫、翰林院编修加三级；其次公，行五；珪其季也。女兄弟六人。

　　公生而神慧，长珪二岁，皆生于鳌屋。九岁至京师，十三通五经，学为文，十五文成斐然。先大夫喜，赐之砚。其年癸亥七月，先妣见背。公与珪同卧起，夜读古书，手抄默诵，鸡鸣不休。明年珪遂病，而公愈强力。乙丑孟冬，服除，应郡试。府丞石首郑公其储擢珪第一，公稍次，偕谒郑公，笑曰："是皆美才，弟可先兄耶？"告之学使少司农临桂吕公炽。十二月院试，吕公擢公第一，试《鹏翼博风歌》，大奇之，遍告诸公。明年正月，大尹常州蒋公丙邀其同乡刘文定公纶、程文恭公景伊、钱文敏公维城、今侍郎庄公存与及其弟培因，设筵召予兄弟面试。刘公授题《昆田双玉歌》，诗成，诸公惊喜。明日皆先来就访。明年，珪窃科名，而公学日以富。庚午乡试，编修嘉兴郑公虎文荐公卷，不售，名益振。诸城刘文正公延之家，修《盛京志》。

　　乾隆十八年癸酉举于乡，同考官编修建昌饶公学曙，座师协办大学士吏部尚书兴县孙文定公嘉淦、礼部侍郎满洲嵩公寿。明年甲戌，中会试式，同考官赞善溧阳史公奕簪，座师大学士海宁陈文勤公世倌、礼部侍郎满洲介公福、内阁学士钱公维城。殿试赐庄培因榜进士出身，改庶吉士，丁丑散馆授编修，充方略馆纂修官。辛巳充会试同考官，甲申丁先大夫忧。珪自闽奔丧归，与公聚首者三年。公自为诸生，即授弟子，至是从游者数十人。丙戌岁杪，服阕，公欲不出，而为名山大川游，已告假矣。明年正月，珪服除，诣宫门。召见，上询家事，始知兄名，曰："编修无定额，汝兄已补官，不比汝需缺也。"珪即未对，上曰："非耶？"珪谨唯曰："是。"出则告之翰林院，取公假呈以归，曰："兄实无疾，倘上再诘，不敢欺也，强为弟。"既公不答，既而听然曰："汝败我雅兴矣。"

是冬授赞善，明年五月，御试二等，擢翰林院侍读学士，旋充日讲起居注官、戊子科顺天乡试同考官。三十四年，钦派协办内阁学士批本事，充己丑科会试同考官。庚寅，奉命为福建乡试正考官、辛卯会试同考官。至是，上知公深，岁持文柄，所得士多著名。公益卓然以韩、欧阳、苏自任，振起古学，奖藉寒畯，有一善者誉之如不及，天下之士翕然称之曰"竹君先生"。是秋，奉命视学安徽。安徽故有朴学，公躬拜奠婺源故士江永、汪绂之主祠，之乡贤以劝，乃教士曰："读书不可不识字。"为刻旧本许氏《说文解字》，揭以四端，曰部分、字体、音声、训诂。又曰："稽古莫如金石文，可证经史之讹。"所在披剔榛藓，聚至千种。时上方诏求遗书，公奏言"翰林院库贮明《永乐大典》，中多逸书，宜就加采录"。上览，异之，亟下军机大臣议行，御制七言八韵诗纪其事，乃命纂辑《四库全书》，得之大典中者五百余部，皆世所不传，次第刊布海内，实公发之也。公又言："请做汉唐故事，择儒臣校正十三经文字，勒石大学。"奉朱批："候朕缓缓酌办。"癸巳春，仲兄卒。其秋，以某生欠考事，部议降级，得旨："朱筠学问尚优，加恩授编修，在四库全书处行走。"比归，总办《日下旧闻》纂修事。是时，金坛于文襄公敏中掌院为总裁，于公直军机，凡馆书稿本披核辨析，苦往复之烦，意欲公就见面质。而公执翰林故事，总裁纂修相见于馆所，无往见礼，讫不肯往。爱公者强拉公至西园相见，公持论侃侃，不稍下。金坛间为上言："朱筠办书颇迟。"上曰："命蒋赐棨趣之。"时蒋公以旧侍郎直武英殿，真特恩也。乙未，珪自山西归，复入翰林，从容为公言："宜稍和同者。"公曰："子亦作是言耶？"珪心愧之。

先是，珪与公同官翰林，共车马者七年。至是，比邻居，宅后可通往来，而伯兄居老屋对门，珪自名所居曰"鄂不草庐"。公既久次，望益重，则大言翰林以立品读书为职，终岁足不至达官门，惟门生好友，酾酒必应，辄尽醉乃罢。聚书至数万卷，种花满径，来请益者不拒。考古著录，穷日夜不倦。古文以郑孔经义、迁固史书为质，觳缕巨细，事辨时地，真气勃出，成一家言。赋则阳张阴阖，马扬以下不道也。前后遇大典礼告成，祝釐宣上功德，鸿篇奥册，襃然推首。诗初学昌谷、昌黎，五言力逼汉魏。既而导汇百家，变化创辟，神明独得。制义自荆川、震川而下，贯串数万篇，与古文为一。书法则一本六书，自然劲妩，盖公之学与年进，海涵岳蠹，不足喻其所蕴也。

四十四年八月，特旨以公督学福建。时珪方典闽试，闽人士闻公来，无不抃舞。珪与公相遇于石门舟次，公至闽，一以经学六书倡，口讲指画，示以乡方。闽清某生为摄令某锻炼杀人，公发其覆，大吏雪之。扶持士气，行义若渴，重伦节，劝惩有加焉。暇则搜奇厂洞，遍著手迹。明年秋，上以珪代公，异数也。公题使院之寝曰"靴雅"。十一月十八日，珪至，与公对床者半月。公日则出至他馆应酬诸生，手不停笔，夜归谈，尽三鼓，复作诗文竟夜。珪曰："宜少惜精力。"公不厌也。十二月三日，送公于芋原舟次。公泪下，珪曰："兄今与伯兄聚，比三年，珪即还耳。"呜乎！孰知其为永诀耶？明年二月复命，上温霁询谕，人以为必向用也。

公素强固，性喜山水，于黄山再登其巅，观云海于闽之武夷，孱崏、玉华诸名胜皆跻探峻幽，从者觏焉。六月二十一日夜忽遭痰疾，翼日渐瘳。二十六日疾复作，夜四鼓遂卒。

公生于雍正七年六月六日丑时，卒于乾隆四十六年六月二十七日丑时，年五十有三。是月，萧山始祖墓有古松高五六丈，大风折其末丈余，非偶然也。四方之士知者，痛惜如失所杖。公孝友直谅，恬淡达观，不愧所学。在安徽时奏以本官貤赠庶祖妣李氏为淑人，得旨准行，貤赠之广自此始。李太淑人，抚视珪者也。公书来曰："我为弟成此志。"所著古文数百篇、古今诗数千首，他文称是，皆可必传于后。娶王氏，敕封安人，例封淑人，故分巡道衔加四级宝坻讳询公女。生子二：长锡卣，府学生，娶候选州同知天津徐公大李女；次锡庚，府学生，娶丙戌进士掌广西道监察御史钱塘施公学濂女。女子五：长适候选布政使经历阳湖龚怡；次适甲午科举人通州魏绍源；三适国子监生大兴徐焯；四适府学生大兴翁树端；五待字。孙二，女孙一，俱锡卣生。乾隆四十七年　月　日葬于西山二老庄祖茔之北，铭曰：

导源三江，降神鳌屋。日下腾腾，名符其实。
家无长物，拥经抱书。大言炎炎，独出古初。
群雅辐凑，问奇载酒。忘其饥渴，不啬其口。
恬于荣利，耻于系授。开径交柯，落花无言。
云海黄岳，天舟武夷。谪仙游戏，骑麟不羁。
飓风何来，撼我宰木。连枝中披，得不抱哭？
公名在世，公神何往？呜乎后死，吾归曷做？
西山之麓，先茔之右。志此幽砥，千秋不朽。

弟珪撰。

民国二十一年《黄阁河朱氏家谱》卷二

朱锦墓志铭

朱太学墓志铭

《黄阁河朱氏家谱》扉页

  泰兴吴和甫以侍郎视学浙江，得士称盛。公薨于位，浙人思之，为设栗主于孤山之麓。岁时祀之，志不忘也。岁壬午，师之季子宝让以通府分浙需次，走忝通家，过从甚密，亟为走道其塾师萧山庠生朱封君之贤，曰："学优而品端，先君丙寅科试所得士也。"走颔之，会以事相左，不果见也。后数年出守吴门，宝让来，出封君先人辅廷太学行状，为请铭。宝让不妄许人，宜可信，属走以志，其何辞。

  太学讳锦，字辅廷，一字朝佐，其先系出沛国，汉大司马浮，其远祖也。元时有福三提令者，遭兵乱，挈眷遁于萧山之石岩，居四世，再迁黄阁河。自兹以降，皆业农，孝弟力田，不求闻达，故世无传焉。曾祖讳道瑞，乡饮宾；

祖讳彪，太学生，工诗擅八法，尤精法家言；父讳伯臻。朱氏世以赀豪，自饮宾聚书课其子，始学为儒，又性和柔，不与物竞，由是稍沦落。伯臻三息，太学其仲也。太学承雕替之余，祖业尽失，慨然有志于经营，遂弃儒学贾，又精于会计，不数年顿复其旧。遂援例太学，延师教其弟若子，并成名，有入明经选为博士师者。其长嗣，南州先生也。旧居湫隘，乃筑室于西陵，析为二。衣服、器用、财贿咸备，以居其兄弟。大兴文正公奉命督浙学，便道省墓，三谒太学于其庐，凡所措置，悉以委之。太学经画井井，一秉至公，甚见器重。朱氏旧谱毁失，太学奋志修辑，检破簏中，得垫庵公祖别号先生手抄系图二帙，重加厘订，请太傅为之序，梓而成之。是尤太学公一生行谊之大者，至他细行甚夥，未足为公重，阙焉可也。

生于雍正乙巳七月某日，乾隆甲辰四月某日疾终西兴里第，得寿六十。德配张，贤淑宜其家，先公卒。侧室蒋，合葬西山之庵基。丈夫子四：永，南州；泰，鲁州；泉，建州，张出；卫州，名荣，侧室出也。皆业儒。永子檼，檼生兆熊；杶生盛英，郡增生，即宝让所称学优品端者，生秉均、树棻。秉均嗣兆熊后，以辛卯科举于乡，大挑得教谕，加五品衔，遇覃恩貤封其父为奉直大夫。树棻，邑增生，兼袭云骑尉，盖方兴未艾云。按朱氏自提令至公，阅世久远，立德勿耀，于法宜铭。铭曰：

公治兮西陵之田，公归兮西山之阡。
维彼西山兮，蟠纡而回旋，上岩石兮下流泉。
护佳城兮年年，宜子孙兮绵绵。

赐进士出身、通奉大夫、翰林院编修、江苏苏州知府事加三级通家晚生泉唐张预谨撰，赐进士出身、光禄大夫、江苏布政使司布政使加三级通家晚生泉唐陆元鼎谨填讳。

民国二十一年《黄阁河朱氏家谱》卷二

任宗汤暨妻支氏墓表

山东黄县知县始吾任公暨配支太孺人合葬墓表

　　始吾任公，讳宗汤，字子中。先世山阴桑盆里人，宋季徙萧山凤堰，十余传为登仕郎凤桥公，生子成八府君，是为公父。公兄弟三人，公最少，童年父母俱殁，育于登仕君。登仕君年迈，家业日废，鬻旧庐，僦城东数椽居焉。偕仲兄攻苦力学，弱冠补诸生，感奋有远志，试辄高等。癸酉登乡荐，再上春官，不第，就教滁州，曰："青毡闲适，庶毕吾事。"至则自课以课诸弟子。滁故饶胜地，丰乐、醉翁去郭里余。遇佳辰，登眺不废。而严立社会，月有殿最，弟子咸精其业。先是，州士不与解额者十科，是后王君嘉宾、贾君严、黄君兆熊、孙君克振，联翩上第者数人。主校关中，若今方伯赵君彦、铨曹王君建屏、辰州守马君协，皆所得士也。庚辰都试罢归，擢山东黄县令。公曰："吾竟厄一第耶？然矢心效职，吾未敢多让。"为令以恺悌为本，尤重刑狱，终始未尝遣戍一人。偶录重囚，得其冤状，为白，恤刑改戍。公曰："既冤矣，何戍之为？"复争之案台，竟得脱。次年大禊，邻邑群盗并起。公施赈有法，环堵晏然。至夏秋有年，禾麦两岐，邑民为建"双瑞堂"，以旌其德。方禊时，虞有轶寇，特严锁钥，常夜出侦之，闻里儿书声可喜。旦日，召问之，曰"陈孔道"，因为奖谕，教之文义，其兄周道已从贾人游矣，感悔愿受业如弟。两岁中，学使者校士，兄弟以次冠诸士。其喜于作人如此。然性侃直，不习逢迎，邑中贵人有所属，弗为动，论如法。贵人大恚，乘间媒孽之。方秩满议征，竟左迁，遂解绶归。

　　是时公年始艾，抵家，绝不闻外事。筑精舍于郭外山麓，庄曰"足老"，轩曰"聊适"。晨起，命小童持茗随往，行坐惟意，会景成诗。或邀故友携奕棋，留连竟日。晚归，呼二子考问所习，有不惬，好言谕之，亦未尝动于颜面。兄弟白首，友爱特甚，伯兄嗜酒，常储嘉醪，过即沾醉；仲兄善为礼，动即咨禀，事如严师。每顾念凤堰故居不可得，得其旁舍，因捐金构宗祠，岁时率子姓供祀其下。是时公去黄二十余年矣。一日，抚台高公举檄县具礼，表其门曰"东土循良"。盖高公为淄川人，去黄近，则黄之遗爱可知也。公以贫失婚，既为诸生，始娶支孺人。少公九岁，先公一岁卒，痛之甚，时呼二子，命曰："若知吾所以悲乎？自吾业儒，孤厄失所。惟汝母佐以机杼纺绩，于是得肆力于文章。逮入官，戴星出入，汝辈延师婚娶，皆汝母主之。今者归休许久，予知招寻游览而已，酒脯供具，未尝少失吾意，谓宜助吾终老。今若此，宁独为汝母悲耶？恐吾命不得久长。"因歔欷久之。未几，疾作，逾年卒。寿七十有六，时万历癸丑岁也。子二：长三宅，次三俊，皆庠生。孙男四邻、四郊、四邦、四郡。孙女五人。曾孙男五恭、五肃。公谢政最蚤，居家最久，名位既不大显，所负亦未尽施用，而治行温良，饬躬端雅，潜见可两无愧。余既熟乡里所称，又少与二子游，所闻益悉。逮从诸大夫后，时见公言笑动履，皆秩秩有度，真吾邑中之表也。用是书之墓上，以志不朽。

赐进士出身、右春坊右赞善兼翰林院检讨眷晚生来宗道顿首拜撰。

同治十三年《萧山任氏家乘》卷十六

任昌墓志铭

宋处士南隐任公墓志铭

　　至正乙未秋，余出使江南，道经萧山，适遇则诚高先生于任氏馆。先生胜谈故友任公德义，诚恺悌人也。尝所往来，皆当代名卿，他如侍郎聂公子初、录事董公朝宗、提学刘公伯温、判官迈公善卿、文学王公子充，至必延归别业，商确古今，留之岁月而不忍舍去。久而益亲，世所罕有。今公殁葬有十六年矣，而墓石无文，允子嗣显以余与先生交之素，奉状丐铭，以垂不朽，幸而赐之，则九泉之下光荣万万矣，谊不获辞。

　　按状，公讳昌，字文昌，号南隐，姓任氏。始祖钥，宋建中初，宗人伯雨荐除左司言，时忤权贵，因去官。建炎中，复宰山阴令，卒于官。其子种卜居是邑之桑盆里。曾祖铨，祖定翁，由桑盆徙萧山昭明乡，今为萧山人。父京仓副使，讳宝，母袁氏。宋淳祐辛亥三月初六日生，元至元后庚辰四月十一日卒，享年九十。是岁九月庚申，葬里之北干村先茔之右。配姚氏，继何氏。子四：嗣显、嗣荣、嗣兴、嗣华。女二，俱适士族。孙男十一人，曾孙男二十七人。呜呼！余生也晚，未尝识公，然以其友观之，则公之为人可知矣！叙其事而追铭之。铭曰：

　　　　积善之家，何其懿也。才德之全，何其伟也。
　　　　奉亲颜色，孝之至也。事兄怡怡，义之至也。
　　　　交友偲偲，情相比也。动容中礼，心无累也。
　　　　存心爱物，中平易也。设厨济饥，周贫匮也。
　　　　婚丧以助，厚其施也。乡邑推尊，重其真也。
　　　　隐居弗耀，乐其志也。振振云初，丰其裔也。
　　　　观化以正，翛然逝也。我铭其坟，千古永其世也。

元至正十五年岁次乙未九月戊寅日，正议大夫兼集贤院事、吏部尚书山东刘谦撰。

同治十三年《萧山任氏家乘》卷十六

任荣墓志铭

元处士任子仁公墓志铭

《萧山任氏家乘》载任荣像

越之萧山任长者曰荣，生于元至元甲申九月十有七日，年八十二，卒之岁乃至正乙巳五月六日也。配包氏，先二年卒。其子曰谦、曰厚，其孙曰源、素、斌、衢、恕、铭、隽，其曾孙曰泳、潜、温、淦、洵、沆、溥、湘、濂、湛、澂、涛，相率为茔于里之去虎山原，以丙午十月十一日，奉长者、包夫人之丧，合窆焉。洪武甲子，余考试于杭，谦遣源来请，曰："先人葬十有九年矣，而墓隧未有刻词，大惧潜德泯泯，无以示后世。子知先人者，请书其事，刻石垂不朽焉。敢再拜，命源以请。"余辞未暇，既卒事，复遣源迎致余而面请。余于长者父子孙厚善，文虽不工而辞则非义。乃为之书，曰：

长者讳荣，字子仁，姓任氏，萧山人。曾祖讳定翁，祖讳宝，父讳昌，世有令德。长者持身端谨，事父母孝，处兄弟和，待人恭逊，姻族里党各尽其道。敏于治生，家裕而不鄙吝，贷人以钱而不屑屑于子母，推食解衣，免人饥寒，而无德色。平居不事表暴，与人交无钩距。有患难，必扶持之。山阴仲君理以将仕郎来主县簿，卒于官。其子甫六岁，不能归葬。长者买地北山葬之，而善视其孤寡。县尹裴景达之夫人卒，长者待之如仲簿。治家严而有法，以故子孙同居合食无间言。凡县令丞之贤且仁者，无不敬重长者。然长者从容，一语未尝及于私。至于恺悌及民之说，则深致意焉，由是有"长者"之称。尝诲诸孙曰："吾以少小持门户，不遑学问，至今恨之。若等上有父兄，饱食终日而不学，岂不惜乎？"去家三里为塾，俾讲习其间，提学刘公伯温名之曰"萧然山堂"，待制王公子充为作记。又构楼于家之侧，大延致师友，课诸孙以学。尤善宾客，而其里为吴越道所出，名公巨士东西行，过无不礼焉。馆谷必丰，赆遗必厚。我先君左司之宰萧山也，时张士诚据吴，方国珍据台、庆，《诗》所谓"顾瞻四方，蹙蹙靡所骋"之日也。刘提学伯温、高主簿则诚、董录事朝宗诸公皆来依，而朝使若吏部尚书刘自牧、刑部侍郎聂子初并在。长者曰："于我馆时，长者老矣。"又性不饮酒，而朝夕相与酗嬉笑谈，至于越月，至于逾时，至于卒岁，而交情愈笃，人益以为难能。呜呼！田文为封君，而门多食客，长者则布衣也。郑庄喜通宾客，而不免招权纳贿，长者则言不官府也。然则长者岂独贤于当世之人而已？方诸公集处时，余尝获从其后而与长者周旋，未尝不叹一时宾主之盛，今凋谢尽矣，风流云散矣，而余以后进，执笔记长者遗事，能无感慨乎？然长者晚年虽更丧乱，而享有上寿，令终正寝，丧葬以礼，而子孙之盛多如此。源笃学有文，克承长者之志，则何憾焉？铭曰：

厚德之士，全福之人。影不出户，令誉四闻。
门多驷马，坐列缙绅。图史左右，笾豆具陈。
载献载酬，笑言温温。不以炎凉，而为疏亲。
趋而过庭，有子有孙。既娴于礼，于灿其文。
孰不嗟咨，积善之门。自我不见，三十秋春。
其人远矣，室亦不存。缅想高风，勒词斯坟。
尚俾凉鄙，胥为宽敦。

洪武十七年岁次甲子，前国史院翰林编修眉山苏伯衡撰。

同治十三年《萧山任氏家乘》卷十六

任谦墓志铭

处士伯大任公墓志铭

君讳谦，任姓，字伯大，主一其号也，越之萧山人。曾大父宝，大父文昌，父荣，俱不显。君亦善自晦，既善其身，又善其族，以此驰誉缙绅间。前太史王公尝表其行于文字，尤为诚意伯刘公所雅重。君为人敦厚寡默，循循有礼，度事仓猝中，未尝疾言遽色。自少而壮而老，言行交际，表里如一。故乡里之人望其衣冠，即其威仪，无不景悦者。君壮岁与吏部刘公最善，刘数荐上之，君辄以亲老，辞谢不起。元季兵动，刘荐之益力，君坚遁，为自全计。

天台闻益民抱经术游公卿间，客殁武林。君买棺椁，备衣衾殓之，资其乡人，俾还葬焉。君之父尝构萧然堂于去虎山之麓，招延名士大夫，觞咏其中以娱老。既而毁于烽燧，君即其所，则兴霜露之悲，遂因其故址筑而新之，以栖其亲之神，讳日朔望，躬率子姓往奠，涕泗哽泣，使人不能仰视。其追慕哀痛，有如此者。君于弟厚友爱尤笃。君家业素封，凡经纪之劳，门户之徭，君独任焉。遇一嘉味，厚不共食即不食。厚亦克恭厥兄，厚先君卒，故编修苏公伯衡铭其墓。君一读其铭，几于殒绝。厥后子孙相戒，不敢面举其词，其笃爱同气有如此者。

她包氏，大德丙午七月三日而生君，君年七十有三，正襟敛容而逝，今洪武戊午十一月十四日也。明年十月，葬县北去虎山之先垄。配汪氏，后三年卒，合兆焉。子男四：长源，举明经，命未下而疾革，后君十年卒；次素；次斌；次衢。孙男八人：泳、潴、温、清、溥、溢、濲、津。曾孙男六：确、峃、旭、冀、滂、瑾。君葬十有七年，少子衢具君行述来，泣拜曰："先君不幸，长孤源、斌相继下世，墓石未有刻词，大惧先德之泯，以重衢之辜，敢状以乞铭焉。"经痛惟先子有通家之好，幸尝执役左右，承君之誉，追感旧情，敢不辞而铭之。铭曰：

猗与任氏，世有隐德。子承父诏，孙顺祖则。
神明可通，孝弟无忒。天爵尔崇，人爵尔啬。
岂曰迈种，绵降孔赫。我卜我筮，匪蓍匪龟。
舆言允从，事与理揆。杰构之营，厚固在基。
铭斯勒斯，式昭后来。

迪功郎、国子助教致仕曲江张经拜撰。

同治十三年《萧山任氏家乘》卷十六

任溥墓志铭

处士任公斋公墓志铭

丙辰春，余以供赋至萧山，馆于任彦法氏山堂。暇则与余讲孝行事，欣然有鱼水之相得，追念古人有如此者，何今之莫若也？曰："何有于是？吾兄溥颖悟罕比，八岁时，太史苏公伯衡见而奇之，为作祝辞而称之，期以远大。未弱冠，邻有盗官物，事泄逃，不获，有司以里邻拘解，而父与焉。兄诣县请代父行，邑大夫从之，系狱凡数月，同累者多致死，兄独无恙而还。母患疾笃，潜刲股进糜以食之，疾寻愈。一日，坐市肆，忽一媪携白金一裹送子从戎，忘于几上。兄袖而还之，媪感谢而去。平居惟事书史，孝亲友弟，睦宗族，和里闾，深有古人之风。使天假以年，则兄之所为奚止于是乎？"言讫，泪下曰："兄之孝行如此，惜乎葬日石文未备，其责何逃焉？"即秉笔书其事，丐余铭。复曰："幸勿靳，俾孤识而不忘，则存殁均感矣。"余不获辞。

按，溥字彦公，号公斋。曾祖子仁，祖伯大，父原庸，母童氏。生于洪武丁巳七月十九日，卒于永乐戊戌七月二十三日，年四十有二，葬去虎山先茔之下。配黄氏，子一人，即瑾。女一，适峡山韩廷贵。孙女一，尚幼。铭曰：

> 穷达不关，毁誉不论。
> 一德一行，皆足以追配古人。
> 为其后者，视我铭文。

正统元年岁次丙辰六月朔旦，仙岩楼观撰。

同治十三年《萧山任氏家乘》卷十六

任高墓志铭

质庵任公墓志铭

　　成化乙未十一月二十有五日，质庵任处士卒。里闬长幼咸嗟叹，悼曰："善人亡矣！善人亡矣！"噫！处士果何修，获人人嗟悼若此哉？余因考其行，得士人蔡守学所为行状，恭知先子文靖公重其为人，爱其纯朴雅素之行。尝以质褒美之者。富春高隐俞古章，发挥无遗。余故自讼生也晚，况仕于朝有年，居乡日浅，瞻光弗获，是则是仪，徒览此快快然。呜呼！是可惜也。

　　按状，处士讳高，字永行，居邑之梦笔桥东，寻徙芹沂桥北。当宋元时，邑称巨室。元末，诚意伯刘公、谘议参军王公，皆馆其家。厥考仲杰公得二先生之学，以及处士。故处士负才智，识时务，甘守耕桑，雅行纯素。冬一裘，夏一葛，居于重熙累洽之世，故其才智得无所施，日与文人韵士徜徉于东阡西陌之上，送飞云，邀明月，以乐其乐。且与人弈，虽三十二子间，而其克敌取胜若良将行兵焉，鲜有与之颉颃。且能以勤俭教诸子孙，或耕或读，皆有成效。父慈子孝，雍睦一堂，故尚宝司卿汪公景昂大书"集义"以华之。

　　处士高祖嗣添，曾祖德升，祖居实，父仲杰，母成氏，配摇氏。子男五，曰昇，早卒；次曰昂；曰昱；曰晟；曰旻。孙男六，镛、元、鉴、钰、鐩、镠；孙女六。曾孙男一，周；曾孙女一。其生也，洪武丁丑正月二十一日，享年七十有九。将以卒之年十二月九日甲申，葬西山父茔下。先期诸孤衰麻踏余门，请铭墓上石。余以不文辞者再，窃闻宋应山连辅之以一布衣，死后能取重欧阳子，表其墓，以不没其善。若处士者，生时已获先子以质表暴其生平，尤过于辅之远矣，则余肤浅，敢不继承先子之爱于其后乎？但余言不足取信于人是惧，故勉序而畀之铭。铭曰：

　　　　吁嗟处士，实宋之连。不慕富贵，处世若仙。
　　　　既克有德，亦克有寿。诜诜子孙，是天之佑。
　　　　正寝而亡，孰不垂泪？铭以彰之，永昭世世。

　　成化乙未季冬月日，登仕郎、鸿胪寺序班邑人魏完撰。

任昂墓志铭

处士惟昂任公墓志铭

弘治壬子六月辛丑朏，越十日壬子，任处士惟昂卒。既葬，其孤钰衰绖进于玘，泣且告曰："知先君者多矣，矧吾子、先君之内戚也，知之尤最。兹不铭，恐晦德，终罔闻于后也。"玘怃然曰："信！窃视今古，凡显荣者，名行自昭；而潜隐者，多所不及。余当志而铭之。"

志曰：处士姓任，昂者，处士之讳也。惟昂者，处士之字也。硕大而颀，处士之质也。温温其恭、匪矜匪饰者，处士之性也。养高自爱、不污于时者，处士之志也。居处澹然、取予不苟者，处士之行也。载耕载蚕、自食其力者，处士之勤也。至若贡赋时输、征力辄往，处士之忠于上矣。承奉厥考、粪秽亲洁，如是者几十数年，处士之孝于亲矣。兄弟怡怡，表仪乡党，处士之友于兄弟矣。故旧缔交、大发尔忧，处士之信于友矣。教诲尔子，有孝有德，处士之慈于子矣。家政凛如，庭无间言，处士之善于家矣。名士大夫相为文章，颂美幽德，处士之有闻于邦矣。

处士之大父仲杰，父永高，母摇氏。生于永乐庚子四月十三日，卒于今年六月十四日，春秋七十有三。配张氏。子男一，即钰，娶方伯史公翼之曾孙女。女二：长适赵润，次适张绅，俱崇化里人也。孙男一，恩。孙女一，未字。呜呼！处士可谓无忝于所生矣。铭曰：

孰云召南，德潜弗扬。俯仰优裕，其乐扬扬。
孰云庞公，既劳既饬。遗安之道，君子是式。
猗与处士，若人之俦。令闻令望，今古同休。

制举出身修职郎湖广蕲水县县丞张玘顿首撰。

同治十三年《萧山任氏家乘》卷十六

金闺英墓碣铭

任冢妇金氏墓碣铭

任族之盛，在萧山昭名里居，实前代故家遗俗。元末皇明初，若讳伯大、叔大者，隐居乐道，有长者风。学士大夫高、刘、苏、王、宋公皆故元遗逸，逼播来就馆谷，且依德也。百廿余年，奕叶声闻不陨。间有讳德辉者，生志善，志善生仲安，咸笃于行义。而讳谧则仲安所生，行义克类，乃生益之、茂之昆季，允称食子收子而大其宗。是必有赞配相助君子，不然曷以致今日之盛耶？余固伟亢宗之难，究问宜家之贤。一日，益之自具简状，令其弟茂之持以造余，征其弃世内助金氏墓铭。夫内助之贤，本其世积，不可以无传。

按状，金其姓，字闺英，里仁乡金仕全之女，母徐氏。甫笄归益之，是为冢妇。性温良勤慎，躬亲纺织，克尽妇道，助夫卿成家，事舅姑许其孝，处妯娌称其友，抚育子姓尽其慈，劝兄弟同心，率长幼以和，煦煦训励子姓，无彼此间，俾各业其业，举有成立。是皆柔道辑睦所致此，宜有寿享尔遐福，未跻中寿以疾不起，命也夫！

生正统十二年丁卯十二月二十二日，卒弘治十五年壬戌十一月二十九日，享年五十有六。子男四：递、迹、遗、庠生，超。女一，适湘南孙聪。孙男四：斯立、斯行、斯来、斯和，皆幼；女二，幼在室。弘治十七年甲子正月十一日葬于湘湖西山坞之原，从卜也。呜呼！有前之积善，必有后之余庆。使后之择配弗获其良，则暧之所起责之谁哉？此在冢妇而相家如是，信乎世积所钟及后之远大，又未可量也。宜有铭。铭曰：

妇之良，家之臧。食其报，来祯祥。
乃前之积裕后之昌，厥有子侄将为邦家之光。
妥灵宅兆，负山面湘。贞珉不腐，幽潜愈彰。

奉训大夫知云南师宗州事同邑陈殷撰。

华集贤墓志

集二府君墓志

　　处士姓华氏，名集贤，世萧山人。年六十又七，景泰二年四月廿九日卒于正寝，卜是年十二月初八日葬于邑之黄山之原，去家二里而近。先期，其子士清衰麻跻予门，征铭其墓。予念曩居南京时，士清奉处士命拜吾官舍，求记家之所谓"寿和堂"者，予因知其有奉亲之孝、睦族之义、为人之贤之概也。既而询诸人，则咸曰："集贤读书通大义，不名不仕，教家实严，课子孙以农桑是务，不妄与人交。乐延名师以教子孙，且素于俭行，致家饶裕。见人有贫不给者，辄斥其余以周之，不少吝。一家子孙数百，捐衣食粟帛，不使有同居异爨之风。乡曲有道不平者赴愬于门，彼此折衷以理，必俾两得其平而去。为乡万石长，于所征科尤孜孜奉法，不使子孙有亏损官民之失。暇则青鞋布袜，以夷犹于东阡西陌之上。睇青山送白云，以乐其所乐而已。"是则集贤之为人，果不可不谓之乐天知命也哉！

　　暨虞氏有妇道手泽，生士祯、士良、士清；一女，适戴轵。孙男十：伯宣、伯完、伯纯、伯周、伯旸、伯宁、伯奇、伯玘、伯忠、伯埙、伯篪，女年幼在室。兹士清欲遗亲之行于不朽，以铭为请。予重士清孝，故不辞而为之铭。铭曰：

　　　　孝以奉亲，义以睦族。去利远名，不耒不耨。
　　　　所务者本，所知者足。子孙姚姚，如兰如玉。
　　　　遗蜕斯藏，藏此山麓。倘利后人，予载是卜。

　　大明景泰二年岁次辛未十二月 日孝子士祯、士良、士清谨立，赐进士第、资善大夫、南京吏部尚书魏骥撰文，赐进士第、中宪大夫、直隶镇江知府吴奎书丹，赐进士第、奉政大夫、南京吏部郎中张方篆额。

　　　　　　　　　　　　　　　　光绪十五年《萧山华氏宗谱》卷一

汤克敬墓表

清封奉政大夫江南海州直隶州知州加一级太学生望贤汤公墓表

公姓汤，讳克敬，字尔恭，一字望贤，浙江萧山人也。祖仕忠，以孝弟力田世其家。蜀中扬季，代守一廛；济南伏氏，人称不斗。父奎瑜，始自长河迁居西郭。戒采兰而思养，效负米而就时。长安贵人，访城西之子夏；洛阳女子，识市上之韩康。公玉映觿辰，兰芬绮岁。叔子在襁能识亡环，康伯未龀已悟熨斗。终鲜兄弟，仍学箕裘。种彭泽之秋稻，治安平之酷酿，承先业也。母卒，无地以葬，乃相度故丘，翦刈荒棘。义勤负土，何必营地万家；吉符筮宅，非徒去水百步。尝念墟墓之间，过而生哀，霜露既降，愀然凄怆。于是葺治先茔，条具祀典。南阳坟域，重修原氏之阡；丙舍墓田，遂书钟傅之帖。稷禾缶米，仁粟丰于公畦；稻雁麦鱼，吉圭奉于宗祐。公砥道所履，周旋中规。闺门所师，少长有礼。饭则击鼓，会东都之院中；内无异烟，榜西阳之闾上。复置义田百亩，嘉惠族人，以庇吉凶，以振冻馁。富非樊重，辄捐二顷之田；贵匪邓林，坐散千金之产。诸儿与王骞共佃，群从待杨惜举火。推计中表，宅相外家。遂使杯酒之欢罔疏于南阮，练裙之困靡怆于西华。其种仁深矣，其市义富矣。

至担簦缔契，敛袄定交，青松可以盟心，白水于焉旌信。同邑来廉使，公祖母内从孙也，宦游三十余年，悉以家业委公经纪。张堪知己，把臂托于妻孥；谢混旧货，尺帛登于文簿。既廉使以事籍其家，众方丛于疑狱，公独脱于祸罗。平原独无郑默，不染自非；铜行无变，金心在中。砥廉苦于悬鱼，执义强于雕虎，孰能遇疾风而知劲草，饮勺水而易贪泉乎？

初，公尝与乡士大夫议修苴山闸及西兴龙口闸。叶阳在国，能助息民；王景多艺，尤明理水。事虽不果，识者重之。邑人岁以立秋后堰湘湖水溉田，每患毁决。公慨然独任，兴举三池，主事十月成梁，导石泏为涛门，洒潝池为甘泽。然后雨渠雪亩，遍润龙鳞，豆饭芋羹，无悲鹄语，今之东阳桥石闸是焉。昔芍敖作期思之水，召父造钳卢之陂，儿宽凿六辅之渠，张纯开九曲之渎，彼皆宣猷四国，述职中朝，未有位未阶于水官，名不挂于津吏，而能劳代寒蒌，利均沈莱者也。矧独为君子，古人所以引惭；不宣己惠，前哲所以济物。庚渠高堨，弗署樊晨之名；石门故碑，莫寻王诲之绩。尤谦光之极则，穆行之遗徽已。

乾隆戊子考终于家，春秋八十有二，葬于湘湖水洋坞之原，合祔王宜人茔，礼也。公玉珣体短，卢植音洪，有桓彬之洁操，有汝郁之至性。迹虽市隐而圭璧其躬，学仅咫闻而斧藻其行。清修雪白，阴德耳鸣。失不系心，得不形色。随会之家事治，季布之然诺重。质行不言，诸儒谢其孝谨；宽中不校，细人闻而惭悔。则夫探应南顿之神金受，何比干之符策庆昌枝裔，不其宜欤？有子三人：述德，邑增广生；成德，太学生；滢，乾隆甲午科副举人，杭州府学训导。孙八人：元丰，太学生；元彬，候选从九品；元凯、元裕，俱太学生；盘，邑学生；元苣，乾隆丁酉拔贡，仕江南海州直隶州知州；元白、元莪，俱太学生。以元苣贵，赠公如其官。既葬二十有七年甲寅，而元裕之子金钊以第一人举于乡，又五年而官翰林，以余同榜，见托铭幽，事举其宏，言从其质。

呜呼！见范伯孙之执砚，辄欲潸然为郭有道而作碑，庶无愧色。铭曰：

上善若水，大方无隅。缲丝出茧，被褐怀珠。
绾无他肠，塞有阴德。气备四时，衷祛三惑。
墙东武仲，市南宜僚。戴仁抱义，激薄停浇。
士盗虚声，儒欺暗室。徒饰春华，不如秋实。
青乌莫宅，白马临茔。炳灵鹊印，冥照牛亭。

赐进士出身、翰林院编修闽中陈寿祺撰。

民国十八年《萧山夏孝汤氏家谱》卷二

汤元裕暨妻来氏墓志

清封光禄大夫汤府君暨配一品夫人来夫人合葬墓志

王宗炎撰《清封光禄大夫汤府君暨配一品夫人来夫人合葬墓志》

府君讳元裕，字益占，一字清泉，先世居萧山河斗里，二十一传至云玉公，迁于县西门，别为西门汤氏。云玉公生望贤公，讳克敬，府君祖考也。望贤公生慎庵公，讳成德，府君考也，并国子监生，诰赠光禄大夫。祖妣氏王，妣氏王，氏华，氏戴，赠一品夫人。府君为慎庵公仲子，华夫人所出，植躬自厚，宅心依仁，聪训敏行，承志色养，善事后母，友于伯兄，型家收族，任恤里党。例补国子监生，以子金钊贵，初封文林郎，累封奉直大夫、荣禄大夫、光禄大夫。

生于乾隆七年正月十八日，殁于道光三年八月十四日，享寿八十有二。配来夫人，同县赠光禄大夫讳济予长女，孝慈勤俭，动应礼法。初封孺人，累赠宜人、一品夫人，与府君同岁十月初三日生，先府君十有五年四月十五日殁，享寿六十有七。男子子六：应麟，殇；应骐、应獬，并候选从九品，封光禄大夫；炳荧，湖北恩施县崔家坝巡检，先卒；金钊，嘉庆四年进士，今官户部右侍郎；应觥，早卒。女子子二：适同县陆森、钱塘来应骒。孙男十三，孙女四，曾孙男四，嫁娶皆名族。

府君膺享禄养，晋锡崇阶，贵而不骄，耄而好礼，人伦模楷，乡国衿式。梁木其坏，有识同悲。应骐等以道光三年十一月二十六日合葬府君夫人于县西南十里淫西桥法云山之阳，卜兆云吉，幽宅终藏。孝子哀慕，请勒贞珉，略述生平，用垂不朽。

赐进士出身、截取知县、封儒林郎、翰林院庶吉士加一级同里王宗炎撰并书。

民国十八年《萧山夏孝汤氏家谱》卷二

来宜人墓志

清封宜人显妣来宜人墓志

呜呼！吾母弃养五十有八年矣，不孝元苣始能卜葬于荣山之原，怠缓之罪，尚胜数哉？初殡于宅后之小园，乾隆三十五年秋七月，海水泛溢，殡墙圮移，厝于湘湖之桃园。方元苣之失恃也，才五岁，长治举业，营兆三四区，皆不吉。后以南北宦游，不及治宅歹。迨嘉庆三年引疾，四年旋里门，次年得城南吉壤，为试椁启之，并吉，乃于嘉庆十一年春三月庚午扶枢安葬。

吾母生平孝谨言行，不逾闰阃，不敢丐为饰词，谨就所闻于吾父者窃述其梗概，措之幽阴，识余痛焉。吾母姓来氏，同邑乡宾讳公旦公长女也，世为萧山望族。幼即端重寡言笑，明于大义。十岁佐母杨太君中馈事，一一中窾。嫁时不责奁赠，二十一而归吾父，相夫子以和谨，孝事舅姑如在室时。处两姒间，怡怡如也。岁时祭祀必以诚，遇族党以礼，内外无间言。御臧获严而有恩，饥饱寒暖必体恤之，惟不许多言取戾。篝灯纺绩，至丙夜不休。体素清羸，遂婴弱证，血咯咯随唾出，医药罔效，支床第者半年余。将属纩，指元苣谓吾父曰："吾为妇十余年，只此五岁一儿，倘得读书成名，吾亦瞑目九泉矣。"遂不起，时元苣稍有知，号呼者累日。呜呼哀哉！吾母一生无疾言遽色，不藏怒宿怨，劳不辞于体，愠不见于面，可谓女中君子。呜呼！足以教我后人矣。

吾母卒于乾隆十四年己巳八月十七日巳时，距生于康熙五十七年戊戌十月十二日寅时，享年三十有二。子一，即元苣，丁酉科拔贡生，乾隆四十五年任金华府儒学训导，时恭遇国寿覃恩，以吾父命请貤赠祖父母，不及申请貤赠吾母。乾隆五十五年任广东徐闻县知县，时恭遇万寿覃恩，貤赠祖父母外，以吾父方任杭州府儒学训导不请封，仍请赠吾母并封吾继母洪太君并七品孺人。嘉庆元年，任江南海州直隶州知州，时恭遇太上皇帝纪元周甲，授受礼成，覃恩请貤赠祖父母外，封吾父奉政大夫，赠吾母暨封吾继母并宜人。女二：长适国子监生瞿景熹；次字王氏，未嫁卒，存年二十有一。淑慧知书，吾父命祔葬墓右。

呜呼！吾母与吾父同甲子，吾父今年八十有九，吾继母亦八十有四，皆康强无恙，独吾母无寿者相。元苣忝窃恩命，既碌碌无所表见于世以副属望，又不得躬拜宠荣。呜呼哀哉，尚何言哉？然以吾母之贤，不获永年，且迟之又久而始得窆于阡，是不可以不志，志而不铭，盖临池涕泣，不能作韵语云。

嘉庆十一年岁次丙寅三月己酉朔，越二十有二日庚午，男元苣谨志。

民国十八年《萧山夏孝汤氏家谱》卷二

汤杰墓志

致尧侄墓志

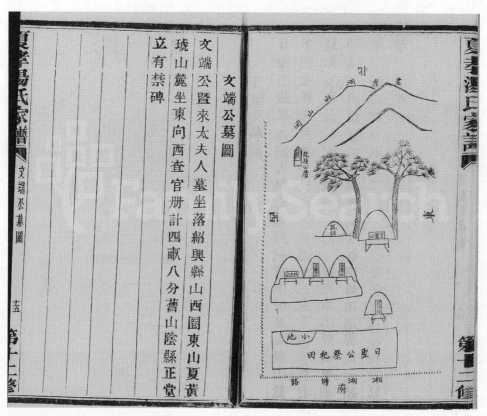

《夏孝汤氏家谱》载汤金钊墓图

　　吾兄西原公之长子杰，字致尧。性开爽，年十四离塾，佐厥父治家政。吾家世以酿酒造医为业，杰精算法，经理秩如。与人交结以诚信，日省工作，综核精勤，添设磨坊，旧业式廓。自奉俭约，族人贫乏称贷无所吝，量其材令佣作，图衣食。严冬置棉衣给冻者。弟纶，好学能文，弱冠举于乡，专心读书，不问生产，以乃兄笃于友爱也。方期贾宏祖业，士取甲科，以娱亲志，讵意道光元年九月十四日，杰遘危疾不起。生于乾隆五十六年十月二十八日，年三十一。娶朱氏，生子学曾，国子监生；继室以任，生子学江，附贡生。孙以恒、以渐、以复。先世详谱系，不赘。

当杰不禄，时我父封光禄公在堂，年正八十，我兄亦将六十，克家子忽摧折，虑世业之堕也，夙夜忧叹。纶乃慨然起而任之，以儒术行于贾，业益以振，以纾祖若父之忧。於戏，孝矣！然自是不获更上公车以上进，乡党惜之。因以叹杰之无禄，关于家运不小也。学曾、学江克绍箕裘，积久哀慕，请予为埋幽之文，爰志其梗概如此。

道光二十有六年丙午冬十一月，叔父金钊撰。

民国十八年《萧山夏孝汤氏家谱》卷二

汤宰熙暨妻张氏合墓铭

汤宰熙公暨元配张太孺人合墓铭

朱村之阳兮，山号仙人。
仙人之腋兮，习习风生。
流水旋绕兮，湛然无声。
结圹于斯兮，洵是佳城。

道光壬辰十二月吉日，翰林院编修眷晚生朱凤标顿首拜题。

2016 年《杭州汤氏宗谱》卷一

附

汤宰熙暨妻张氏合传

宰熙公暨元配张孺人合传

先儒有云："所见异辞，所闻异辞，所传闻异辞，故表扬人善而得诸耳闻，仅从其略，表扬人善而得诸目见，乃许其详。"予生长义桥，邻人有汤公宰熙者，予友庆长之父也。幼而岐嶷，年十四失怙恃，日夜勤劳，抚养诸弟。及长，通商惠工，立家业焉。其治家也，以勤为主。每夜半必披衣历视贮积处，各工人寝所扣其扉有不应者，明旦呵责之。尝云："精神愈用而愈出，若辈在我家习勤，正自为异日起家之地。"故始为公佣而自起大家者已数辈，服役多年而以老仆终者无一焉。其自奉也，非祭祀不衣裘帛，不御酒肉。其与人交也，不以便宜为计。尝云："与其与邻里较量锱铢以供一身奢靡之用，何若自奉俭约，施惠及人而使邻里无怨言？"

公弟廷宗蚤卒，公命张孺人[①]抚其孤。孺人亦视为己出，衣食所需，较之三男有其过之无不及也。予童年时尝过其家，见儿辈戏嬉阶下，闻公之声即潜匿焉。邻妇有相诟詈者，见公之形即奔避焉。其刚方之气，为人敬惮如此。迄今登公之堂，犹相见掀髯宁立时也。公没后，孺人命嗣辈主持家务，慷慨辛勤，一遵庭训焉。

公卒于嘉庆丙寅正月二十六日寅时，距生于乾隆丙寅闰三月二十九日戌时，享年六十一岁。孺人卒于道光癸巳十二月初五日亥时，距生于乾隆甲戌九月初八日戌时，享年八十岁，合葬朱村桥之丁家湾。乙未之春，公之嗣君庆长以谱事见寄，予欣夫亲见公与孺人之行事，遂乐为之叙。

时道光乙未初夏，世愚侄韩范谨述。

2016 年《杭州汤氏宗谱》卷一

---

① 人，原缺，据文义补。孺人，清代七品官员之妻封号。《钦定大清会典》卷七《吏部》："命妇视夫若子之品，一品封一品夫人，二品夫人……七品孺人。"

许在衡妻张氏墓志铭

张宜人墓志铭

　　许司马之妇宜于姑，姑病，吁天请代，天鉴其诚，如所请。司马悼之，又愧弗及其孝也，驰书告同年生绩溪程秉铦曰："吾母病，吾方游沪渎，吾妇妊临月，昼夜侍吾母疾勿愈。吾妇流涕曰：'姑脱不讳，吾何以见吾夫哉？愿以吾代吾姑耳。'吾在旅次忽心动，疾驰归，比暮抵门。吾母方思子，见子病若失，而吾妇即于是夕以娩难亡矣。临没张目顾曰：'吾夫归，吾愿慰。吾姑病当瘳，吾去。'呜呼！十三字而已。今窆有日，而表隧之文未具，以属吾子。"秉铦爰次之曰：

　　知府衔候选同知张嘉荪，会稽人，生女子子二，长适山阴许在衡，中光绪己卯举人，官分省补用同知，封妻宜人，年二十二归同知君祥。女入门，六姻起贺，修妇职七年，婉慧逊顺，学于其姑，阃以内无间言。生咸丰甲寅也，卒光绪辛巳也，春秋二十有八。宜铭，铭口：

　　　　东邻勃溪，西邻反稽。
　　　　谁唱姑恩，告采风者曰：是许司马之妻。

　　敕授文林郎、内阁中书加一级年侍生程秉铦拜撰。

光绪十四年《山阴碧山许氏宗谱》卷二

许之梁暨妻来氏孙氏墓志铭

许之梁先生暨来孙孺人墓志铭

余弱冠时，与许兄有临同学，交最契，询及许族闻人，啧称其从伯之梁先生者，幼颖悟，过目了然，后以持家废举子业。性纯孝，兄弟之间怡怡如也。好义举，凡有系于通族事者，不惮其劳。族中婚嫁丧葬之无力者，恒赒之。迄今没十余年矣，里之人犹传颂不衰。余闻而识之，归以证诸父老，佥曰然。

丙申三月，其子铭珮卜葬于山泉之南阜，鬣封事毕，偕有临兄来乞志于余。余曰："传非亲历，近于附会。志则勒石以示子孙，此其时已。"然余家去山泉将十里，而许族之在横塘，与余村接壤者三十余家，居常称述追慕，推先生为宗之望。余以耳熟能详，不啻其亲历焉。且不特先生之贤，闻其德配来孺人性质温柔，事姑孝，处妯娌以和，惜其天不假年。后以孙孺人续之，其恭睦仁慈无以异，更见先生有内助以维其家，而先生得以善交游、睦姻族、竖德望，非惟乡里光，四方士庶莫不闻风景仰焉。夫以先生未五十卒，使其克享耄期，今犹及见其行事，以为后生矜式。余也宾而录之，岂不偕与有荣。奈何使其世没德潜，又不复表彰其行，几乎名誉俱埋。过此以往，渐远渐湮，将忘其为山泉之闻人也者。余既重有临兄之请，又嘉其子之善营先兆，爰为之志。因铭之曰：

夫妇倡随，种德孔厚。翼子诒孙，累世克守。
山泉之南，松柏斯茂。正寝卜臧，铭勒不朽。

时乾隆四十一年岁次丙申三月之吉，庚寅举人世侄倪名皋顿首拜撰。

民国三十五年《萧邑桃源许氏宗谱》卷二

李有元墓志铭

大麓公墓志铭

　　山阴大麓李公，余金石交也，崇祯丙子捐馆于曹州旅邸。明年，其子茂才于王持行状来乞余志其墓，曰："吾翁七十载行藏，半在越，半在济阴，非公谁能记实者？"言已泣下。呜呼！余与大麓居处相隔殆数千里，一旦天作之合而交最密，知最深，休戚相关，骨肉不啻，若不以一言志，听其湮没于泉壤，不特无以对大麓，且何以对吾心哉？此则难以不文辞者也。

　　按状，公先世有讳庶者，为唐睿宗太子成器元孙、汝阳王琎曾孙，昭宗时避朱温乱来越，遂家焉，是为山阴李氏鼻祖。自庶以下，历宋元明三朝，累代通显，簪缨不绝。传十九世为大麓曾祖日昇，日昇生英伟，英伟生东川，东川生子四，大麓其季也，讳有元，字长卿，号大麓。自幼聪颖，日诵数千言。九岁能文，年十四补博士员第一，督学林公大赏异之。杭沈公近泉者，高士也，爱其才，妻以女，因赘居武林。沈无子，其女通书史，善操家，公资其内助，学业益进。二十三丁外艰，哀毁逾节，几至灭性。先是，伯兄同春公卒，哀悼不食者累日，成脾疾，不时辄发。抚遗孤如己出，皆勉为了婚嫁。而于遗腹孤尤深鞠育，其孝友如此。

　　服阕后，试辄冠军，声名藉盛。然数奇，屡蹶秋试。王公墨池，业师也，谓文利北闱，勉之北游。万历癸卯，入成均，顾又阻新例，留雍邸。是时先廷尉方按辽，余又偕计吏行，虑两弱弟失学，贻书朱少师金庭访名师。其甥张方伯雨若以公荐，遂聘焉。既下榻，余日资磋切，而两弟赖公陶铸，一登贤书，一游黉序。春风化雨，倾动一郡，自郡守吴公对庭及曹之搢绅先生，遇翰墨事必请椽笔。都人士之问字者，屡恒满。即素睨傲不可一世者，亦莫不心折投分，非其学问品谊足以感人心而孚众志，乌克臻此？乙巳，先廷尉复辽阳，命余兄弟悉从。公入都，同学西城隅，篝灯午夜，共矢焚舟。倦则杯酒高歌，间或遨游名胜，盖十一舒啸，而十九埋头。丙午，公卷见赏，竟不录。是岁公仲兄萃春卒，遂南归。公母周太君相继逝。壬子，公兄大仓妻又卒。时大仓在都，力不能归。七年之中，叠遭四丧，公以一人竭蹶支持，殡葬如礼。已，复用形家言，增筑祖茔。统计两年所费，不下千金，悉售武林佥产为资。公之尽伦纪，足以厉世磨钝矣，可敬哉！

癸丑，携子于王入都，过曹，余止之曰："盍留此以待卯闱？且于王治戴礼，为东省孤经，当获售。"乃集姻族子弟受业焉。余别业五百亩在单父，半以助公膏火。颇欲挈眷来曹，有家焉之志。会天启壬戌妖莲起，避难归，遂不果。甲子秋试，复不售。公郁甚，常忽忽如有失，间或不语不食，咄咄书空。于王朝夕慰解，并引乘田委吏为辞，劝之筮仕，亲故亦多怂恿。公勉从之，丁卯谒选人，分发江西道。过井陉言别，将谓南北杳然矣。未浃旬，余适陈臬江省。冬抵豫章，与公抵掌称快。值江省有解饷役，此役，汤火也。方伯王公私脱九江倅杨某强公行。公力辞不可，向余泣。余数四恳免，不见听。余虽勉公从事，而惴惴虑之。已，果未渡章江，黠盗从舟中攫千二百金遁。当事者不悔，且疑公。余挺身百口保，多方搜补以行。至都，则又以饷司薛墨甚，潜用觭权，责赔千五百金。赖友乐城令荣公、安城令潘公共贷助之，而大司农郭公，曹人也，契公素，力谕司庾，得竣兹役。夏七月盗获，犹得原镪近千。而同官晋人王君亦捐数百金，获完贷局，公心始白于当事，且信余取友必端也。秋，转兴都参军。辛未，余入觐，相别真州。泊余拜中州命，旋剜印督逋。甲戌再觐，留家白门。时公已得见职矣。既敕于王伴余行，又念余眷属旅宿，曰："托妻寄子谓何？吾岂恋一官耶？"飘然挂冠走石城，日夕敕僮仆谨扦撒，全家得以安堵。呜呼！此种风谊，岂堪多得也？

甲戌，余既予告，住陪京三载，与公披襟钟阜，把臂秦淮，啸清风，醉明月，谓南面乐不易此。回忆燕邸磨砻，昕宵占毕，灯如红豆，书如青山，视此际何如乎？丙子，余有李母丧，将还里。公怅然曰："吾安适？归矣于越，则巢焚不可葺，于曹则无面目见故人。其送子于清江之渚，而归老西湖乎？"余涕泣拉之行，已渡河，忽患小风寒，投药罔效，进馔不食，曰："吾无病，但不喜食耳。"至南阳，舆行抵单父庄，冀少憩入曹，乃渐委顿矣，竟以溘逝。呜呼，痛哉！

是岁之春，公度余不久于南，作辞曹友书百余，又嘱诸子家事，若有先几者。比曹友闻讣，无不惋悼。公和而不流，廉而不刿，人无少长贵贱油油与偕，不矜边幅，不作饰辞。至理所不可，千金弗瞬，贫而喜施，倾橐勿惜。当先廷尉在内台，身绾十余篆，干者日以伺公。而公与余一意披吟，塞耳外事，有犯科希赂免者，必厉叱去。一僧以尺高玉如意来贿，仆置案头，将有所求。公晨起惊问，叱返之。及余视学中州，梁宋去曹仅衣带水，苟且竿牍时觇。公正色曰："提学为谁？吾顾缘利毁其方，岂士类哉？"沈孺人卒，公方盛年，守义勿再娶，三十年孤衾霜冷，媵婢亦绝。公宦橐如洗，故业渐凋，而忧人忧，急人急，老且弥笃。昔在曹，闻仲兄子乏嗣，买妾被诬，奋然曰："吾坐视，奚以见先人地下？"即日冒雪走徐，沛河冰，乃还。藉大参孙公、给谏成公力，得解。沈公继子弃父骸勿葬，公为营墓地，创祀田，又建祠潮音庵侧，以志报。又恤其忠仆，祔葬之。山房数楹，改为庵，祀厥考，并置田，命僧守之。高曾缺祭田，则以若干亩供伏腊。又念亲族鲜粢盛者，亦为捐若干，属余序其事。而以藩篆钤簿籍，俾世守焉。敬兄无异父，大仑无嗣，即割产赡之。每与余念及兄老，饮膳偶减，辄数行泣下。其他周匮解纷，抚族侄明宇如己子，更难缕述。故旧中有求不继而负恩施、遽反戈者，旁观不胜愤愤，公但付一噱。杭有逋负百金，闻其贫，悉罢之。尝训子曰："非不念若辈寒，顾遗金不若种义耳。"嗟乎，此何非萧然措大所难哉！

公方有志修家谱，葺宗祠，立义田义学，捐义井，悉未暇举而赍愿以没，惜哉！然有子于王，博学宏才，孝友仁恕，行且为熙朝名世。公所未竟，其在兹乎？所著有《理学经济录》十六卷、《大学衍义补摘抄》二卷、《五经子史纂》四卷、《响报录》六卷、《举艺宗传》二卷、《格物辨真录》四卷、《胡传类纂》一卷、《皇明文嗜》二卷、《通典纂》二卷，诗文集五卷，藏于家。

公生于嘉靖丙寅十月二十日子时，卒于崇祯九年七月初四日酉时，享寿七十有一。以丁丑年月日合葬于瀑泉山之巅，子孙俱详世谱。铭曰：

> 于都陶唐，皇风邈兮。昆仑疏派，渊源远兮。
> 代钟灵秀，挺哲人兮。有斐君子，式金玉兮。
> 高而寡和，郢之曲兮。抱而泣刖，荆之璞兮。
> 薄言将仕，云无心兮。三嗅而作，倦知还兮。
> 燕市吴山，友朋乐兮。曹丘禹穴，毕此生兮。
> 英多磊砢，昌厥后兮。

赐进士第、通奉大夫、进阶正治卿、江西等处承宣布政使司左布政使、召对文华殿、钦差巡抚河南等处地方提督军务、都察院右副都御史、前督理河南通省学政、提刑按察司副使南华眷弟何应瑞撰文。

民国五年《天乐李氏家乘》卷首

来尚宾墓志铭

元宣教来君墓志铭　　大宗第五世

　　至正壬寅八月十五日信州路儒学宣教来君卒于正寝，厥子韶持进士杨廉状来征铭墓于予。按状，君讳尚宾，字克静，号恬斋。上世居汴，高祖廷绍公守绍兴，葬萧山，遂著土焉。曾祖师安，祖大德，考贤，号江村逸叟，妣沈氏，元贞元年乙未三月初三日生宣教君。君生而端慧，幼有异姿，骨棱头角起。比就读，书三五过辄成诵。逸叟心奇之，谓沈孺人曰："此子必大吾宗，继龙图而兴起者，今有人矣。"比壮，果负奇气，英迈豪宕，不拘拘为俗儒态。其学务以圣贤为师，不忍常匹自待，故其所到率精粹充蔚。优入阃域，有发古人所未逮者。能文章，工诗赋，步武丰度迥出恒调，一时学者翕然师尊之。

　　有司知其名，泰定二年，浙江宣抚使吕公弼荐以"晦迹丘园，才堪辅治"。君辞之再三，不得已而就征，授信州路儒学学正，宣教江右。凡所指授，当材质高下，学士皆翕然向风。未一载即谢事，当道交章荐举，欲大用。君志确然，曰："我心匪石，不可转也。"在信学，诸生贫不能学者，以所入俸资悉与之，故其子弟依依恋恋，不啻如赤子之于慈母，不忍舍去。比归，行李萧然，欣焉就道，徒步而归。结庐于冠山之麓，以清苦终其身。配徐氏，生一子，即韶。副室王氏，生二子：歆、韵。孙男八人，曾孙二人。韶等卜明年癸卯十二月初三日葬于冠山南麓父茔之次。铭曰：

　　　　积功砥行，蔚为儒宗。振铎江右，大破愚蒙。
　　　　恬兮淡兮，进退从容。浩然归来，云净天空。
　　　　山高水长，先生之风。

赐进士第、儒学教谕友人戴子静撰。

民国十年《萧山来氏家谱·赠言》卷一

来韶墓志铭

元逸民斌山来先生墓志铭　大宗第六世

　　余邑诗礼旧族推来氏，而来氏之贤而有道者，吾又独爱斌山主人焉。斌山讳韶，行员五，字仲美，一字邦卫。力学好古，尚义尊贤，视世之富贵功名若浮云，一无所动于其中，终身不赴省试。至正戊子，台省以遗逸荐，授福建盐课司提举，不赴任。或劝之行，则托以兵乱不可，不知其中心确有定见也。结庐于冠山之阳，日与樵夫野老相谈笑取乐而已，志终不屈，时年三十有七矣。后果四方群雄割据，奔走宦途者咸不得免，故人称其为智士。今天启圣明，正君子立身扬名之时，而斌山卒矣，惜哉！

　　斌山之先，汴人也。五世祖廷绍以龙图阁学士出知绍兴府，卒葬萧山湘湖之方家坞，子孙遂居焉。廷绍生师安，师安生大德，大德生贤，贤生尚宾，信州学正，即斌山之考也。妣徐氏，有贤行，生君于元皇庆元年壬子六月二日，卒在大明洪武四年辛亥六月一日，享年六十。娶孙氏，生思名；继王氏，生思义、思德；女一，字俞叔模。岁当壬子十二月日，思名等扶柩葬于冠山南麓父茔之次，来请铭。铭曰：

　　　　富贵浮云，轩冕轻尘。弃官归隐，避地洁身。
　　　　结庐冠山，互为主宾。乐水乐山，智士仁人。
　　　　我铭不诬，勒之贞珉。

赐进士第、山东利津县县丞韩守正撰。

来思名墓志铭

明处士潭居来公墓志铭　大宗第七世

公讳思名，字叔顾，其先汴梁开封府鄢陵县人。宋世始祖讳廷绍者仕宁宗朝，为朝散郎、直龙图阁学士兼运使，加宣奉大大，嘉泰二年转绍兴守，寓萧山许寺卒。卒之日，命葬湘湖方家坞之原，遂占籍萧山。萧山有来氏自兹焉始。曾大父讳贤，大父讳尚宾，考讳韶，隐德弗耀。迨夫公之为人，知古今，达事变，自少至长，能砥砺。见士大夫有失德废义者，公辄曰："士起寒微，以学行自名，至牵利欲，遂亡其正。况骄奢习易生于富贵中乎？"故公卓然刮磨，思立名节，见一善士，倾身下之，敦信乐善，不事浮华。贫者赒之，困者恤之。当道有知之详而屡荐者，公力辞之。择龙潭之西、冠阜之东，林幽势阻、泉甘土肥之所而索居之，号潭居处士。日夕课训子孙，未尝一言有离古道。以故子成廉善，孙蹑规度，乡党贤之，共有长者之称。娶孙氏，生子二，曰励，曰仪；女一，曰广慧，适孙厚。孙男六：长曰阜，次曰濒，曰川，曰英，曰雍，曰岊；女孙一，曰净正，字汤喧。

公年八十，生于至正己丑闰七月二十七日，卒于宣德戊申十二月二十七日，葬用明年己酉三月二十八日癸酉，祔夏孝乡冠阜南麓祖茔之次。来状请铭，不暇辞。余谓仁乃致寿之本，德为致福之源，未有篾仁者寿，非德者昌，寿考享福之基，夭札者福安施乎？公德公仁既若此，天报厥功岂外哉？公之将来仪而刑之，勿替引之，舍龟策而可知矣。谨按来状而铭曰：

允矣惟公，高明显融。不忒其仪，不迁其中。
蔚然美誉，长者之风。尔子尔孙，养正由蒙。
善见思齐，恶闻省躬。生无荣爵，五福攸同。
死无美谥，累世褒封。天锡尔后，绵绵无穷。

乡贡进士、柳州府儒学训导宽夫李实撰。

来阜墓碣铭

明处士皞如来公墓碣铭　大宗第九世

　　景泰六年十二月二十三日，予邑来处士卒，将以景泰七年十一月初六日葬于大石坞之原。先期，其冢嗣景诚衰麻跻予门，以解元韩祺所述状征铭墓石上。予念自少至老识处士家凡三世矣，若其祖思名翁、父宗亮翁暨处士，皆敦朴谨厚。若宗亮翁，则又读书好吟咏，乐延名人以教诸子弟，尤不失为名家之裔。况今处士卒，而景诚恐亲之德善随泯，恳恳征铭于予以垂不朽，亦孝子也。是则予于处士之铭，其何可辞耶？

　　按状，处士讳阜，字淳厚，皞如其别号也。其先汴人，始祖廷绍，当宋南渡时宦游绍兴，既没，葬邑之方家坞，子孙遂为萧山人。自是至处士凡九世矣。母王氏，生子三人，处士行居长。读书尚义，于二亲诸弟极其孝友，不少忽，家业饶裕。至处士充拓之，视昔为尤盛，且能斥其余以周人之急。向为万石长于乡，飞刍挽粟之劳，必躬督子弟，极其力而不辞。致给上者，必先率以完，由是上下多贤其为人。有田数百亩，皆襟江带海，处士爱其膏腴，虽祁寒暑雨，亦必沾体涂足，课子孙僮仆以树艺其间。每语人曰："吾为太平之氓，田足以耕，水足以渔，山足以樵，原足以牧，上奉父母，下抚妻子，无饥寒之乏，叫嚣之虞，虽终岁勤动，则乐有余矣。顾吾何能而获此，以优游于田里，实上之赐也。上之恩曷可以忘哉？"

　　曩者奉劝分之诏，即出粟五百石以助有司赈恤，爰立石以旌其义焉。迩年复有输粟以实北京者，则许冠带以荣终身之令，处士又欢然领之。未几疾作，将终，顾弟潜、子景诚辈曰："吾今至此，命也。所憾者劝分之粟未输，二亲在堂，不能尽事之之心耳。汝辈宜谨志而图之，毋忽。"言讫，夷然而逝。配戴氏，有贤行，子男五：实、宽、宁、完、宝；女一，曹钦，婿也。孙男七：衡、询、悦、恪、鼎、忠、宪；女一，淑懿。其生也，洪武丁丑四月二十四日，距卒之辰，享年五十有九。昔宋连处士卒，欧阳公以其为人也孝友勤俭、赒贫恤困，恐其善于乡人久而不知也，乃为表以树其墓。若处士，岂非斯人之俦也耶？是畀之以铭。铭曰：

孝友以尽其已，勤俭以持其家。

藏瑜匿瑾，就实去华。

取乐田园，笑傲烟霞。

直道而行，正命而死。

大石之原，卜以托体。

福佑后人，子孙孙子。

同邑平斋魏骥撰。

民国十年《萧山来氏家谱·赠言》卷一

来瓒墓志铭

明承事郎乐庵公来君墓志铭　四房第十世

予考萧山巨家来氏，初本河南鄢陵人，有讳廷绍直龙图阁兼转运使，调知绍兴府，经萧山，寓祇园寺疾，卒葬邑西之方家坞，子孙占籍夏孝乡，遂定居焉。历世已久于兹，家大族巨，人文并显。越十世有乐庵君者，未中寿以疾卒，其子邑庠生夔哀伤甚至，求不没其德善是图，诣予征铭。予忝姻旧，谊不得辞。

君讳瓒，字廷用，乐庵其号也。高祖斌山，曾祖潭居，祖宗表，父淳才，世饶于赀，好义尚德，为乡邦所推重。母王氏，亦名族女。君兄弟二人，君其长也。方九岁丧其父。自幼颖异，克遵母训，而不事嬉游。时从韩侍御、沃大尹二先生受业垂成，以家累夺之。恒以不得事其父为终天之恨，事母氏极甘旨，凡百所欲，皆先意承之，祈得其欢心，靡不竭诚尽力。

君素积而能施，凡义所当为者不吝。乡人邱安庆、马乌眼辈，贫不能婚葬，君悉周旋，为毕其事。是特偶记其人耳，类此者多不籍其名。至于其大者，尝膺劝分之诏，斥私廪以济边备，以赈民饥，所费甚巨，亦不靳也。当道嘉之，锡以品秩章服。优游桑榆，乐与宾亲故旧觞咏啸歌无虚日，不知天地间复有何所谓神仙者，人争慕之。君每自叹曰："吾生幸遭太平，愧莫能致用于时以立事功，为欠事也。"因刻志教子，遍访名公以就学。予心窃重教子之笃，且君平生务修孝弟实行，处族交朋，咸有道理。县所兴作，如修儒学、葺邮传，与重建长山闸，必烦董役就绪，而所费不妄。惜乎命焉不试，其发在后。若夔者，德业老成，将候时而出，必大有所树立，足以慰公于身后云。

公娶毛氏，邑宦族女，侧室俞氏，子男二：长即夔；女一，适邑庠生张维翰，皆毛所出；次芝，俞所出。孙男一，女二，俱幼。公生正统己未七月十七日，卒于弘治癸丑十二月一日，享年五十有五，以卒之明年十一月十七日葬湘湖净惠寺北山之原，从吉兆也。按状并以所闻序而铭之。铭曰：

嗟哉承事，允矣才能。严父早世，慈训克承。
诗书是习，孝弟是行。家日以大，业日以增。
劝分应诏，义举成名。散官既拜，恩命乃膺。

银鍪鹭服，辉耀光荣。文林知重，间里见称。

厥先克继，厥美就成。源深流远，来自鄢陵。

享年中岁，怡悦闲情。倏尔乘化，胡不永终？

亢宗有子，侯泮蜚声。显扬可待，虽死犹生。

湘山胜处，屹乎佳城。我铭其墓，慰公冥冥。

南京吏部左侍郎东吴钱溥撰。

来天球墓志铭

明任中宪大夫陕西按察使致仕奉诏进阶荣禄大夫两山来公墓志铭　五房第十世

公讳天球，字伯韶，号两山。始祖廷绍，宦卒萧山，子孙遂家焉。公之祖仪，不知物我，隐德弗仕。父雍，赠主事。西庄公慷慨有大志，建楼五厢，置田十二顷，子珪与侄瓒等八人均分，宗族乡党义之。公十三岁而孤，父临终，掌写"读书"二字，曰："毋忽我言，汝必横经，高我门第。"公矢不忘，事嫡母太安人王氏、生母孔氏孝敬天成，色养惟谨。十七岁，母王氏终，与孟兄珪、仲兄璠哀毁逾礼，不用浮屠。十九岁充弟子员，蜚声熠熠。丙午以《尚书》膺荐，庚戌登孝庙龙飞第一科钱福榜进士，试政司空。明年，委督姑苏司空孔公墓，工毕。三载，同母孔氏太安人北上禄养。比至，母疾作，药祷弗验，壬子正月八日终。公念母值西庄公殁，丁家中衰，百计抚孤，裙钗几尽，痛不能存，丧礼一如王太安人式。奉梓南旋，启西庄公穴合葬，以山地逼狭，四围开拓，易兄来瑚并族来虎等地，经营封植，当时无财以为悦，劳心竭思，称贷而足。比选，家事俱托于兄珂。公内外以清白称者，多兄力也。

弘治九年，除工部都水清吏司主事。莅吕梁，洪放舟俱有日期，权势莫挠。以分司隘丁民居，弗称王臣分茋之所，奉大中丞李公惠符，徐守何宗理委义官王鹍六名管理，公中区处。面镜黄河，背岠梁山，以书糇粮，以量事期，壮哉！漕河通济之保障矣。傍有隙地，以鹅湖费公宏曾从伯父瑄宦读于兹，为构状元亭书院，以延过旅。西崖大学士碑文云："有登斯堂以思来政，游斯亭以企费学。来公有益于人文者多矣。"又凿义井，立社学，修河塘，植榆柳。政暇，寻禹凿及和苏东坡《沉石洪咏》。秩满赴部，尚书侣公钟考最。其年，诏推恩封公父西庄公为主事，母为安人。十二年六月，吏部尚书屠公滽以公"才宏学究、政清守严"，调刑部广东司，执法以行，不为疑惑。时遇审录绞妇王氏，斩胥童恭等三人，声称赫然。十三年八月，升本部江西司员外郎，益精法律差同。给事中吴公晟往独石关等处勘问失机人犯，参奏参将刘轨以下皆斩罪。十四年四月，升山西金事，参奏晋府余庶子多不遵法，罪其尤二三人。钟奇等虽恶，终不敢犯。长子县知县杨滋贪酷，拟斩暴尸。锢镇守陈逡后门，擒司房以戍。甲子监试，得士孙绍先、钱镜等，皆内翰，前此未尝有上第者。释州奉国将军截耳诉冤，与巡按谢公朝宣参奏"自伤支体",奉旨"高墙禁锢终身",以例其余。

时武宗登极,瑾贼擅权,怀不与东揖之恨。适仪宾韩瑀入司,以公擅加刑责,瑾乘机差三法司会勘,一无所拟。瑀不平,再奏,更下大同。巡抚崔公岩、御马监太监朱公秀复勘,如前。刘公调别省,瑀革去冠带、禄米。三年,方得白。同年方公良永以书慰公曰:"秉性方刚,动与物忤。执法太严,多遭全毁。"时以为名言。巡抚魏公坤、何公钧、谢公朝宣、方公元累保公以廊庙之材、冰蘖之操,堪以大用。正德五年,以韩瑀事调陕金屯田。六年,议升大理寺少卿,不报。又报升云南参议,未行。总制方公宽、巡抚黄公宝以关中重地,时事多乖,须得公保厘。又报四川流贼入汉中府界,公时卧疾,即起抚剿,不以官别省而尚任陕事为戒。会保留陕藩符札不到,寻升陕西按副。两峰洪公钟行委监军纪功,统总兵官阎纲等及边兵土兵共一万六千员名入川,皆出公便宜区处。古人有鸡鸣起舞者,公至竟夕不能安寝,惟靠板小憩而已。追围七月,计擒贼首蓝五等十八人,以凯献。上喜,玺书赐奖。当夜东哨欠严,突逃廖麻子一支,势复惨烈。越旬月,百计诛剿。总制洪公、四省巡抚会保公"久劳戎事,未沾一级之赏"。奉旨升本司使,仍在军前杀贼。贼平,回司视篆,一洗案牍,访拿贪酷。时癸酉,监试如晋,得士吴缙、许宗鲁、王朝用辈,皆为名臣。适河南镇守廖堂调陕,公曰:"祸自此始矣。"公发其索每县地图银并日索西安廪给银十二两,呈巡按刘公天和。指参间,廖先马樾诬奏,奏下,反将巡按等官解京,将见监,人犯尽赦之矣。公叹曰:"西贼易平,廖贼难平,凭城依社者也。"又当道某者,以十金寄公,织绒衣十四袭,虽四倍,其价不充。公曰:"吾三十嫠妇矣。"返金谤作,公不为辨。总制张公泰、巡按成公文、马公溥交章保公"刚方持重,堪以大任"。正德八年三月,推升延绥都御史,不报。十月又推河南左方伯,亦不报。公曰:"两拟而不报,吾有以处之矣。"十一月,入觐面陈:自历任以来守职无状,比因讨贼,日夜冲冒岚瘴,手足痿挛;时贼未平,未敢乞闲,荷蒙圣恩,升臣前职,扶病管事;又因沿途感冒,前病复发,伏望容臣休致。奉旨赐允。公曰:"时行时止,吾其到岸之舟矣。"九年,兵部尚书彭公泽复保公"持宪严明,不宜许其引年,复当起用",不报。

今上入继大统,进荣禄阶,常与士大夫适意于湘、西二湖间。乙酉,次子应山膺乡荐,公以自慰。家构南山堂,引江风而弄山月,老壮一辙,不知其引年乞休也,亦不知其得时行政也。遇行政者不合旧体,仰天发叹,忧世乐天,并行而不悖者也。天之福公于始也,孤而秀;福公于中也,刚而陆;福公于终也,康而寿。完名全节，东越惟公一人而已。

　　生于天顺戊寅八月二十八日，卒于嘉靖丙申五月二十八日，享年七十有九。子二：长应元，廪生，娶钱唐宪副一轩徐公潭女；次即应山，娶仁和宪副北屏惠公隆女，继都宪张公本孙女。女四：一适山阴周义封天锡公子典膳周淙；二适予仲子临淄知县时顺；三适仁和江尚书文澜公子编修晖；四适钱塘张腾霄。孙三人：长闻凯，元出也，庠生，娶山阴乡进士行简周公沐女；次闻喜、闻善，山出也。曾孙经济、经邦、经正，皆幼；孙女二，长适绍兴卫指挥使白濬，次适山阴左都督经历王公伯丰子正感。元、山择十月初一日扶柩合葬前山名陈家麓，诸孤持公友听斋毛公所撰行状乞铭于余。呜呼！予与公同乡同官同心，一字一泪尤为不足，一字百泪庶写我心之悲伤也。因系之以铭曰：

> 东越钟灵，英雄天辟。三莅部秩，粤恭粤立。
> 三陟臬司，粤刚粤毅。以皋以禹，以仲以虎。
> 转斡乾坤，神明为伍。余闲日月，太虚无忤。
> 吴越两山，互为宾主。生则膺号，殁则遗德。
> 岫屼参两仪而贞固也耶？

　　提学副使邵蕃撰。

来统母黄氏墓志

明序贡栗斋叔祖母慈淑黄孺人墓志　四房第十一世

　　史曰："嗟乎！余读宗子统状其母淑人之行也，未尝不泫然流涕也。夫贞烈弗耀，则懿范畴昭焉，是故孝子于范则勿之有悖焉尔矣。夫巨嫔弗宣，则徽音畴嗣焉，是故孝子于音则勿之有罥焉尔矣。夫至谟弗赞，则幽履畴播焉，是故孝子于履则勿之有越焉尔矣。夫理谕弗章，则苦节畴甘焉，是故孝子于节则勿之有渝焉尔矣。夫劳庸弗叙，则成教畴立焉，是故孝子于教则勿之有忘焉尔矣。"余读宗妇之行①状，若是其备，不能不致感于兹五者，而重有以叹也。

　　宗妇姓黄氏，文峰望族。厥祖曰某，种仁惟滋，艺义惟宜，廉狷风于乡鄙；厥考宗远，秉谦为基，嘉遁为几，清修表于缙绅。时维宗妇，明慧夙禀，稚而颖灵，是故有彤鱼之质；巽顺素植，长而端凝，是故有羔羊之度；俭共成性，笄而穆真，是故有幽女之朴；动容遵纪，醮而敏肤，是故有赵姬之肃。史曰："嗟乎！是可以征懿范矣。"

　　暨归于栗斋秀才，昭问蘋藻，维德之行。外则事乐庵公，敫猷赋藏，以勤王陲，裕无艰色，内则事毛孺人，怡颜若志，娴无间辞。时维宗妇，绿衣蘋菜，以趋牖祀，是故有尸斋之式；糁酏潵灖，以载萧鼎，是故有昧旦之箴；煦妪覆煴，以处媵侍，是故有小星之惠；左彤右帨，以闲姬姊，是故有苤苢之贤。史曰："嗟乎！是可以征徽音矣。"

　　乃乐庵公即世，值毛孺人卧病，吁天祈祗，恃以无恐，髽冠菲履，允襄居约，匡谟层策，厥助维多。时维宗妇，孝以遇姒，保傅攸谐，是故有孟光之操；慈以庇下，臧获胥洽，是故有莱妇之守；礼以别外，交游称庆，是故有邓曼之善；和以洽内，闺闱感化，是故有左嫔之才。史曰："嗟乎！是可以征幽履矣。"

　　爰痛而心瞿，相继以陨，遭家多难，群责毕萃，遘时不辰，百忧忡惙。时维宗妇，方舟泳游，酌其浅深，是故有潘母之哲；米盐靡密，节其盈缩，是故有陶母之俭；裂珈毁鹝，恒思未亡，是故有贞姜之矢；授鬯委瓒，以隆主祀，是故有敬姜之戒。史曰："嗟乎！是可以征苦节矣。"

---

① 之行，原作"行之"，据文义改。

即宗子统采于芹沚，孙子日升亶而发声。时维宗妇，示之义方，率之彝典，是故有邹母之迁；约之仪轨，申之信令，是故有程母之誓；爰访女诫，爰整闺则，是故有班姑之正；爰斥宗器，爰饬掌固，是故有孟母之仁。史曰："嗟乎！是可以征成教矣。"

夫孝以征节，节以征履，履以征音，音以征范，是五者，士大夫之所鲜也，而宗妇有焉。《诗》曰："高山仰止，景行行止。"亶其然乎！亶其然乎！

宗妇生于天顺戊寅又二月十五日，与栗斋秀才同祀，卒于嘉靖庚寅九月二十三日，享年七十有三。生男一，统，配徐氏。女二：一归孙筀，一归周鲸。孙男二：日升，配王氏；道升，尚幼。孙女一，许嫁曹南溟。统将以是月十八日祔葬于栗斋秀才之墓，铭曰：

> 维天呈象，宝婺含光。维地效法，坤珍秘藏。
> 维圣建极，钦仪定方。维贤树德，恒贞用彰。
> 《易》称归妹，以祉元吉。《诗》赞文母，永世作则。
> 《书》叙尧女，汭汭之即。《礼》表宗妇，勤修内职。
> 于皇亢宗，代有令人。宗妇敌耦，继继绳绳。
> 以族五宗，以谐二亲。以效娩婉，以胤贤贞。
> 维是宗妇，栗斋之配。珠英蕙缫，玉仪兰佩。
> 星润玑璇，月辉朓朒。冯媛靡并，樊姬克对。
> 维兹子孙，勿替引之。云轩玉树，雪圃琼枝。
> 竹冈窀穸，幽灵冥祇。勒于贞石，永克有辞。

礼部主事侄孙汝贤敬撰。

来行甫墓志铭

明赠翁石崖来公墓志铭　五房第十一世

　　嘉靖壬寅岁，九庙役兴，诏天下府州县学诸生有输粟助役者，例入太学。余友萧山来行甫奉例北上，中途遘疾，卒于故城，时七月廿四日也，得年五十有五。讣至京师，予恸哭之，曰："嗟嗟来子，乃至尔耶？"适其弟仁甫为故城令，为之厚敛以归，厥配徐氏重伤夫之亡也，哀泣致疾，逾三岁亦寻卒焉。呜呼！才者必禄，仁者必寿，若行甫夫妇，否耶，是耶？以颖敏英睿、贞纯惠懿而竟至此耶？造物者果可凭耶？

　　嘉靖丁未，余宪闽中，南归于越，厥嗣闻凯踵余泣拜曰："先君有志，夫子知之也。昔天降割，我先君厝诸冠山之大坞麓。方夫子宦辙远临，未克征铭以光泉壤，缺而俟者五年矣。天罚不斩，使吾母又不少延，不肖嗣择时于今年之十二月十三日合兆于先君茔，愿夫子并赐铭之，以垂永久。"余闻之，不觉潸潸然泪下，乃为之论次其大要，云：

　　行甫姓来氏，别号石崖，补县学廪生。其先汴人，曰之邵者仕宋为殿中侍御史，侍御生时，为袁州通判。袁州孙廷绍，直龙图阁学士，出守绍兴，卒葬萧山，子孙遂为萧山人。自绍兴九传而生雍，赠尚书水部郎。水部生三子，少曰天球，号两山，为陕西按察使，配戴氏，封安人，实生行甫。行甫生而荦奇，既壮，以两山命与弟仁甫从予游。仁甫为文醇雅冲素，而行甫则厌常鄙琐，务为崎峻巉峭，以肆其才。虽裁制异律，然并树声艺苑，而一时司文诸公咸以"二宋"目之。后仁甫以乙酉举于乡，而行甫屡顿场屋，意不自得，恒曰："世岂无知我者乎？"于是不乐校艺于浙闽，有例入太学，遂束装北上，期遇知己者，以大伸所抑。然竟不返，岂非命耶？古谓长袖善舞，多财善贾，行甫之不录于有司，非其才之不善也，命之所值，君子其如之何？

　　徐氏，钱塘人也，大父怡轩公敏守云南广南郡，父一轩公潭为广西按察司副使。徐以两世宦门，年一十八来媵行甫，操履卓绝，负气不随时俗。或不悦于乡人，徐则多方解之，使不必与之校，行甫亦置不理。然以资丰，每为族之忌嫉者所不容，横逆自此来矣。所谓众女嫉蛾眉，古固有之也，岂独于行甫则然耶？语曰："不如乡人之善者好之，其不善者恶之。"余见来君恶之者多矣。

说行甫夫妇好赒人匮乏,痛其相继长逝,颂德未报,欲图于其后,则前之所云薄德者,忌之亦何伤哉?徐自来归,仅生子女各一,遂不复娠。徐惧麟趾之不繁也,每为行甫多置婢媵,有小星之风。行甫尤能以礼御情,敬爱益专于徐。既见君子德音孔胶,徐之德相行甫者亦既深矣。视彼庸俗之为夫妇者,狠傲嫉妒,比至反目,以终其身而无悔者,度越不霄壤哉?闻行甫夫妇当知自愧矣。一子,即闻凯,邑庠生,娶山阴周氏,乡进士行简公沐之女。女一,适绍兴卫指挥使松门等处把总白濬。孙男三:经济,邑庠生,娶周节推庄亭公之孙女,乃太学石斋登堂之女也;曰经邦、经正,俱未聘。孙女一,许山阴陈氏月池鹤之子榛也。

呜呼!余观于来而知天道之不远也。行甫才负卓越,志期承考而卒不偕一命,徐氏退己让物,思广胤嗣而所育者一男,且夫妇相继沦没,俱不克下寿,天之报德,何其鳌哉?然一子一婿,所生者八人,笃古而能文者四。即其乳者,亦铮铮然露头角,非积德之报,乌能如此哉?甚矣!禄之不称,子孙之诒,诚哉是言也!铭曰:

> 谓汝非贵兮,令闻有荣。噫!
> 谓汝希允兮,玉树其丛。噫!
> 谓汝弗寿兮,流庆靡穷。噫!
> 双璧同瘗兮,连理共茔。噫!
> 百千万年兮,曷其有终?噫!

福建佥事杨大章撰。

来鹄墓志铭

明授典膳襄义来君墓志铭　大宗第十二世

　　吾萧西陵之西，乡名夏孝，来襄义君世居之第。君好文，与余善，缔姻娅。嘉靖庚寅三月六日，君卒，子宏吉辈将以是年十月二十九日举葬湘湖闵山之阳，持高士魏君廷和所为状，请志于余。余痛君奄弃，而信廷和所述为可传，按其状而志之。

　　来氏，其先汴人，讳廷绍者守会稽，道经萧山，卒于祇园寺，子孙遂定业于萧。传至君高祖，号康顺翁，起家诗礼，与廷和祖冢宰公有文墨交。曾祖讳阜，祖实，考衡，皆克承先志，尚义隐居。母黄氏，出名族，生君昆季五。君讳鹄，字时翀，娶于徐，端严贞静。君与徐奉二亲曲顺志意，友爱昆季，庭无间言。君序承来氏大宗子，扁其堂曰"会宗"。兴礼让，时集群彦宣揭康顺翁训戒及今廉宪两山公家训，用昭睦族之义，而丁宁宏吉继之。居平谦抑，感人以和，而果直之气不为非义所挠，盖外和内刚，且评所许然也。赒贫恤孤，修桥梁，复塘圩，尤加意焉。钱唐江渡递远，西兴镇值风雨晦暝，多遭迷溺。君于宁济庙迤东竖竿为表，夜夜则笼灯以指迷，一念悯恤，周至若此，余可概矣。以故后先邑侯咸加礼重，而伍侯有典膳之荐，秦侯有善良之旌。

　　尊严云逝，至哀至慎，丧葬可式。目疾五载，日扶掖以问太孺人安，而常以不能舞衣奉欢为歉。其重庭训，延名师，冀子孙业成而振起家声，则又切切于怀者。或曰徐孺人内相亦多云。疾革，谓孺人曰："吾恨不能亲送吾母于异日。"他无所及，整衾而卒，里巷宗姻靡不伤之。距其生天顺壬午十月初十日，享年六十九。有九子：宏吉，娶沈；宏庆，娶孙；宏辉，娶华。孙男九：端本，娶施；端容，娶沈；端言，娶王；端蒙，聘予女孙；端器，皆补弟子员；端人、端务、端操、端龙，皆幼。孙女一，适山阴副宪廷言吴公季子毅。曾孙男一，遇明。噫！君克举大伦，有光前业，诚不愧于生前而全归于地下矣。铭曰：

　　　　纲常是举，大宗是承。丕振先业，克享荣名。
　　　　罕觏者一乡善士，可继者后嗣家声。
　　　　山水明秀兮，神宁所止。金石未镌兮，世宝其贞。

南京工部尚书同邑枫丘张嵿撰。

民国十年《萧山来氏家谱·赠言》卷一

来鹄墓志铭

明处士静庵来公墓志铭 大宗第十二世

　　来氏当宋世居汴，嘉泰中有廷绍者以龙图阁学士出知越州，卒葬萧山，子姓遂家焉。静庵君之父衡，以赀雄其乡，魁梧倜傥，乡人服之。娶黄氏，生子五人，仲曰鹄，字时化，静庵其别号也。君早慧岐嶷，就外傅业儒，喜读通鉴，旁通方技家言，不得成举子，补藩掾。岁大侵，属邑多赋，君献计于藩伯，用之，官民以赖。虽在掾职，耻案牍鬼琐，日以琴书自娱。藩伯知之，亦不以群掾视君也。正德初，刘瑾专国，中外栗栗，民用大困。君时例上于部，叹曰："世道如此，吾有亲可养。"遂乞养，锡冠服以归。先考学士公雅重君，于其行，赠之诗曰："冠绂下神京，霜天万里清。何如钟漏换，衣锦恋宵行。"昭其介也。

　　君归，孝其亲，友其昆弟，筑龙潭书屋以教其子。储经史于楼，族人愿儒者咸萃焉。君时来省其师，扬榷古今，已则缓步微吟，翛然池亭之上，有逸民之风。乡或贷其粟，辄弃券以赒之。属疾，语子孙曰："田可耕，书可读，毋贻若先人羞。"越旬乃卒，嘉靖庚子九月朔也，距其生成化己丑三月十九日，享年七十有二。

　　娶张氏，克相于君，人称之曰慎慈，孺人先君卒仅三载。子男四：朝端，藩掾；朝阳，县学生；朝宗，与朝端同事；朝宣，武学生。孙男十：光祖、光德、光国、光文、光裕、光玘，咸业举子；光大、光洵、光璟、光谦，尚幼。孙女二：玉珍、玉瑶。曾孙男一，梦龙。是岁十二月既望，越十日壬午，朝端等将葬于湘湖眉山之原，与张孺人合。铭曰：

　　　　　不习为吏，学也有志。吏怡其亲，学贻其嗣。
　　　　　寺人之时，飘然南逝。赧赧权门，群咻弗避。
　　　　　病者何如，君祇以异。七十而乐，两间靡愧。
　　　　　湘皋同穴，悠悠万祀。

吏部主事丰坊撰。

来鹗墓志铭

明处士时望来公墓志铭　大房第十二世

冠山宦族有时望者，年三十九而卒，人咸惜之。予往吊慰其家，已不能无
怃然也。殡于堂几三载，将葬尊甫，承事公遣孙宏振拜而请铭，图刻石以表茔。
予重其意，不复以耄荒辞。

按状，时望名鹗，时望其字也，质庵其号也。其先河南鄢陵，传至有讳励
为高祖，讳阜为曾祖，讳实为显祖。父衡，承事郎，母黄氏，俱逾七望八，备
膺多福。时望幼聪明，一目数行，属文成篇，师友推让。逮家务严冗，遂弃举
业而急于孝弟，专治生勤俭，厚本抑末，以致资日益而家日雄。惟父子兄弟之间，
怡颜和悦，宗族乡党之中，赒恤保爱。不以声色加人，惟以礼法是循。岁时伏腊，
生辰具庆，讴歌鼓舞以悦亲心。正德壬申，连岁荒歉，即发所积，应濒死之称贷，
全活数多，故人颂恩，愿其长守富焉。病革之日，言曰："修短有命，吾无憾矣。
但父母在，善事之，余无所及。"言讫，奄然而逝。

生于成化戊戌九月十二日辰时，卒于正德丙子七月十八日申时。配长潭沈
氏，子男二：长宏振，次宏佐；女一。俱幼。宏振将以戊寅十二月十九葬湘湖
陈家埠祖茔之次。铭曰：

> 惟君之才，即为良能。惟君克肖，习于性成。
> 矧兹家学，有贤父兄。是才是肖，奚忝所生？
> 乐施好义，家惟资赢。寿富安逸，咸宜备膺。
> 奈何不禄，天命则征。懋龄攸闶，强仕未登。
> 誉儿足慰，瞑目幽冥。葬稽三年，宅此佳城。
> 湖山蟠郁，以秀以明。君子之墓，过者弗轻。

知州里人陈殷撰。

来统墓志铭

明封翁南涯来公墓志铭　四房第十二世

嘉靖己亥，策来莅萧邑，人士跄跄踥予，南涯来君时逐弟子员以进，揖入，循循执礼惟谨。其子三峰、日升者，甲午乡荐赫然有声，颖拔久矣。君犹锐举子业，或以有子，劝令自逸，不对。察其志，岂不曰"毕所平生，桥梓可几已"。顾蹶于时未偶，而君忽膺疾以逝，时嘉靖壬寅闰五月九日也。

君讳统，字元正，南涯其别号。来氏之先，出自殷汤。其后有分封食采于来者，因以国姓焉。历汉晋隋唐之际，文勋武烈，继美史传。至宋有讳之邵者，世居河南鄢陵县，哲宗朝为殿中侍御史，上疏攻近侍，落职知英州。生时，为袁州通判。时生梁叔，梁叔生廷绍，仕孝宗直龙图阁学士，出守越，道卒于萧山之祗园僧舍。适值金人云扰，以致车驾南狩，其子师安遂因萧山而家焉，是为一世祖。逮我明兴以来，食指繁衍，冠簪相继振耀，其隐德范俗，多有未尽举者。君之曾大父英，距师安八世矣。英生瓒，号乐庵，授承事郎。父夒，终邑之廪庠生。

君生四岁，而大父若父者相继沦丧，赖祖母毛、母黄恩勤以自抚立。比就傅，毛涕洟语曰："汝不念吾与汝母之艰哉？汝祖父祸不少延，吾肤髓尽剥，鞠汝以有今日。汝惟励，毋坠先人绪，毋令使我徒为今日苦也。"君闻之感泣，遂笃志于学。弱冠游邑庠，以所业雄长辈人。敦朴以善其身，俭约以植其家，三世只弱，或有负之者，委曲遇之，卒免强削之患。呜呼！君之志之行，类如此。特以居下，使积者厚而施者不远，君子益为惜之。然士之怀奇抱异而卒不得施用，岂独君然哉？

君生弘治辛亥八月八日，卒年五十二岁。娶徐氏，子二：长即日升，有远大器，娶王氏；次道升，聘钱塘范。孙三人：孔卓，聘同邑杨；孔贯、孔学，俱未聘。女一，归同邑庠生曹南溟。二子三孙，俱铮铮露头角，厚积而施，其殆是与？嘉靖二十二年十二月十四日，君之子谋厝君于笑竹山之阳，祔君考也。具状请铭，哭而语予曰："孤不类，致降割我先君。我先君素所自命与所待于孤者，俱负未称。今图所不朽，为丹峰累。"予悯其志，且与君之子相友善，不可已也。即其状铭之。铭曰：

天有显道，善播获丰。君德纯明，与古人同。

曷不寿考，以显其躬。人亦有言，德厚发薄。

木蕃以铎，火壮以伏。君不自耀，以迓攸福。

有桂斯馥，有兰斯繁。嗣所未毕，君没若存。

我铭幽石，昭示后昆。

知萧山县事漳南林策撰。

民国十年《萧山来氏家谱·赠言》卷一

来宏辉墓志铭

明授引礼舍人南庄来公墓志铭　大房第十三世

南庄君者，姓来氏，讳宏辉，字惟光，绍兴萧山人也。其先封国肇自殷汤，神明侈其华胄。胙土锡称，因生赐姓。猗与有商，兹其盛矣。迫汉而下，有宋之先，举青云以高世者代有，纡朱绂而在位者比肩。龙图出守于会稽，子嗣遂因而著土。实惟中叶，爰始造家。绵绵瓜瓞，芒芒宅土，世于萧山矣。

君承大父毅斋殷昌之休烈，迪乃考襄义过庭之礼训，克迈前休，用笃世祐。志大而量宏，言修而行洁。卓魁梧以挺生，秉哲人之雅操。孝弟力田，冲虚照物。始辖家政，允孚众心；继协乡评，同符三杰。跋莱贤而斑衣诩诩，秉文德而麟趾振振。斯则行美无亏，庆源重浚，天伦之间，俯仰无愧者也。乃若财阜而施，每严箴于黩货；和利于义，不丧心于逐欲。解衣周睦俗之仁，赠死重丧葬之义。凶年焚券，蠲逋永戴于富春；沿海募尸，泽骨尤恩于睦婺。筑桥迈渡蚁之阴功，悬灯指迷津于夜渡。盖君生平恤亡存孤，永念急难，故捐赀若遗，不少矜色。德施于焉济美，道誉自尔旁驰。堂成肯构，燕翼思垂。室似斯干，格言书牖。明发深于有怀，训彝追于来孝。若而人者，殆亦太和之淑质，盛世之逸民也。晚黜尘哗，志乐元淡。池亭寄傲，觞咏陶真。惟思养灵于绿醑，采荣于青山。逍遥齐物，营逐何心？虽表励出自巡台，腻而不滓；休嘉述于史载，漠然弗知。盖浮云之志既抗，蝉蜕之情遂深。不荣通，不丑穷，不慕誉，不崇成。翛翛乎羲皇之侣，云物为徒者也。顾兹懋振风猷，宏丕华绪。显继述之谟，垂佑启之训。隆家声而求世德，又特君之细细者耳。

惜其仁而不寿，大命有终，享年仅止五十有六。于弘治六年九月初九日生，于嘉靖二十七年八月十八日卒。良人天殀，闻者伤之。厥配华氏，贞慈和惠，孝敬不违。有子五人：端容、端人，齐名国学，有待抡魁；端器、端甫、端龙，与其家孙士宾卓立黉宫，争驰领荐。余孙士官、士贤、士旒、士奎、士寀、士俊、士佳、士华、士元、士秀、士宪、士学，亦皆循循雅饬，就傅家塾。曾孙道立，载兆发祥。苏兰茁于一门，谢树芳而盈砌。君之祉祐，将并昌大矣。

卜嘉靖二十八年冬十月十三日葬于湘湖狮山父茔之侧，其子永怀先人之德，思图不朽之传。缘予夙雅，遂来征辞。恐负幽情，义难托谢。乃为之志，以勒诸石。
铭曰：

太乙降灵，二仪播气。诞生哲人，汤孙之裔。
穆穆皇皇，如玉在藏。本仁舜亩，陈义葛桑。
高标起物，宏裕引世。德元流长，俾尔昌炽。
斐其嗣孙，昆仑玉英。幽光有发，绵绵若生。

翰林院修撰、钱塘眷侍生茅瓒撰。

民国十年《萧山来氏家谱·赠言》卷二

来经济暨妻周氏墓志铭

明贵州参议继山来公暨配周宜人墓志铭　五房第十三世

公来氏，讳经济，字济时，别号继山，举隆庆戊辰进士。性方直，沉简少言笑，与人斤斤不阿。遇事揣始见终，即谋植，算定不可撼而夺也。边徼远恶地，凡仕宦所惮不乐至者，而公坐不偶时，终身更践其地，意无所拂，然亦用见其材计。屡效勋伐，显名于世，终寡援引，偃蹇而不复。公初为潮州推官也，潮守以中助偃于僚佐。公弗善事也，守恚，阴中以事，谋败，镌秩去。公亦徙大同，数年始进为太仆寺丞。时间牧之藏羡吏积欺盗，公讨治之，蝎蠹皆屏。故事：丞礼杀于卿、少，骑止不庭，座却不衡。公曰"卿丞皆僚也"，策骑而庭之，引座而衡之。卿、少皆目摄不敢忤也。再岁，改南京工部主事。缮治孝陵水窦，工竣，进都水郎中。旧京诸监局供办率仰都水，寺人始共诱陷，终更胁持之，得欲而止。畏公雅正，不敢犯也。出金宪广右，治梧州，徭遍山峒，往往谍出于帷中。公阴重，寇莫得隙。大峒共叛，下片檄名捕六贼，皆枭之，贼慑，遂定。府江徭数寇略不靖，公以锐师出贼不意，覆巢斩薙无算，乃度地置营，命三百人戍之。有司以饷请，公曰："北流旧课盐，所入税为金如千两，诚复之，此无病于民而饷足也。"又凿山开道四百里，瞭视明谨，寇益希少。居梧州五岁，威望卓然，吏奉法无敢欺伪。

迁四川布政司参议，岁饥，以法兴赈，全活甚众。就迁松藩兵备副使，松藩控卤护番，蜀西偏也。是时火落赤扰洮河间，卤王以其众西徙，相与联络。上命尚书郑公洛经略关陇，烽燧远于松州。公奉檄以八千人守高乘塞，益用茶马招辑诸番部，诸部欢附，卤失耳目，卒解而去，公有助焉。始缘边以卫，士戍尪弱不足用。公简汰，更募土兵，符伍甚饬。黑虎番目阿呼攻剽二堡，西土震动，公计曰："茂州去成都千余里，请而济师，往返旷日，所谓揖让救火也。"遂以便宜发兵万人，使副将朱文达将之，疾趋茂州。番不测大兵至，皆溃走。生擒阿呼，斩获甚众。捷闻，上赐金增秩。会公以母忧去，又坐言者。服满起补，乃落一秩，为贵州参议，分守乌撒。复坐陇氏事，与抚台持议不相得以罢。陇氏者，乌撒土官妻也。夷法：土官既嗣爵，其部人醵金为纳妇，而相与共处，产之后，奉以为嗣。及陇氏生子，非种也。土人以故法请立为后，巡抚都御史江公东之持不许，而更求其种之宜立者。将闻于朝，公争之曰："蛮夷从便，守所故习，不可以汉法治也。苟从其俗，靖人而已，违之恐为边鄙扰。"江公不听，以忤去。公叹曰："此土自兹多事矣。"后陇氏据地治兵，拒宜立者，攻杀连岁，乃服其荩识。

配封宜人周氏，同邑前进士宪之孙女。公孝友兄弟，慈于诸侄，宜人偕之以婉。公廉洁无染，宜人成之以俭。公性伉直，宜人剂之以和，称齐德云。

来氏，萧之冠族。宋直龙图阁学士廷绍者为越守，没于其地，子师安卜西陵居焉。九传为廉宪公讳天球，又再传为赠公讳闻凯，实生公。公生三男子：长宗尧，蚤卒，娶中翰童公儒女；次宗傅，娶刑部主事胡公崇曾女；次宗孟，娶尚书何公鳌孙女。女一，适国子监生陈汝炌。孙男三：咨圣，娶廪生陈君大炤女，宗尧出；咨学，聘予姊子庠生范继庄女，宗傅出；咨寿，宗孟出。孙女二：一适提学副使冯公景隆孙庠生有衡，一字知县沈公校孙应圻，一幼未字。曾孙男女各一，俱幼。公卒于万历庚子二月，寿七十有三。后五岁甲辰四月，宜人卒，寿七十有一。嗣君宗傅等以某年月日合葬于陶岭之阴，而以其从弟翰吉君状来乞铭，予曰："公宜人，法应铭也。"为铭曰：

北鄙之邦，西极之城。东走苍梧，南征浮竹。
吹蛊随车，站鸢愁役。吾道非邪，以劳四国。
朝茵罢露，耀以东暾。蝮虬吐毒，怀我至恩。
功永名垂，风行俗敦。经营之烈，播于无垠。
玉无改贞，钢难绕指。归璞敛铓，逝言田里。
收身九寓，括志一囊。耕馌先畴，白首而庄。
生亦劳止，享有齐年。郁哉斯丘，君子息焉。

会稽大司成陶望龄撰。

民国十年《萧山来氏家谱·赠言》卷二

来冠岩墓志铭

明赠大学士冠岩来公墓志铭　五房第十三世

　　自余忝政地，获与少傅来先生俱也。先生志决行直，不避时讳，人多忌之。余心严先生有特操，真淡然名利去就者矣。既先生归，遗赠公冠岩与母太夫人状，属以志铭。余读未竟，喟然曰："先生之原本在兹哉！"

　　按状，来自宋时廷绍以龙图阁学士出守绍兴，病卒萧山许寺，其子师[①]安因乱家焉。十余传为天球，登弘治庚戌科进士，官陕西按察，则赠公曾祖也。生二子，长廪生应元，为赠公祖。子闻凯，以伯子经济登隆庆戊辰进士，赠工部都水郎中。子三，赠公其仲也。赠公少沉酣举子业，声鹊起。母夫人病而瞽也，伯子副宪欲投牒，公曰："母不望子纡紫拖金，显庸当世乎？母失明，弟可昏旦相也，兄罢仕，失母望，毋宁弟罢业耳。"赠公事母，视噎欠躬扶搔，夜恐无以为娱，则陈说小史稗语多可笑谑者以为常，母夫人得享年八十余乃殁。公侍疾不交睫，不解带，居丧哀毁柴立，孝动里中。

　　先是，季弟弃世，副宪宦游，赠公总两家政，有便利未常先己也。副宪仕黔，以贺万寿节，行道病。赠公驰赴，祷于神，夜伏坛侧请代。病良已，送之渡淮，其孝友如此。少年时与诸来相率豪饮，习骑射，赠公挽弩力倍人，多所命中。已，悔去之，苦吟手写，至帙满箧，退让踆如也。好沉晦，绝足公庭。邑长吏耳熟公名，无由一面也。岁肃公乡饮，间一造，人荣之，堵观蕡次。公尤好施，其佃毁业无以偿，谋鬻子。公楚之曰："毋尔，我不急子偿也。"明岁复毁，又复原之。有山数顷可樵采，里人要斧从之，无以异己材也。常习上池术，有以病谒者，虽贱隶必亲诊视，调药饵治之，俟霍然乃已。群盗有谋入室者，意公贵介弟，必多藏。一人曰："我辈为不义，奈何侵长者居？"穿垣入，大呼盗来，众乃散。晚岁产落善贫，谓少傅先生曰："子贵，毋忘此味也。"后少傅登万历甲辰第，读中秘书，常乘传一至京，曰："子官笔扎，职在此，毋偷荫，毋荒成。尔父数千里来，费官邮钱若干。若何以图报称矣？"亡何逾月，公一病不起。公年

　　[①]　师，原作"思"。据辛弃疾《宋宣奉大夫知绍兴府事来公墓志铭》、邱本高《宋处士长河散人来公墓志铭》、戴子静《元宣教来君墓志铭》改。

四十病，梦神与期曰：去后三三，与公会某所。至燕，年七十有三，距梦之日，岁复三十三，神先告之矣。微公贤达，何以有此？

公尤得沈夫人为内助云。夫人故乐安令沈公宪室女也，十八归公，幽闲沉静，善佐中馈，得翁姑欢。非沈夫人视匕箸，弗善也。赠公与宪副共业，宪副贵历藩臬，中阃煌煌冠珮矣。沈夫人荆布与偕，恬然安之。其佐赠公以读也，食贫茹苦弗恤也。其课诸子以读也，延师友，议酒食必于丰腆，历四十余年如一日，弗倦也。其朝夕劝勉诸子曰："毋忘尔父青编，所售未竟，志在汝读矣。"言已辄泪下。及其未遇，慰以义命，无几微介于颜焉。生平钟礼郝法，备娴为妇，妇宜为母，母宜为姑，姑宜终日端坐，声不出户，语无诟谇。侍者但饮其醇德，乐其慈仪耳。嗟乎！妇道孰逾于此哉？其与赠公黾勉同心，相庄榆景，教子成名，为国老重臣，真称隐君子之匹哉！

赠公生于嘉靖癸巳五月十七日，卒于万历乙巳六月十三日。夫人生于嘉靖甲午十月十九日，卒于万历辛亥七月初七日。男五人：长宗舜，次宗汤、宗周，俱庠生；次宗道，今为少傅、大学士；次宗熹，庠生。女一，孙十人：咨仁、咨义，庠生；咨礼，庠生；咨智、咨信，庠生；咨政，廪生；咨治[2]，宗舜出；咨匡[3]，庠生，宗汤出；咨祯，庠生，宗周出；咨诹，增广生，宗道出，以荫授尚宝司司丞。孙女九人，曾孙十八人，曾孙女十四人，其嫁娶皆名阀巨族，具在状中，不再述。衣冠蝉联，子孙蛰振，是可以观德矣。乃为铭，铭曰：

> 萧山之来源且长，赠公孝友姓氏香。
>
> 晨昏侍母寿而康，三公岂易戏采裳。
>
> 好行德义非祈偿，偷儿严公徙他方。
>
> 有淑太君佐公旁，白首相庄比孟光。
>
> 课儿发迹登玉堂，与公分教丸熊尝。
>
> 只今少傅悬圭璋，阴扶日月辉青箱。
>
> 皇天福善政未央，宜尔子孙绳绳昌。
>
> 千秋一穴马鬣藏，达官孰与隐侯芳。

---

② 咨治，民国十年《萧山来氏宗谱·五房图》卷一："宗熹子咨治。"与此不同。

③ 匡，原作"礼"。民国十年《来氏家谱·五房图》卷一："宗舜子咨仁、咨义、咨礼、咨智、咨信、咨政。宗汤子咨匡。"据此改。

大学士杨景辰撰。

民国十年《萧山来氏家谱·赠言》卷二

来斯行墓志铭

明方伯马湖来公墓志铭　四房第十四世

　　余发未燥，即闻西陵有来道之先生，其于书无所不读，而一二举止狂率，类晋人，人多异之者。以是不及交先生。晚一见先生于司马郎署，聆其议论，破囊而出，大惊，以为经济才。既别去又十年，先生已悬车在里，间一顾。余里中适大会群士，先生欣然临讲席，神情疏散，謦①欬间风生四座，未尝不爽然自失，恨知先生之晚也。无何而先生捐馆，比葬有日，伯子彭禩介余族弟之辱先生馆者锡和，谒余而请志于余。余恨知先生晚，即晚，知先生有不尽知者，方逊谢再三。而锡和频申前命，不获已，为按其族铨部君之状而节略焉。

　　先生来氏，讳斯行，字即道之，而马湖其别号也。来系出微宋之后，传至宋直龙图阁学士平山公，始自鄢陵扈驾临安，因家于萧山。历七传为潭居公，始卜居长河，其后代有显人，来遂为于越望族。潭居凡七传而至先生，厥祖畏斋公讳万程，考静观公讳嘉谟，皆以先生贵，赠广西按察使。而静观公博综群书，称通儒，虽隐德弗耀，所著书曰《敦伦宝鉴》，曰《备忘录》，曰《曲水蛙鸣》，曰《字学源流》，各若干卷，足为后人宪。娶赠淑人王氏，生四子，仲为先生。生负异资，读书不再过成诵，自少即淹贯经史百家言，倚马成文，千言不加点。总角，补邑弟子员，遇当途小试，无不奏冠者。独厄于棘试，凡七举，始以万历丙午得隽，明年丁未成进士。丁静观公忧，服阕，谒选得主事刑部，著《狱志》四十卷。代王子争立，朝议几欲与鼎沙。独先生申滥生之例，与庶生者鼎渭，谓渭已有成命，不可轻废立，仍请治沙忤逆大罪。当是时，贞皇帝在东宫久，处母爱之嫌，外廷胥抱隐忧，故先生及之。而实与立长之议相成，其后卒从先生议。壬子，典试广西，事竣，闻王淑人讣归。服阕，补工部，管理器皿盔甲，兼督大工，以不行请托忤要津，遂坐察典，论调补永平府推官。时寇祸日烈，辽以东西聚天下劲兵，而苦于转饷。先生驻天津，管南北二饷。南北饷者，海运也，繇山海而进为北道，繇登、莱而进为南道。先生拮据其间，皆有良擘，而犹谓："是未可以收海运之全也，请复元人胶河故道，挽江淮之粟，直达天津，在今日为救辽之急著，

———————

① 謦，原作"馨"，据文义改。

即一旦中原有事，漕渠为梗，可恃以无坐困，尤万世定鼎之讦谟。"因绘图自南海芝麻湾至北海海仓口，凡二百四十里，其间地形之高下，挑浚之浅深，与夫沿革便宜，皆种种列眉而系之以说，且课费不过十万。当事者心韪之，而卒不能决也。漕舟守冻卒数千，预索来春口粮不得，辄鼓噪赴军门为乱。先生驰一牌谕之定，随缚首事者正法。秩满，擢兵部主事，即陈灭寇机要，请屯兵海外，若月垞岛、马头营，并居要害，宜分宿水陆重兵，以资应援。当事者颇欲用其说，乃擢先生监军佥事，整饬天津。时辽已并失广宁，先生申前请，得当一面自效，而时亦终无用先生者。久之，卒报罢。会山东莲妖倡乱，抚臣檄先生提兵往援，道过景州，妖党於宏志聚数千人卒发，刻日攻州城。城中人出，遮留先生杀贼。先生阳谢之，而密署所部援兵，一鼓而进歼之白家屯。远近欢声如雷，诸士绅仍疏留先生镇余孽。先生不顾，疾趋山东。时贼首张东白据邹县，徐鸿儒据滕县，相与犄角，御官兵，杀伤无算。而鸿儒尤黠桀。先生请先复滕，以孤贼势。因会总兵官，连战克捷。鸿儒弃城逃至戈里两伏山，据险立营，众尚十万。

我师蹑之，来燕禧先焚其辎重于他所，复迎战戈里，再战再捷，掳其扫地王、伪太师等。邹城闻之，欲乞降，而鸿儒复自戈里入邹城，斩欲降者三百余人，为死守计。我师骤薄城失利，筑长围以困之，穴城，城破。鸿儒溃围逃间道，为燕禧所执，械送东抚，献俘阙下。山东平，先生逊功不居，循例升少参，仍备兵津门。

久之，贵阳有安酋之乱，水西远近诸苗长争附之，而长田阿秧其最也。田所居当偏头辰沅之上下，扼我饷道，致烦两台，议调兵十万驻平越。即擢先生平越道，仍稍录平妖功，进级按察使，而以兵事听先生赞画。先生曰："是未可以兵威胜也。"适黄平州吏杨政启诉冤行间，问之，旧尝习秧者。先生喜，曰："吾得间矣。"密授以计，令其叛而投秧，不五日函秧首而还。诸苗震慑，其后安酋卒就擒。黔蜀间次第底定，则秧之败有以启之。而杨政启者，先生许事成赏以五百金、官都司。当事者靳之，先生颇不平，属有微疾，遂得请而还。

今上戊辰，起补郁林兵巡，仍用先生靖土司也。先生至而反侧者以安，止用恩信招抚而已。寻擢福建右布政，可半载，旧疾复作。先生曰："知止不殆，此其时矣。"遂乞骸家居，筑梧柳园，编经摹史无虚日。或从野衲辈，深话无生；或从子弟论文讲道，又申宗法，以训族人。遇月夕花朝，一咏一觞，陶然自适，终不问有户外事。越癸酉之四月十七日，以疾卒于家，距其生为隆庆丁卯，享年六十有七。先生英爽开霁，率性自可，居恒不修小节，而识略伟然，风驰电掣，故所至以功名显。其论道则出入二氏，从宗门之旨以达于孔孟，妙悟得之天启。及先生既贵，师事海门周子，讲良知之学，向时所见，宜有渐归实际者，而惜余也。黪一席请事，未足以尽之。读先生书，曰："见太虚以内，无一非知，是为致知；见太虚以内，无一是物，是为格物。"又曰："为善去恶，善恶之念未除；无善无恶，有无之见犹在。"其发明新建，岸略如此。

来燕禧者，先生仲子，固为诸生，而自少喜谈兵，有膂力，年二十余，从先生征广川，征邹滕，征水西，皆横槊跃马，摧锋贯阵，积以功次，擢至游击将军，世袭外卫镇抚。而生擒徐鸿儒一案，尤称壮烈。当是时，山东两抚并以平妖功晋司马，世爵锦衣，实攘之先生父子。其后燕禧郁郁不得志夭死，而先生处之坦如也。识者遂以窥先生所自信云。

先生所著有《经史典奥》《五经音诂》《经史渊珠》《槎庵集》《燕语》《家乘》等各若干卷，行于世。其小品曰《宗谈六种》，皆以证学者。在官封事若干首，行间始末皆有成帙，其他家庭懿节及子女昏嫁，皆详状中。兆曰湘湖蛇山之阳，而葬也以甲戌年十一月十三日。配沈氏，封淑人。铭曰：

> 神庙以来天步蹩，东西羽檄纷如埃。禁中颇牧人争推，高旗大纛幕府开。
> 蛇豕口逼鸿雁哀，空遗至尊叹抚髀。矫矫我公腾龙媒，倏忽九天风雨回。
> 提戈所至歼其魁，曷不遂捣黄龙堆？金印肘悬斗大来，孺子负戴英雄摧。
> 我公掉头云胡为，沧江把钓白云陪。手编竺素天人该，力绝千古夸九垓。
> 出圣入禅雄辩才，公今一笑游蓬莱。无生之旨安在哉？盍归乎来姚江隈。
> 春风动地轰如雷，题此贞珉光夜台。其不朽者惇史裁。

　　顺天府尹刘宗周撰。

来自京墓志铭

明嘉定州判官承江来公墓志铭　大宗第十五世

　　予来氏大宗子承江公卒在胜国万历之庚戌岁已，暨其配孺人黄氏葬于湘湖之狮子山。大清康熙八年己酉，冢孙大章以形家言其不利也，别择地于山阴县盛塘之和尚坞，得吉卜，遂启土移柩而窆焉，又惧夫道远，子孙不能时省视松楸，历世滋久，不无意外之虞，循故事将镌石瘗于墓前，而乞铭于予。予于公，族从子行也，虽未及识公，而于叔祖马湖公家乘稍识公之行事，乃兼访旧闻而志之。

　　公讳自京，字翼明，期继述其父后江公之志事，自号曰"承江"。先世为鄢陵人，宋时有讳廷绍者为龙图阁学士知绍兴府，卒于萧山之许寺，葬湘湖方家坞，子孙遂占籍焉，则我来氏之始祖也。自后支庶繁衍，兴替不常，独大宗一支，不惟克世其业，而且光大之。传十四世孙讳端蒙字养仲者，即公之父后江公也。与其弟节仲公同卒业太学，游大司成吕泾野先生之门，薰炙其道德，称高足弟子。后以上舍高等选宛平县簿，历升嵩明州同知，乞休归，公其嫡长子也。

　　后江公垂卒，视公意思广远，曰："是当不坠吾业。"公益以才气自负，处稠人中昂然如鹤立鸡群也。俗分产多赢长息，公于田庐器皿服玩，悉与两庶弟，均毫发无偏隐。先是，后江公与节仲公兄弟赀累千金，节仲少而后江总其成，后江仕而节仲握其策，两公一秉至公，纤细调度虽不琐屑较，至其大者，则未尝不历历分明，有簿书可按核也。及节仲公赴东藩经历之任，则悉以家政付公，并留干仆四人辅之，嘱曰："吾诸子俱不才，日给之外有赢余，尽积贮，簿记以待吾归，不得使诸子妄用一钱也。"后从兄自明欲以赀入胄监，从公索白金三百两，四人者持不可。公以其干正事也，如数与之。节仲公归，以违夙戒责公，且曰："汝以金授败子，纵其消费，是利吾百顺堂耳。"百顺堂者，从兄自明得分之居也。公不能自白，请自偿其数，且指天日以矢之，乃罢。节仲公虽不责偿金，而意终不释然也。呜呼！忠而获谤，信而见疑，人无不为公声屈。然清天白日之衷，于家风固无愧也。

　　公以上舍谒选判嘉定，嘉定为蜀中名州，兼以榷税采木，事甚烦急。貂珰四出，旁午于道，公枝柱税使，调停采役，咸有条理。峨眉之秀，玻璃之清，佳山水近在几席，不暇片刻领略其趣也。上官雅敬待之，为特荐于朝，以改选归，卒于沧州水次。

公生于嘉靖己未年七月十九日，距卒之岁，享年五十有二。配黄氏，歙人也，生于嘉靖壬戌年七月廿六日，距卒于天启甲子年十二月十八日，享年六十有三。子二：长梦麟，次子应麟，出后叔自云。孙四：长即大章，次日宣、日涵、中涵。曾孙五人，玄孙八人。铭曰：

> 子渊掇饭，不疑盗金。
> 古圣贤莫不然，又何损于其名？
> 积雪之后登徂徕，愈以见松之青。
> 烈焰之余陟昆冈，益以见玉之贞。
> 有未悉斯人之生平者，请视斯铭。

前进士、太常寺少卿族侄集之拜撰。

来彭禧墓志铭

明司马梧园公墓志铭　四房第十五世

康熙庚戌闰二月十二日，叔父商老公以疾终于家，族人伤嗟曰："遗老尽矣。"丧既毕事，诸子藻等卜以明年十二月初三日窆于袁家墩之原，具家状来求志其墓，且请铭。予生也后公一十四龄，明启、祯间各奔走宦途，未能熟悉公。沧桑后，公既倦飞知还，予亦跧伏田里，岁时伏腊，聚会甚频，于是深知公之绝伦轶群也。是年春王二十八日为公悬弧之辰，宗姻称觞介眉，予既为之序矣。今而往，即幽宫，鄙文虽不足为泉壤之光，其何可辞？

公姓来氏，讳彭禧，字商老，号梧园，方伯马湖公伯子也。丰容伟貌，音吐如钟，进止不失尺寸，昂昂然如鹤立鸡群，见者无不惊悚。应物解纷，不假筹索，破竹屠牛，迎刃立解。至解剑以赠烈士，脱骖以给寒儒，则一麾千金，视之等鸿毛也。初以太学叨恩选，上书陈言主铨者，列其品于艖大夫，尚待用也。随方伯公备兵天津，适莲妖飙发，公挟仲弟擐甲戎行，左犄右角，削平巨寇，而赏不酬功，人咸惜之。已而南国草昧，程少司马世昌以督抚统师，知公之才，延之为佐军，改迁郡丞。已而江上纷骚，张大司马国维以阁学视师，又知公之才，延之为宪臣，晋秩囧卿。

及乎大地澜翻，公知事不可为，翩然僻烟霞而友麋鹿矣。大抵公之为人，事亲孝，抚弟和，一门之内，蔼如也，秩如也。方伯公著述之余，好与客豪饮，或放小艇而钓湘湖之烟水，或凭短舆而玩冠山之云树。公未尝不左右扶掖，挈榼倒觞，虽严寒而雪方霁，漏尽而烛犹红，未尝不侍侧，未尝不下气，柔声怡色以应也。鼎革后，赀财散失，稍不如前时，而诸子咸能竭力供职，定省温清如礼然。公所得辄随手尽，不能随世俗龌龊，持筹仰屋，较锱铢为生计。盖其豪迈之性固然，亦其家风遗范足以垂裕后昆，子孙能继承之，而公得以优游而乐其余年也。

公生于万历辛卯正月二十八日，距今卒之年，适八十，而子孙森立。呜呼！如公者，可谓多福多寿多男子者矣。因系之以铭。铭曰：

借箸兮筹之良，驱马兮鞭之长。

感时伤事兮慨以慷，全身远患兮寿而康。

原田每每兮，河水洋洋。

蛇山之山麓兮，于兹归藏。

前进士、太常寺少卿小侄集之撰。

民国十年《萧山来氏家谱·赠言》卷三

来集之墓碑铭

明中宪大夫太常寺少卿倘湖来公墓碑铭　四房第十六世

明中憲大夫太常寺少卿倘湖來公墓銘　四房第十六世

來氏家譜　卷三　倘湖　一　會宗堂

公諱集之字元成曾祖三峯公以明嘉靖甲午鄉薦
官雲南師宗州知州有文名而公繼之髫歲通五經
稍長即能為詩古文辭而厄于童試崇禎六年始以
附學改學生八年禮臣請特科舉天下士每學取廩
食高等者設兩場試分經義論策硃其書與鄉試埒
而公舉第一貢之南京國子監遂領南畿己卯鄉薦
庚辰成進士授南京安慶府推官時天下多故賊張
獻忠破蘄黃流及旁郡烽火接安慶公力揩拄之晝
營儲峙夜率伍伯邏雉堞間顧兵民雜糅楚帥防江
者日以芻菱不即給洶洶懷亂心而前後撫軍擁幕
府自大屬下鮮所獻替公獨竭忠誠以告陰為調劑
得遂所陳請以故羈縻之雖賊三薄城而得以不壞
方是時二京臺省聞公名爭起薦之章凡十數上而
畿輔踖蹐寇酋不下壬午鄉試充南京同考官薦戚藩
等九人悉知名士平賊鎮帥甯南侯左良玉率兵遇
賊湖湘閒不利且餉匱大掠而東舳艫銜于江聲言

毛奇龄撰《明中宪大夫太常寺少卿倘湖来公墓碑铭》

公讳集之，字元成，曾祖三峰公，以明嘉靖甲午乡荐官云南师宗州知州，有文名，而公继之。髫岁通五经，稍长即能为诗古文辞，而厄于童试。崇祯六年始以附学改学生。八年，礼臣请特科举天下士，每学取廪食高等者，设两场，试分经义、论策，朱其书，与乡试埒，而公举第一，贡之南京国子监，遂领南畿己卯乡荐。庚辰成进士，授南京安庆府推官。时天下多故，贼张献忠破蕲、黄，流及旁郡，烽火接安庆。公力揩拄之，昼营储峙，夜率伍伯逻雉堞间。顾兵民杂糅，楚帅防江者日以刍菱不即给，汹汹怀乱心，而前后抚军拥幕府自大，属下鲜所献替。公独竭忠诚以告,阴为调剂,得遂所陈请,以故羁縻之,虽贼三薄城,而得以不坏。方是时,二京台省闻公名,争起荐之,章凡十数上,而畿辅踵寇,留不下。壬午乡试,充南京同考官,荐戚藩等九人,悉知名士。平贼镇帅宁南侯左良玉率兵遇贼湖湘间,不利,且饷匮,大掠而东,舳舻衔于江,声言勤王,师所至,欢噪不可测。公驾舟见良玉,良玉拥擂具蹑接,啧啧称公为推官有名,握手深结纳,由是下江悉无恙。既而贼犯阙,事棘,南京拒贼者佥议取公为兵科,不果。先是,凤督马士英以招永城贼募兵黔南道,徽之婺源兵饥,剽食于村民,民拒且斗,杀伤黔南兵。士英大怒,檄公往治,欲以乱民律掩杀,而公抚谕之,覆言:民杀劫人贼,非杀兵,无罪,宜勿问。士英心恨之,而外惮其直,顾无如何也。至是,公取召而士英方以故督入柄政,反言公可用,署以兵科,将欲收之为私人,而公耻不附,遽改兵部。后以他臣荐,仍改兵科,且并进太常寺少卿,而王师已南下矣。

初,公父舜和公亦廪食于学,课公及公弟元启于倘湖之滨。公常过念之,曰:"此先公授书处也。"至是,屏迹匿湖滨,以著书自娱,购古今载籍储其中,日与客论文及古今兴丧得失,兼近代掌故与夫身之所闻见者。燃薪继晷,日娓娓不已,四方请教者踵趾相错,共称为倘湖先生。明制轻武士,非若圣朝文武之并重也。即季世用兵,稍稍能自树立,然终限于制,不得遂。方公为推官时,安庆帅投粮储道以名刺,以为参政与镇将可平行也,参政责易板不报。既而参政骤开府,巡抚其地,乃修夙憾,将置帅于法,而公力解之,且荐其才可用。至是,帅归命,略地江东,择使拜书币乞公。况临开辕迎公,飨于堂,执礼甚恭,胪列山海不可识。公知其盈而必覆,遂拂袖归,人咸服公之高识云。

康熙十七年开博学鸿儒科,储著作顾问之选,抚军以公应。公辞之,且曰:"吾年七十余,已呕矣,尚能为成君作衣补耶?"康熙乙卯,公自为志铭,以为他人莫能言,且多诿也。越八年壬戌公始卒,又三年,其四子燕雯以己酉举人赴公车门。值余直史馆,阄分明史文苑传,得公名,已起草去。燕雯适诣余,具言:"窀门之石,先公已自铭之矣,唯是嘉懿未尽,学者将勒文于飨醴之版。比之颜光禄之碑,靖节非先生为文,不足重,亦唯先生与先公为忘年交,文章亲昵,足征信,勿诿。"予曰:"诺。"又十年乃始为此。公所著书目载《明史·经籍志》,其在经曰《读易隅通》,曰《易图亲见》,曰《卦义一得》,曰《春秋志在》,曰《四传权衡》;在籍曰《倘湖文案》,曰《南行偶笔》,曰《南行载笔》,曰《倘湖近刻》,曰《倘湖诗余》,在杂著曰《樵书初编》,曰《樵书二编》，曰《茗余录》。子六人，皆以文名，其他行实详府志县志。铭曰：

公功在一方而名垂四涯，其文可传者则藏之倘湖之湄。

志而铭公自为之，其遗言轶事则纪之墓旁之碑。

然而迟之迟之以至于今，曰非谀墓辞。

康熙甲戌夏五，翰林院检讨同里后学毛奇龄拜撰。

民国十年《萧山来氏家谱·赠言》卷三

来起峻墓志铭

户部湖广司主事江皋来公墓志铭　　四房第十九世

　　明萧山何御史舜宾以请复湘湖水利，为人所陷害，子竞冒死复父仇，卒能复湘湖之旧，以成父志，竞以此名闻天下，称"何孝子"，事具《明史》。我友来君江皋，居乡以孝行称，独留意县中利病，不为势力所挠，规复水利，竟以劳瘁得疾而卒。事幸得直，故名不出于里中，然其志行与何孝子先后有相似者。君子磻请余为埏道之文，余叙君之生平，愿为当世之有志于民生利病者告，不仅为一乡一邑言之也。

　　君讳起峻，字鲁登，江皋其号也。世居萧山之长河，代有闻人，为绍兴著姓。曾祖藻，府学生，祖长森，考继儒，县学生。君生有异禀，早岁能文章，博览载籍，务得其要旨。乾隆二十四年举于乡，三十七年成进士，授户部湖广司主事。先是，君为诸生，家居授徒，藉馆谷以营甘旨，盘匜之奉，晨昏之温清，非躬亲则中怀震惕，恐无以当父母心，故未尝轻出百里外。公车六报罢，即日归，四千里往返，父母按行程以计其归日，弗或爽也。官郎署甫三月，念父母不置，慨然曰："人之生，依父母生。吾今者乃不知有生之乐也。"即日引疾归，授徒如故。时侍亲侧，谈说故事，间为孩笑相娱乐。或奉父游行阡陌，虽田父贩妇，远望皆起立相赞慕，久而阡陌间至，曹偶无罟语。居丧哀毁尽礼，君至性为士大夫所难。乡居不事表襮，乡之人亦不言而胥化也。然君家居勇于为义，视县中利病悉昌言之，举行必尽善，而吏胥之作奸及豪民之侔利者，率不便君所为，相与腾谤语，或起而为难。君持之不变，卒以集事。

　　顾于治湘湖水利为尤力。湘湖者，浚筑自北宋，萧山乡田所赖以灌溉也。屡废而复，然惟何孝子之复湖为最艰，其事亦最著。岁久法弛，沿山之阴涸为原，奸民规为利薮，亘东西筑之堤，度以步者三千相望，谋占射势未已。君省知之，乃告县中荐绅曰："数百年衣食利赖之原，奈何坐视其废弃乎？湖为亩三万七千，溉九乡田十四万有奇，今盗湖三百，是千四百亩不得溉也，是九乡十四万亩，胥不得溉也。豪民专其利，愿民嗫不敢言，及今不治，后习为常，将使九乡之田尽为焦壤。邑中利害，孰大于此？非士大夫任其责畴？"任其责者皆曰"诺"，则相率而白于知县。知县闻君有孝行，雅敬君，及见君，辨论断断不置，心嗛之。廉得侵田者主名，不时捕。侵田者恃有系援，招群不逞之徒要王进士宗炎于途，狙击之。宗炎，君之同志也。君从后至，争前裂君衣，以救得免。侵田者大哄，势益张。明日，知县覆湖田，归狱筑夫，薄其罪，余不问。君直前曰："某今者岂有恩怨于其间哉？侵田擅利者不过数人，而九乡之被其害者不啻数万人，明府纵欲宽此数人，独不为数万人之生命计乎？则曷不罪此数人之侵田者以谢数万人，而以某一人谢此数人？某无憾。"知县面发赤，合前后左证，侵田者不能举辞，卒抵罪。划其堤，湖复旧。

绍兴环山而滨海，厥土涂泥，非湖陂为之渟渚，非滀术为之宣泄，则岁事不登。故湖陂者，东南民食之天也。余家余姚去萧山二百里而遥，余姚西乡有湖，奸民射为田，害及一乡。余选懦，又居乡日少，目击其害不克救，闻君厘正湘湖事，未尝不自愧。然湘湖在明中叶尝尽废矣，何孝子父子相继，万折不回，再烦廷议，始得复百年之利，因以成其孝。君素以顺德孚于人，故士大夫皆乐于从君，而官于其土者亦有所敬惮，委蛇从君议。然非君预见萌芽，迨尽废之后出全力与争，亦难骤挽，是则君之先事弭患，有德于其乡者甚大。推君所欲为，上考古人，两山有川之势，高高下下，则西北之水利可兴，惜乎君所为者仅试于一乡也。君又议缮西江塘，由萧山以及山阴、会稽，为江海保障，量广袤倨句之数，计役授功，庀材未蒇。会夏霖雨，水大至。君冒雨循塘行，号近氓，具苦盖畚臿以保塘。而塘内积水甚盛，涨田畴，弥望成巨浸，则亟走三江闸，泄水以救田畴。雨甚，舟几覆，跣足行十余里，闸启水降，田畴得无恙。君以此得病，病遂不起。是则君于乡里间，庶几所谓以死勤事者。君殁后数月，同县郑进士应简、何举人其荑奉君成议，缮西江塘，告成，县人益思君不释。呜呼！是亦君不失言于人之效也。

君生于雍正六年十月某甲子，卒于乾隆四十九年九月某甲子，年五十有七。配王安人，继配朱安人，俱先卒。男子子一，即磻，县学生。女子子一，适同县学生王惠畴。磻将以某年月日葬君于某原，铭曰：

> 辞禄养亲，哀慕终其身。和顺之气，即之温温。
> 及其决大疑临大事而莫能夺者，则由于勇以成仁。
> 志未及展而试行一乡者，泽已被于生民。
> 古之乡先生殁而祀社者，君殆其人与！

　　赐进士出身、特征四库全书纂修官、文渊阁校理、翰林院编修、教习庶吉士、国史馆纂修官余姚邵晋涵撰。

民国十年《萧山来氏家谱·赠言》卷五

来荫溥墓志铭

例授修职郎盐大使梅先公墓志铭 大房第廿三世

公讳荫溥，字梅先，例贡生，苇如公讳文耀之冢子也。苇如公幼失怙，奉慈亲孝，乐善好施，以厚行闻于乡。公早丧母，事继母及待诸弟以孝友称。师事会稽陶文节公恩培，一见器之。年二十余游粤东，由俊秀捐输河工经费，议叙盐运同知事。生平见义勇为，慷慨有志量，尝曰："丈夫请缨投笔，皆分内事耳，岂容老守穷庐耶？"遂分发至粤东，历署归善碧甲场、惠来小江场大使，咨补潮州盐运同知事。莅任后，缉私枭，除积弊，平盐价，整理庶务，百废具修，商与民咸颂来公之德不衰，一时送万民牌伞者接踵焉。

咸丰四年，奉讳开缺，后游幕韶州。会粤匪披猖，闻五六月将攻韶城，上宪委公办团练。公即倡首备资，募团勇，造器械，婴城固守。七月初旬，贼果以大股抵韶，围城者数匝。斯时也，贼烽满四境，势张甚。城外房屋毗连，城堞有倾颓者，公督饬修葺，并置炮具，募壮士，密令五更缒城出，毁树木之障蔽者，择要隘守之。轰五百斤大炮于对河堡子岭，贼出不意，死伤甚众。二十日后，天大风雨，众心懈弛。贼冒险急攻，公每宵带火器往御东南二门。至八月，击退诸贼，贼窜往沙口，遂以公严毅任事，饬带勇随同进剿。至乌石，连获大胜。无何，贼势益众。营中粮饷稍缺，寻退守韶城。九月，贼复围韶，委公守地藏阁。贼大至，扑城脚，以竹梯逾城，迅如捷猿。一时喷筒火炮，烟焰蔽天，城中大乱，守陴者皆哭矣。公亲自奋先，激厉士气，即以枪刺死逾城者数人，贼纷纷坠，后者稍怯。已而兵各齐集，以大炮击之，解围去，死城下者尸高积焉，获其器械，验籖牌，上书"奋勇入城"四字。是役也，贼之冒死仰攻，其气不可谓不锐矣，皆由公随时奋厉，叱驭疾驰，城藉以保。虽除夕不敢解衣休息。次年二月，贼窥上游，欲用快船四面环攻，遂协同张某堵东西二河，而西河尤偪近贼营。诸人愕眙不敢前，公曰："此尚何时，乃揖让救火耶？"独带民夫潜往，以舟载巨石，至河口，凿沉之。如是者十数昼夜，而贼计穷，渐退去。平日耐劳忍苦，卧不设褥，行不张伞。韶州三次解围，惟公防守之功居多。虽万弩齐发，烈火烧身，公步武不逾尺寸。上官壮之，赐赉无算。公有所得辄赏士，故皆能用命。五月解围，后旋省，短衣敝履，竟不名一钱，为昆宫保寿、吴中丞昌寿所优礼。

贼平后，奏请以盐大使遇缺尽先补用。方将养其才以有为也，而享年不永，至四十一岁遽卒，惜哉！

配周太孺人，素性慈祥，内外上下咸称之。至屏当家计，绳束儿曹，尤其教法之最善也。寿七十六，卒于子宝书合浦县永平司巡检官舍。孙四：长孙仁肇，习刑家言，卒；次孙仁履，业儒；三孙仁寿，业儒；四孙仁植，幼。曾孙金章，幼读。葬某处，铭曰：

> 觥觥我公行谊彰，蚤岁凌云志四方。
> 禺筴分符报绩良，碑传万口民之望。
> 名疆固守效团防，斗大一城仗保障。
> 跳梁小寇戢披猖，恨不头枭南越王。
> 士元才非百里长，官小展骥绊神缰。
> 四旬赍志天茫茫，惜未挥戈回太阳。
> 似此宝剑地下藏，为勒贞珉腾幽光。

宗叔鸿瑨拜撰。

民国十年《萧山来氏家谱·赠言》卷六

来其鉴墓志铭

常山县教谕宝三公墓志铭　　大房第廿四世

孟子有言曰："富贵不能淫，贫贱不能移，威武不能屈，此之谓大丈夫。"三代而下，其昭垂史册炳焕旂常者，指不胜屈，求其副孟子之言者殊不多。靓若我族兄宝三太夫子，生非贫贱之家，而其处富贵威武，允克副孟子之言者矣。

公讳其鉴，字子鲸，号宝三，拙斋公之令孙也。生于嘉庆癸丑七月二十三日，道光甲辰科举人，任常山县教谕。当乾嘉之际，拙斋公富冠一乡，良田千顷，华屋百椽，迄今相传其宅为新当。盖嘉道间拙斋公曾设典库于斯，其前厅为立本堂，中厅为光远楼，规模宏远，美奂美轮，遐迩过者莫不望而羡慕。拙斋公长子珩，字佩葱，乾隆壬子举人，嘉庆丙辰进士，任江西万载县知县，即公之胞伯父也。公之父讳琨，字翊祖，邑庠生。公嫡堂兄其望，榜讳金诏，道光壬辰举人。当是时，门庭赫熠，富且贵矣。而公生而颖悟，童年即笃志好学，经史子集靡不熟诵。既冠，以县试案元补弟子员，无一毫纨绔陋习。公胞兄其钟，字菊修，咸丰乙卯恩贡。伯仲相砥砺，有声黉校，每督学较艺，必列前茅。公二十七岁以一等一名食饩，四方从学者数十人，莫不造就。先君子成童后，受业于门，是时文已清顺，得公陶铸，遂觉蒸蒸日上。先君子晚年尝语杰曰："予少时文字进益，赖公善诱之力居多。"因出幼年改本以示，杰读之，见绳削不多，而点窜处无不精妙。公文思敏捷，日能评改文十余首，故从学虽多而不觉烦苦，由其积学深纯，用能化雨春风，宏其乐育也。公之处境也如彼，公之积学也如此，所谓富贵不淫者，非欤？公之秉铎常山也，见文庙倾圮，学署崩颓，毅然曰："文教之隆必由学校，今学校如此，文教何自兴乎？"于是捐廉兴筑，俸不足以家赀益之。盖常山学额不多，文风亦不盛，士子之在庠者类皆贫窘，无可捐助，故公慨然独任。时发匪方炽，公即解组归田。

同治癸亥，贼踞吾乡，去时大肆劫掠。贼入室，公端坐怒骂。贼曳近门口河滨，推堕入水，公骂不绝口。贼自桥上击之以戈，由是殉难，时癸亥三月二日申时也。呜呼！发逆之变，士之贬节堕行者不可胜数，公独以骂贼殉难，方之张睢阳、颜杲卿等人，何以异？所谓威武不屈者，非欤？公殉难时年五十一岁，孺人陆氏生女三，边室陈氏生子一，名福禧，同治癸亥二月被掳不归，缘继菊修公子兆熊为嗣。

　　杰之生也后公四十六年，不及见公，仅由故老传闻及先君子平日述公品学，故纪其大略如此。至公之性情学术，则犹未得其详焉。公与孺人合葬于冠山之阳，与菊修公同穴。其侄庆元永怀先人之德，思图不朽之传，以杰为同宗而兼世谊，遂来征词。恐负幽情，义难诿谢，乃为之志以勒诸石。铭曰：

> 山川之美，钟毓秀灵。笃生贤哲，秉德明经。
> 宏惟我公，石麟表异。读孔孟书，成仁取义。
> 生长朱门，古趣是敦。枕经葄史，道范长存。
> 癸亥之春，骂贼不屈。其气浩然，其品奇崛。
> 冠山之阳，灵蜕所藏。流风余韵，山高水长。
> 我生公后，仰止既久。爰勒贞珉，永垂不朽。

七品小京官、刑部四川司行走宗弟小门人杰拜撰。

民国十年《萧山来氏家谱·赠言》卷六

吴观墓志铭

修职郎式瞻吴公墓志铭

　　萧城南三十里曰八角溇，有丘隆然，是为修职郎吴公之墓。公讳观，字式瞻。曾祖讳士骖，乡宾，崇祀乡贤祠；祖讳育贤，贡生，考授通判；父讳希圣，邑庠生，崇祀忠义祠。世德俱载邑乘。公席素封，益好为善，遇乡里有缓急必应，未尝责报。佃公田者，岁歉，免其租之半，大歉则概免焉。每除夕，约计里中之贫者若而家，各以一金为率，阴遣老仆掷其门，俾弗知。若户闭，系以石而投之墙内。行之久，里尽知之，且感之。嗟乎！半粟不储之家，何以卒岁？而忽得此，其惠宁有量哉？

　　公第宅深邃，内层植桂数株，题其额曰"示我"。夫公之德行，奚待人之示我，抑亦可知公之德愈崇而行愈厚也。公中年鳏处，晚益耽书，寝食于示我轩，只老仆相随，一切篿盐琐事，悉委媳沈孺人。而孺人理家政，能当公意。曾雪夜有盗逾墙攀桂而入，公谓之曰："吾知尔贫，第人何患无业，而必为此？"盗股栗，伏地请释。公曰："尔无惧，且勿遽求去。若启户，僮仆知，必与尔较。不如为尔隐之。"曰："幸释我，仍从桂树去"。公曰："雪迷漫压树，倘枝折伤尔足，益何以为生？"时座有竹炉，火未烬，公炙糍糕食之。徐询姓名，始不答，既泫然曰："公善人，谅无他。小人固住湘湖嘴姓韩者也，小人无良，今甚悔，从此痛改矣。"已而天将明，公启箧予十金，乘老仆之未起也，启重门而出之。韩归，即以其赀业渔，颇能自立。越数年，肩菱茨一筐、挈数尾鱼来谒，而公已谢世，縗幕在堂矣。倒地哭甚哀，沈孺人以为佃户也，察之非是。韩实告，乃择近湖之田，俾其佃以给租。嗟乎！昔王彦方德化于乡，使盗牛者守剑，观于公而益信已。

　　公以明经选象山训导，因年高不赴任。配来太孺人，贤而有德，早逝，故不得合葬。子一，宏远，贡生，先公卒。孙一，允恭，贡生。曾孙二：长克宽，由贡生例授县佐；次在宽，由贡生例选县令。公生于顺治戊子，卒于康熙丙申，以丁酉年葬于八角溇之原。湄与克宽为儿女姻，故得悉公之行，而为之铭。铭曰：

　　　　庸言訷訷，庸行循循。善无不报，德必有邻。
　　　　水深土厚，小江之原。幽宫永固，庇尔子孙。

赐进士出身、兵科给事中姻晚生张湄顿首拜撰。

光绪三十年《萧山吴氏宗谱》卷二

吴元礼暨妻傅氏墓志铭

孝廉经百吴公暨配傅太孺人合葬墓志铭

张应曾撰《吴元礼暨妻傅氏墓志铭》

公讳元礼，字经百，行裕四十八。先世自杭州西山徙山阴之马社湖，后赘萧山，遂家焉。七世至守愚公，家大振，守愚公第三子讳驯，是为公高祖。曾祖讳茂先，祖讳奇，三世皆诸生。自公祖始徙城南之道源桥，值明季之乱，出入戎马间，经济无所就。考锡玉公，讳琰，行端学博，负重名。初馆武林时，钱塘徐冢宰公潮，其主人东床也，以经义相考证，称忘形交。及徐公贵，不通一刺，终岁贡生、候选学博。公其次子也，幼颖异，日诵数千言，别有心悟出训诂外。为文下笔如渴乌翻水、骏马走坂，匠心周折而锐敏如不用意者。年二十，娶傅简迪公女。二十七补博士弟子员，至雍正乙卯登贤书，出陈大宗伯德华、刘侍御元爕之门。自丙辰至乙丑，累试春官，荐不售。己卯奉吏部檄，得以次投牒选令。公时尚矍铄，叹曰："昔人为老母故，捧檄动色，不免贤者之疑。今风木感深，桑榆影迫，岂能倒执手板谒上官哉？"遂不赴。辛巳恩科，诏年八十以上试春官者予翰林检讨衔。公年正八十，尚能作小楷，人劝之行。公曰："以八旬之年，行三千里，冲飙激雪，得头衔而弃残喘乎？吾次孙年少，方举于乡，嘱其努力报国恩可矣。"不果行。

公继伯父为嗣，丁继父艰羸甚，几成瘵疾。本生母黄孺人殁，哀毁终制。念外家无舅氏，外祖父母将不祀，为傅孺人言之，并泣下。遂买田若干亩，付其近支，令岁时设祭，清明上冢焉。高祖母蔡氏，早年厉节。公为请于大宪，得如例赐旌。继母钱孺人年九十，公年已七十，烝烝子舍如婴儿。

傅孺人勤俭，善综理家计。岁丁巳，疾甚，屡顾耄姑，泪涓然渗眦，已属纩而不瞑。公曰："是其哀不可灭也。"公为诸生时，有某应童子试，其祖故为邑皂隶。公倡言攻之，讼逾年，至请于礼部始摈其籍。雍正二年，以人文日盛，命中学升大学，弟子员每试取二十五名，小学升中学，弟子员每试取二十名。督抚与学使者查议以闻，萧山例应升大学，而邑令牒申稍后，遂不获与。公遇巡抚学使之新莅浙者，必力请，均以前题不与难其事。公争之愈力，至卢公焯抚浙始允其请，奏改为大学。寒生多得一青衿，实公惠也。公中年清癯特甚，晚益丰硕，既老不衰，手软若吴绵。性和易，与人言真吐肝膈，人皆感其至诚。或告之急，恻然，即空囊必转贷赒之。教人为文章，先定规矩，次扫陈言，而归于大醇。故随其性高下，各底于有成。余先祖姊，公女兄也。余为公弥甥，年十四受业于公，尽得为文肯綮。公曰："此子冰气稜稜，殆欲寒于水矣。"先祖姊年八十一，公年八十二，公同母兄汉臣公年八十六，皆有寿骨。先祖姊年既高，公一月必三四至，话家人事。家君中年出走，晚归里，公爱甥如爱子，恩甚笃。辛巳，余读书中秘，公为书敕以居官守身之法，意甚严。及家累入都，公送之，曰："耄矣，那得再相见？"执余两儿手，泪溢于睫。癸未闻公讣，余家内外皆雨泣。呜呼，痛已！

公长子嗣宗，邑学增生。孙二：雯，府学廪生；斐，庚辰举人。侧室钱氏生次子周宗，太学生。孙焕，幼。公生于康熙壬戌年七月二十六日未时，卒于乾隆癸未年二月初六日辰时。孺人生于康熙壬戌年八月十六日子时，卒于乾隆丁巳年九月十九日子时。以乾隆丁亥年十一月二十四日卯时合窆于邑东门外东泾钱之原。铭曰：

世言"传经数叶，必致台铉"。自公之先，世宝坟典。
始登科目，短檠光显。高山大原，泄云吐晛。
如华镇雍，如岱俯兖。寿考康宁，天实俾戬。
子孙斌斌，六瑚四琏。雕宰铸回，余忝其选。
杨冢就封，郑笺待阐。书碣幽居，临风涕泫。

赐进士出身、山东道监察御史、前翰林院庶吉士受业外孙张应曾顿首百拜谨识。

光绪三十年《萧山吴氏宗谱》卷二

何善墓志

御史遂初公墓志　六世

　　越有君子何君，讳善，字遂初，萧山人也。生而蚤慧，人方之孔文举。甫十岁，郡县举应奇童，诏朗诵《大诰》三篇，太祖讶其应对拜起如老成人，钦赐宝钞，诏读书邑庠，给廪饩。善即潜心博讨，尤精《春秋》，能通其蕴。永乐十一年癸巳，贡入成均，丁酉领南京乡荐。明年就礼闱试，宗伯吕公震董其事，奇其卷，而拔之上选。及廷对，大学士杨公荣等复以其卷与进呈列，第以数奇，置之二甲。公惜其才，出前卷以示僚采，而公卿大夫交称不置焉。夫越去金台数千里，一旦名动京师，而何氏麟经道擅，天下致有"东浙先生"之称，可谓有学之君子矣。

　　善五世祖辛二，南宋遗黎也，义不仕元，避迹于萧之西河里，遂占籍焉。高祖讳澄，潜德弗耀。曾祖讳荣，冠带耆士。祖讳懋，复迁于邑南芹沂浒。父讳景源，赠文林郎、交阯道监察御史，母赏氏，封太孺人。生子二，而善其季也。

　　善登高第，首擢巡城，因缺风宪，转授行在交阯道监察御史，奉敕清山西军政，勾逃亡，厘残疾，戎伍整饬。复历岭南，申禁令，慎关防，盗贼屏迹。追侍仁宗，秉公辅理，少有裨于时、妨于法者，罔不论列。勋戚豪右咸相谓曰："此铁面御史也，吾辈其谨避之。"铁面云者，畏其执法之坚，故即其容貌苍然而目之也。时浙直地多豪猾纵恣，钞法壅不行。帝欲求能臣督之，而难其选。一夕梦衣青袍者，俾之行。明日视朝，善独衣青袍奏事。帝怪而谕之，善以浙人辞，帝曰："卿是浙江人，正晓浙江事。"而兼理浙直钞法之命下矣。明日陛辞，复御书"省亲"二字以赐善，曰："可便归省。"举朝啧啧称异。

　　比临浙直，先期访民隐，里闾情伪莫不洞悉。及莅任，内不私亲故，外不避权贵，锄强扶弱，厘弊起颓，请旨籍没秽恶者三十余家。按萧，视事公署毕，归省其母。母怒曰："吾闻为天下者，过门三不入。今子顾我，岂奉公之道乎？"善跪曰："恩赐省亲，非敢私也。"母曰："既沐殊眷，尤不可废公事。"于是居家三日，即去巡外郡。宣宗朝，衔命按广东，其搜隐恤民，较之浙直时更密，以故戋元悉延颈俟而奸宄俱望风走矣。时与都院顾公遂论事不协，适有挥使憾，善置之法，欲辩于朝，先诉于顾而附会焉。善觉之，怃然曰："彼之济恶若此，复可与共事乎？"先疏乞恩解职。再上，始允致仕。明日挥使奏事，制下都察院议，致降职，而善已出都门矣。

及归，囊无余资，未尝因此动虑。足不至公庭者几二十载，惟杜门著《春秋精意》而已。甫成，未及奏梓，卒，在正统十三年首春六日也，享年六十有七。娶施氏，用善恩，封孺人，生二子，曰輖，曰轵，女适贡士赵昇。副室柴氏，生子一，曰軨，女适来寊。徐氏，生女二，未字。栾氏，无出。孙男七人：曰淮，邑庠生；曰汉，曰洪，曰浣，余幼未名。卜以己巳岁十二月二十有六日附葬孟家坞父墓右。先期，仲子轵谓其子淮曰："汝祖功德昭人见闻，然其详而信者，莫若先人之友刘公铉，陟青锁，擅词华，汝其轻险阻往，以铭请焉。"于是淮衔持铉僚友王公鉴状，毅然来告，铉谓曰："子来宜也，聊一言以塞请。"遂为之铭曰：

> 追维何公兮，奕世称良。发祥御史兮，奋身庙廊。
> 麟经继绝兮，誉溢帝邦。省亲佩印兮，眷注非常。
> 持节锦归兮，按治豪强。忠言见阻兮，乞闲故乡。
> 著龟速夺兮，谁为辅匡？威风懔懔兮，山高水长。

奉训大夫、翰林院侍读学士、经筵讲官长洲宗器刘铉撰。

光绪十九年《萧山何氏宗谱》卷三

何大猷墓志铭

教谕沂川公墓志铭　九世

　　五伦之祖有丽泽之友四人，其一沂川何公也。公状貌魁梧，气度宏达，博学洽闻。七岁能文，悬笔立就。九岁即补弟子员，言语恂恂若不能出诸口，而动履一循规矩，至于语道理，料成败，似悬河合券，每为越之君子所深让焉。九试棘闱不售，至嘉靖癸未以岁贡入成均。逮丙戌，始奉檄出都门，司训于福之长汀。惟时端士风，勤课试，日夕进诸生，讲沃周孔之道不倦者九载，由是康宪辈相继登进，此前所未有也。当事者贤之，而荐牍无虚岁。第绩限三考，至甲午岁始以秩满，进吉水教谕。夫何部牒方领，于七月二十有二日，先生倏以是夕起坐而逝，时年五十有九。汀之士人莫不哀挽，至有为服心丧者。当道闻而惜之，檄有司给费以卫丧。而扶枢以归者，即其配徐孺人也。孺人为宦族女，乃员外洪之子、进士守之姊也。先生之子闻讣，即营兆于夏孝乡湘湖之原，为停枢计。五伦役便归省，而诸嗣因来请铭。五伦曩以通家谊获侍先生讲席，谙之甚详，愧谫劣不文，未能扬懿行于百一耳。

　　先生讳大猷，字允升，沂川其别号也。父讳洪，号默庵，继父淮以岁进士任望江小尹。尹之祖讳善，任监察御史。父讳轼，以儒士七试棘闱，不肯就弟子列，以齿德膺大宾。先生男三人，皆娶名家女。孙男三人，俱幼。卜以季冬十二日就窆焉。铭曰：

　　　　会稽之秀，萧独钟焉。何君文艺，特冠萧然。
　　　　振铎长汀，教行旬月。造育多才，登庸帝阙。
　　　　九载奏功，教谕吉庠。玉楼索赋，倏尔仆僵。
　　　　梁木既颓，哭声满道。贤哉孺人，扶枢归萧。
　　　　图书数卷，行橐萧条。越城湖山，地厚而宽。
　　　　魄居故土，百世莫安。

赐进士第、河南道监察御史眷晚生翁五伦顿首拜撰。

光绪十九年《萧山何氏宗谱》卷三

何世英墓志铭

将仕郎凤渠公墓志铭　十一世

萧山何氏宗谱〔卷二〕世传

将仕郎鳳渠公墓誌銘 十一世

鳳渠何公余偕其家仲鳳亭公同奉公車大對時
時爲余言其伯兄長者余以宦遊往道出西陵
必過公爲數日留巳而余仲弟女適公子汝成余
得悉其內行益雅重公六十余具一巵酒爲文
以壽越三年而公病病五月而溘焉嗚呼痛哉公
之病也以後事囑余歿之二年而汝成以誌銘請
曰先君子須此以殉余唯唯誌曰公性孝友多警
敏少習博士家言昆弟四人公獨契鳳亭公嘗
仲治生不若我力然大吾宗必仲吾姑營什一以
佐仲哉蓋爲延名師良友朝磨而夕砥焉自是鳳
亭公學日進歲乙卯忽呼役人新其故居曰余仲
且得雋姑以爲稱觴者地屆秋鳳亭公果雋如
盲以故蕭人僉多公之識鳳亭公以戊辰舉進士
高等公時筮仕靖州守禦幕歉日吾得親食大官
廚胡戀戀升斗粟哉且吾終不以萬里遊貽親妣
姑憂也將解組歸所司嫩移檄留公而公竟歸矣
公歸鳳亭公方縮綬尹丹徒丹徒稱孔邇公憂鳳

罗万化撰《将仕郎凤渠公墓志铭》

　　凤渠何公，余偕其家仲凤亭公同奉公车大对，时时为余言其伯兄长者。余以宦游，往往道出西陵，必过公，为数日留。已而余仲弟女适公子汝成，余得悉其内行，益雅重公。公六十，余具一卮酒，为文以寿。越三年而公病，病五月而溘焉。呜呼，痛哉！公之病也，以后事嘱余，殁之二年而汝成以志铭请，曰："先君子须此以殉。"余唯唯。

　　志曰：公性孝友，多警敏，少习博士家言。昆弟四人，公独契凤亭公，尝曰："仲治生不若我力，然大吾宗必仲。吾姑营什一以佐仲哉。"盖为延名师良友，朝磨而夕砥焉，自是凤亭公学日进。岁乙卯，忽呼役人新其故居，曰："余仲且得隽，姑以为称觞者地。"届秋，凤亭公果隽如公言，以故萧人佥多公之识。

156

凤亭公以戊辰举进士高等，公时筮仕靖州守御幕，叹曰："吾得亲食大官厨，胡恋恋升斗粟哉？且吾终不以万里游贻亲屺岵忧也。"将解组归。所司数移檄留公，而公竟归矣。公归，凤亭公方绾绶尹丹徒。丹徒称孔迩，公忧凤亭公不能官，往而觇之，见其居官斩有法度，而后喜可知也。公辞归，凤亭公力挽之为三山游，公不可，曰："吾乡饶佳山川，何必是游乃乐哉？且令邦人士谓我招权顾金钱也。"其介慎多如此类。归为两尊人陈说凤亭公治状，两尊人欢然为加餐饭。公事两尊人，恋恋若婴儿，慕朝夕，具甘脆，为色养者久之。而两尊人即世，时凤亭公方宦游，公寝块泣血，率诸弟营度椟椟窀穸，悉如礼。公长计然长画，因成业，稍什一而息用益饶。公一子，汝成，教之甚严毅，而不为儿女子舐犊之爱，教犹子一如己子。家居严若朝典，然和神好客，即处僮仆，䜣䜣如也。疏属待公举火者若干家，馈遗其童时塾师六十年如一日也。

公讳世英，字秀甫，别号凤渠，生于嘉靖岁乙酉二月十日，卒于万历丁亥四月三日，寿六十三岁。越二年己丑，卜葬于西山时家坞之阳。公配孙氏，与公拮据匍匐，足称好逑云。公男一，即汝成，太学生，娶余弟万言女。女二：长适邑庠生周应龙，次适山阴王方伯公龙阜子进士循学。孙男二：长之望，幼之圣。孙女二：长字余邑陶春元与龄子，大宗伯泗桥公孙也；次未字。

呜呼！公事亲孝，待弟友，信于友，慈于子，伦有五，全其四，所未竟者立朝委质耳，是在汝成哉。公未疾之前一日，谆谆诲汝成以"读书安命，无为利禄分志"也。噫，又何达也！如公者可以志矣。铭曰：

> 仕薄五斗，归谋七策。恂恂恭谨，几乎万石。
> 孝友之称，定于易箦。家有遗经，持心燕翼。
> 长发其祥，贲此幽宅。

赐进士及第、南京礼部尚书、前国子监祭酒姻家弟罗万化拜撰。

何汝尹墓志

教授太衡公墓志　十二世

　　台州府儒学教授何公既死之四十二年，孝子之裕、之祚始以庚申之中春，卜葬城南蜀山坂。时余居京师，孝子驰使赍书状，请予志石。予与孝子交三十年，孝子每述其先人遗事流涕，虽迟久，犹能记忆其百一。况四十年间，乡之人亦多有道之者。邑当郡上流，而潈民无宿炊，其所通官河，则宋丞相史君所凿渠也。彼时以葬亲，达鄞自便，不顾形势，弦流而奔。越三百余年，闽人陈君宰予邑，坊其渠枝之曲而南，接水故道，而后复北之之渠。当是时，筑巨梁故道，名大通，镇以浮屠，而创三重之屋于渠坊之间，曰"文昌台"，予少时犹及见之。顾谁则任其役者？任其役者，公也。公产本殷厚，而以任其役而破产之半。乃邑东接郡，西与北则襟江而辰海。崇祯元年秋，北海塘圮，浸城及雉而汨，夫城之室庐溺以万计。其明年，西江塘又圮，幸预备不为患，然已漂矣。公请邑大夫，力任经度，修捍两塘，间甚至磓肩奋手，日出笥中金，破产复半，而其役始竣。予亲承灾患，尝与乡之人窃叹公隐德，谋志之而未有间也。既而会稽太宰商君以还朝夥，颐取自便，毁渠坊而行，邑人无敢抗者。夫人居乡多相形，相形则盈绌生，盈绌生则盈者易矜，而绌者必至于忌，且又易较，较则劳逸见，劳逸见则劳者不甘，而逸者必肆其蹈藉而不之顾，以故遇公事而能任者少。迄于今，西江塘再三圮，十倍他日，而泄泄连岁，至有取私决自便，且致大坏而不之救者，夫止一坊？而邑大夫创之，公成之，然而权相开其先，庸太宰毁其后，止一江塘，而乡人筑之，乡人圮之，其贤不肖何如也！夫四十年间而其为兴废如是也！

　　公讳汝尹，字克言，又字太衡，由贡士授台州府教授。其先自浦江迁于萧山，数传而有御史善。永乐中，效严助故事巡按两浙，又数传而复有御史、供奉世学，则公世父也。公端性丰颊，善读书，以经术自命。少受知于提学使苏君，以文鸣于时。生平重然诺，好推予，排解导地，当世称长者。生于隆庆改元六月，卒于崇祯十年十二月。子四：之祯、之祺，早世；之裕、之祚，与予友。之裕，读书如其父，家藏书数万卷，而自幼食贫，曰："公所贻如是。"乃系以铭。铭曰：

公生七十年而悦其身，又四十年而始就于岁与窀。

谓公才高而未尝列陛而陈，谓公拥世赀而予儿以贫。

公之生有利于乡，而既死而乡人思之，虽历久而犹感于神。

曰"此公之藏也"，而益以见公之为人。

西河后学毛奇龄顿首拜撰。

光绪十九年《萧山何氏宗谱》卷三

何汝敏暨妻沈氏墓志铭

鸿胪寺序班太行公暨配沈太君墓志铭　十二世

　　萧山何太行君者，予友也。予与君友时，各年少，遇酒欢叫，若不可一世，而君以恂恂对予。每至丙夜，不予訾也。后予游京师，两地睽违，时切暮云春树之思。岁甲戌，值君六旬，予寄一言侑觞。君读之，颔之而已，亦竟不报予。予乃益思君，每念何时得续旧游，一浣衣上尘哉？今春谢事南归，及家，知君逝已两阅岁矣，伤哉！一日，其子之标等跪伏草堂，请曰："先人获交于先生，今属圹有日矣，敢乞一言以昭幽宅。"余愀然曰："正拟哭君，乃忍志君哉？虽然，知友者，友忍不志？"因志曰：

　　君讳汝敏，字纳言，太行其号也。生而聪颖，尝与群儿戏，辄出意表，群儿惮之，然识者知非常儿也。年十四，母郭安人卒。君哀毁几绝，日夜哭奠，若有所见。家人哀之，一日请于父太常公曰："闻瑜珈法可以度亡。"太常公曰："儒者不作佛事。"君曰："冀利益吾母耳，奚问儒释？"太常公许之。因迎佛寺中，途值督抚滕公驺从，避匿道左。已归，道场恍见瑞云冉冉，拥大士西来，郭孺人傍侍，呼曰："儿来，此观音大士也。儿拜之，我闻儿哭声，不觉至此。我依大士甚乐，儿无悲。"且曰："适见督抚滕公耶？是公某日当死。"语毕去。君牵衣大哀号，遂觉，乃梦也。而滕公果如期无疾卒，则彩云视现，梦耶，真耶？

　　君幼读书，得大意即止，不肯竟读，至是乃发愤曰："吾知所以报吾母矣。"攻苦下帷，遍师名士，把卷沉思，不半夜不休，甚至彻晓。壮而授室，得沈孺人，名家女也。庄肃而婉，喜怒不形。鸡鸣以佐读，织袵以佐俭，尝痛不及事郭孺人，而事继姚极其孝，处庶徐孺人极其和。太常公自中年丧偶，暨垂老几四十年，其间有继有庶有异乳，有姑有娣姒，而雍雍肃肃，庭无间言，犹之郭孺人在也，非君与沈，盖其难者！时伯兄太朴君豪爽而博，仲兄太质君慷慨而毅，季弟太素君文秀而达，名满都下，而人之称君也如其兄弟。萧之贤令，若剑石林公、世泾陈公辈下车，无不受知遇。邑有公事，亦靡不捐资首倡。君为诸生十余年不得志，则读书南雍数年，复不得志。偶与友游王文成公祠，心若有契，询知周海门先生曾讲学于此，因曰："文成已矣，海门固在。"归而鼓棹剡溪，问道于海门先生焉。先生喜曰："子认真，无近日道学气。"因以程门微旨九解十问授之，君潜玩数日，以所见相质。先生复大喜曰："子认真，无近日理学障。"为之盘桓浃旬，互参密证，此中快然，举平时所学视如败絮，惟恐弃之不早。遂屏谢交游，独坐一室，凡程朱语录、文成海门诸书，口诵而心维之，不则闭门冥坐而已。家人生业、儿孙课训，偶过则问焉，若不经意者。其严锁钥、悉盐米，则沈孺人之力为多。时有武林当道，聚绅衿千人作讲学会，君往听之。则当道者拥皋比南坐，衣冠甚壮，余千人俱阶下立，凝目倾耳，惟当道之言是听，唯唯喏喏，寒暄居半。君不觉大言曰："讲学贵真，如此却不真。"一会愕然，当道者不悦，罢去，不能问也。

盖君之行履学力，惟是一真，故终身无瑰玮之行，无表暴之饰，而孝友性生，老而弥笃。在南雍时，正值秋试，忽心动曰："吾急归矣。"告之司成，不允，遂不告而归。兼程抵家，其仲兄太质君已先一日逝，幸未就木也。千里一诀，呜呼，异哉！太常公殁时年八十五，君发亦皬皬白，乃作孺子啼，犹哭郭孺人时也。太常公殁，母孺人郭、继孺人姚俱先殁，厝浅土。君日从堪舆家穿林度莽，虽霜露之朝，风雨寒威之候，不自知其疲也。著有《安亲说》《遗珠记》。偶得奇疾，不语者数日，家人大恐，君忽曰："父母未葬，儿何敢死？"疾遂愈。及丁丑之春，得水洋湖吉兆。君若有所不能待者，急营圹事，正值暑月，踉跄奔走泥涂中，即一土一石、一锸一畚，无不经君之手。灯下则含泪濡毫，追述先人懿德。状毕，出示弟侄辈曰："吾兄弟积痛数十年，今始就绪，我可从先人地下矣，且报成事于二兄。"或骇为呓语，次日方午膳，忽不语如前，数刻而逝。距太常公葬时才两月耳，伤哉！

君性能忍，平生未尝睚眦人，人亦不闻有睚眦之者。贫者赈之，急者周之，贷者应之，不能偿者听之。一友负君金若干，且若干年矣，忽举契密还之。其友往谢，君笑曰："子不知我好。"隐行其德而不使人知，类如此。晚年与湛大师游，非祭宴不杀生，时属禽鱼虫甲之类，偕友人放之以为乐。或笑曰："君儒而释耶？"君亦笑曰："儒者爱物。"沈孺人竟断腥不茹，终其身焉。君应选已久，以父母未葬，故终不称官、不冠服，悲夫！君之为志也，今虽卒而志已毕，宜从生前部授之衔，故予为题之曰"征仕郎鸿胪寺序班何君之墓"，葬之地则邑西南碛堰之龟山，君所自卜也。葬而志之铭之，则故人姜逢元也。

铭曰：

母原不来，子亦不往。精诚所通，形结于想。

千里异域，孰告而驰？归及兄敛，神之格斯。

拮据大事，病死不死。大事备矣，不病而死。

生死之际，莫谓偶尔？中闺伉俪，白首同归。

君殁及墓，母亦谢帷。大江洋洋，龟山忽昂。

或拱或卫，龙蟠凤翔。青鸟告吉，百世其昌。

余曰允哉，天其与善，留此以为何君夫妇之藏。

赐进士第、资政大夫、太子少保、礼部尚书兼翰林院学士、经筵讲官、实录馆副总裁年家眷弟姜逢元顿首拜撰。

光绪十九年《萧山何氏宗谱》卷三

王如珠墓志铭

坦园公元配王孺人墓志铭　十五世

　　余元配王孺人亡年仅三十有八，距今二十二载矣，尚厝荒庄未葬也。盖孺人亡时，余亦病疫，已而就食淮徐芒砀间。家贫，日事奔走，兆域未卜，每用疚心。今乃稍积幕下金，购西山一抔土，与外父母茔相望。复念孺人内行醇恪，今尚传诵人口，可令湮没弗彰耶？爰摭实为志，以昭示后嗣。

　　按孺人系出太原，名如珠，父乃来公讳方泰，母虞孺人。公寡兄弟而又乏嗣，止一女，绝爱怜之，如掌珠，故名焉。岁戊子，余父与公同游泮，因缔姻好。孺人才六齿，志行如成人。日习针刺，不以爱故惰也。后余负笈公家，旋又从公肄业于外。戊戌，馆甥三日后，即趋侍函丈，非令序不得归。归必夜分，见孺人篝灯力作，辄慰劳之。孺人曰："女红亦有程，不中程不休。君学若何？乐羊子妻，何人哉？且两家父母春秋高，禄养不可期。男子志在四方，盍谋甘旨地乎？"余颔之，逡巡不果。

　　未几，乃来公即世，悉孺人为之殓葬，人谓公有子矣。公既殁，余遂决计走都。孺人脱簪珥佐行，即于是日裸儿道镜归于舍，曰："吾妇也乎哉？吾子也。"自是温清供养，无少缺略。亡何，公之父母相继病剧，孺人蓬跣奔省，襄事一如丧公时，则又谓女而代父，不啻子也。辛亥，余父见背，孺人佐伯兄成礼，葬祭必诚必恪，里中称其孝，而余亦藉是以少塞终天之痛云。镜出就外傅，孺人择名师教之，修脯出十指间。每归饭，必令背诵所读书，若严父然。余游幕府，数年始一返舍，辄与亲执饮博，不问家人产。嫂嘱孺人，谏止之，答曰："丈夫生计在外，家居日浅，忍夺所好而以妇言束缚乎？"真床笫知己矣。以故余足迹将遍四方，无内顾忧，皆孺人力也。

　　然犹记世父一弢公曰："吾修邑乘，每叹近少贤媛。汝妇入吾门有年矣，岁时朝谒外，未尝一露影，而勤俭声则盈吾耳。深冀相夫课子有成绩，将来编入邑乘，为吾门光宠。而今亡矣，宁独阿咸之不幸乎？"呜呼！此余志之所由作也，并为之铭曰：

维伊人之淑质兮，洵似玉而如金。

效阿母之操作兮，懔四德于女箴。

三丧并举兮，泣动苍旻。

百年期老兮，化惨青磷。

久浮浅土兮，风雨不禁。

卜兹吉兆兮，怙恃为邻。

留懿行于尘世兮，历岁犹新。

望默佑尔子孙兮，奕叶其歆。

夫均尔平甫撰。

光绪十九年《萧山何氏宗谱》卷三

何锡宗暨妻盛氏墓志铭

赠奉直大夫东望公暨配盛宜人合葬墓志铭　十六世

　　公讳锡宗，字东望，越之萧山人。其先六世入御史台，为浙东望族。父垣，以中书登癸未进士，历蓬莱、高苑令，政绩有声，载东省《名宦志》，公其第三子也。状貌顾伟，厚重寡言笑，为文挥笔即成，人以国士目之。年二十，遇心疾，遂弃去。顾性特通敏，于他细大务无不洞悉款要者。昆弟四人，伯季早世，仲复卧病。公朝夕侍父母，烝烝色养四十余年不懈。尝随父任所，官书库谷多所倚办。父素廉，致仕归，授子田不能半顷，公剂盈酌虚，支内筹外，踵旧业而息之，生产渐裕。性挚于友爱，视犹子甥倩如己出。有少孤者，抚教能立，乃遣之，又给其赀产。亲族中穷厄者，多经纪其家，至婚丧大事，屡请不厌。公志期济物，尺寸之柄不属，仅为家政，然有利于邑中者，无不倡同志为义举。西北江海诸塘，捐资修筑。岁饥，尽力赈恤。其卒也，邑人私谥曰"孝惠先生"。

　　配盛宜人，同邑孝廉讳显公女也。幼即端慎，少长知书，于归后克勤克俭，主中馈者数十年，不辞辛瘁。事祖姑舅姑，年上下九秩，不离左右，咸得其欢心。公喜任事，好施与，宜人尝脱簪珥佐之。其字子女也，无亲庶皆身为鞠育，敬于延师，严于管钥，中外莫不尊母仪而矜式焉。公捐馆后，宜人独秉家政，不丰不约，自先人祭葬及婚男嫁女，各备而中礼。子孙妇女数十人，每问视必煦煦慰藉，少失意指，但和颜示之，虽婢仆亦不加呵叱焉。晚岁持斋念佛，而临终又诫子孙毋延僧忏诵以坏家法，其贤而达于大体若此。

　　子四：沅，岁贡生；濂，庠生，出嗣季弟；淦，山东泰安府别驾，赠公奉直大夫，赠母太宜人；濛，恩授修职郎。孙男八，曾孙五。公生康熙壬申十月三十日，卒乾隆己未正月初七日，年四十有七。宜人生康熙庚午七月初三日，卒乾隆癸未十月初九日，寿七十有四。甲申年三月二十六日合葬东门外范家浜之原，附父墓右，从公志也。系之以铭。铭曰：

> 诗书之胄，冠盖之伦。政成于家，惠洽于人。
> 齐眉有耀，懿德允闻。天之施报，裕其后昆。
> 生荣殁赠，华表肖存。千百载后，瞻仰斯文。

钦召博学鸿词、予告、礼部右侍郎兼内阁学士年家眷弟齐召南撰文。

光绪十九年《萧山何氏宗谱》卷四

何其焱母李氏墓表

节孝李安人墓表

节孝何母李太安人，萧山故孝廉其焱母也。孝廉与国楠同举于乡，交甚笃。太安人之卒也，孝廉以状寄京师，乞国楠为表墓之文。国楠报以书，属孝廉自为之，而孝廉遽殁。今孝廉嗣子培德复申前请，国楠知太安人贞行最悉，且不忍负亡友意，不敢固辞。

按状，太安人姓李氏，世居会稽之稽山坊，曾祖揆叙，康熙己酉科举人，内阁中书；祖潀，考国栋，俱附贡生。妣何，即孝廉从祖姑。太安人生而淑慧，读《孝经》《女诫》诸书，通大义。十余岁时，父病剧，密割左臂和药以进，疾遂瘳。会酷暑创溃，忍痛不语，幼年至性过人已如此。及笄，归赠公树芳先生，逮事祖姑盛太宜人、舅湘南先生、姑蔡太安人，恪修妇职，得其欢。赠公素羸弱，有目疾，屡试不得志于有司，攻苦得咯血症，旋不起。太安人拊心哀恸，垂绝复苏。母氏来唁，恐其殉烈，密防之。太安人泣谢曰："母无虑儿死，儿念舅姑在堂，子女皆幼，不敢死。"闻者莫不陨涕。当是时，长君其美甫九岁，仲君其炎六岁，其焱为季子，生三年耳。孤苦零丁，旁无伯叔，而白发双亲疾不时作，太安人以妇代子，以母兼父，仰事俯育，艰苦备尝之矣。

赠公殁后十年，湘南先生捐馆，太安人恻怛焦劳，不敢形诸辞色，恐重伤蔡太安人意。又二年，冢君病亡，遗孤培德、垲，俱在襁褓。太安人率冢妇陆氏，协力抚之。又四年，蔡太安人寿终，哀毁如丧舅时。逾月，仲君亡。未几，仲妇瞿氏又亡，无子，太安人命立垲为后。季君初娶于陆，继以沈，皆夭，太安人复为娶于任。数十年之间，死丧相继，太安人以一身营丧葬，持门户，秩然有礼法。始延名师课诸子，躬具修脯，洁饔飧，历久不少怠。晚年课两孙亦如之。迨季君登贤书，两孙同岁入县学，太安人乃稍喜曰："吾庶有以慰亡者矣。"

乾隆五十五年，孝廉具太安人事实请旌于朝，得旨给银建坊。嘉庆六年，孝廉就职直隶州州同，为太安人请封并赠树芳先生儒林郎，貤赠祖父母如例。呜呼！孝廉之思报太安人者，宁止是哉？

太安人天性纯笃，母氏寿八十余，每归宁辄涕泣不忍别。一味之甘，虽远必肃寄。赠公惟女弟一人，适山阴周氏。太安人仰体蔡太安人钟爱之意，怡然无间。蔡太安人既殁，犹迎归留止，经岁率以为常。生平规行矩步，不苟言笑，训子孙甚严，亦未尝朴责。抚子妇如所生女，教之治家，御仆婢以宽恕，恤其饥寒。自奉俭约，食不择味，从不以口腹戕物命，嫁衣外无新制。性好施与，亲族邻里中火待举、病待医、死待殓者，斟酌多寡，求无不应。冬月制棉衣，给邻近之号寒者。每市物，必浮其值。卒之日，贩夫贩妇有出涕者。晚年购精舍，长斋绣佛。辟隙地杂莳花卉，虽盛暑必手自灌溉。家人劝以节劳，则曰："吾借此消遣，不知疲也。"

嘉庆七年春，太安人七十寿辰，孝廉与培德兄弟谋举觞。太安人怃然曰："自吾为未亡人四十余年，中遭舅姑子妇之戚，含酸忍痛，不可尽述。今寿跻七旬，孙曾成列，惟愿尔辈立身成名，吾即死无憾，毋以祝嘏为也。"是年七月二十八日卒，距生雍正十一年三月初八日，享寿七十岁，敕封太安人，与树芳先生合葬邑西山溪头庄。树芳先生讳植，太学生，敕赠儒林郎。子三：长其美，次其炎，俱太学生，先卒；次其葵，乾隆己亥恩科举人，拣选知县，就职直隶州州同，后太安人一年卒。所娶皆旧家女，冢妇陆氏，随太安人协力抚孤者也，今与其葵继室任氏并守节。女子子一，未嫁殇。孙男二：长培德，附贡生，官太常寺典簿；次堦，邑庠生，俱其美出。培德兼嗣其葵，堦出嗣其炎。孙女一，其葵出，未嫁殇。曾孙三，培德出者一，堦出者二。曾孙女三，俱幼。

曩国楠与孝廉同上公车，每聆孝廉称述慈训，心敬志之。在里门，时执年家礼登堂拜母，绛帷亲承，窃谓贞淑如太安人，方诸古列女，盖无愧焉。岁辛酉，孝廉下第将南归，就国楠邸舍握手别，犹谆谆以太安人嘏词相属，讵意太安人寿终而孝廉从太安人于地下也。今日表太安人之墓，能不泫然于孝廉哉？

嘉庆丙寅夏五，赐进士出身、诰授奉政大夫、掌湖广道监察御史、会典馆纂修、丁卯科顺天乡试同考官同邑年愚侄徐国楠顿首拜撰。

光绪十九年《萧山何氏宗谱》卷四

沈衡墓表

故尚书职方郎中沈君墓表

苏颂（魏公）

君讳衡，字公持，越州萧山人。其先世皆不仕，至君之皇考，始往依其外兄吏部郎王丝以学，而君又力志自奋，遂中景祐元年进士甲科，知台州临海、明州鄞、杭州之钱塘三县事，通判泉州，坐法降监衢州清酒务。以岁课有羡，得便近官，复通判潍、淄、婺三州，代还，主管北作坊，充提举司勾当公事。自校书郎十迁至尚书职方郎中，衣五品服，为开封府判官，差提点成都府路刑狱。未行，改判刑部，又改三司盐铁勾院，或权发遣，由登闻检院出知润州。陛对，赐三品服。到郡，以疾得请提举杭州洞霄宫。以熙宁七年六月二十一日终于苏州之居第，享年六十八。

为人严整守法，尤精吏事。始为临海时，年尚少，县境濒海，多聚盗攘群，不逞之徒时或杀伤良民，夺其财货。君悉为究访，且知主名区处。募少壮千余人，一旦渡海，以计擒之，穷治得实，抵法者百余辈，人自以为不冤。郡上其事，时相才之，进官躐一等。钱塘县倚州郭，生齿繁夥，而版图不治，赋役常苦不均，旧令惮于改作。君至，为之登降户等，皆得其实，人以为利。泉州有二商人负担出，而一人独过期不返，其家意为先归者所杀，得敝裘，与荷担之人适相类者，即诉于县。其人不能自直，遂诬服"诚杀之"，云弃其尸于溪侧，官使人视之，则腐败不可识矣。虽县吏亦以谓真杀人者，乃送之州。君省案，摘其情曰："岂半夜杀人而能负重走百里，且至城下乎？且其人存亡未可知。"因揭于道，以访后行者。数日，果有人言常见之于他郡，即召而归之，囚遂得释，一郡皆叹服。潍州有里人欲污其兄者，其兄以告。他日遇诸途而殴之，至于毙。州将当其抵死，君固争不得，遂请于朝，果杖而释之。在婺日，值二浙大水，都水范师道奏君提举苏湖常府水利事，因言蒲沥浦可治，以泄横流。都水是之，方欲行其说，会议论不同而止。

入朝典领尚方工作事，器物皆犀利，连中赏格，遂自提举司升佐省府。所至，吏惮其详察，不敢舞以事，号称辨识焉。初，君罢官归钱塘，至京师待次，审官当得泉倅，而吏受赇，匿其籍。君怀不平，乃诉其事，御史鞫实，置吏于法，而君卒得泉州。转运使心恶其以争得官，欲掫以事，岁中起大狱，案治纤毫不贷，然皆无实状，乃坐以官兵送举子为私犯，遂谪去，凡十余年不徙官。会庞丞相为淄青安抚，还，言君淄州治状，始得除。追其后，数奉诏推劾大狱，能得人情隐伏，未尝有所纵舍以市恩，朝议以干健许之。其抚宗族厚，好赒人之急。淄守卒，赒护其家甚厚。州人有遇毒将死，亲为刺臂，和药活之。尝推己财以与同产嫁外女之孤嫠者，及其亡也，家无余藏。

曾祖郇，祖仁厚，父侨，以君登朝为大理寺评事致仕，赠尚书刑部侍郎。娶建阳章氏，封某县君。子四人：筠，常州无锡主簿；筌，苏州昆山县主簿；篝，太庙斋郎；箬，尚幼。女五人，太子中舍刘复、秘书丞唐彀、海州朐山县尉范汝楫、蔡州司户参军龚程、杭州节度掌书记程宽，皆其婿也。君出白屋，无当世资，藉结发从士子游，以文学起家，禄仕四十年，官五品，历台省刺藩部，追赉其先人。君有子第进士，女皆从士人，亦儒者之荣遇也。又能勤刻自任，始终一致，不为炎凉易操，人或讥其深峭少恩，而君自信深笃，所谓强立不惧者欤？

诸孤卜以元丰元年二月某甲子葬君于苏州之吴县某乡某原，前期与其婿刘复状君之行事履历，将求志于墓石。于是次子筌以尝为余从子婿，自其家来杭请于余。顾多事未暇次述，及余还京师，而君已葬矣。筌又继至，其请不已，故为之书其说，以表于墓云。

按墓表，葬公于苏州之吴县某乡某原，今据县志"冢墓"条，公墓在凤仪乡开善寺后西山之原。公五子，长筠，雄州推官，知秀州崇德县事，即长巷之五世祖也。盖筠为宗子，想其墓后迁葬于萧与？三十世裔孙豫谨识。

光绪十九年《萧山长巷沈氏宗谱》卷三十七

沈云英墓志铭

明特授游击将军道州守备列女沈氏云英墓志铭　二十五世

毛甡（西河）

毛奇龄撰《明特授游击将军道州守备列女沈氏云英墓志铭》

　　夫骅骝牝牡，必殊其驯健；翡翠文质，而被以雄雌。故礼兵不同命，谅无并官；揆奋无共功，何有兼设？况坤舆载物，不丽日星；阴教分仪，判如水火。其能笵金铰之针管，用贮丰狐；脱贝琢之裙刀，以跨铜爵。此高才之嬗也。若宫中女队，从亲报国；军前娘子，为夫阃幕。又至德之发也。

　　有明列女萧山长巷里沈将军云英，生于华阀，长厥名闺。弱体仅足以胜衣，薄力较难于举白。然而女红则蜘蛛逊其巧，貌素而芙蓉失其色。其父昭武将军讳至绪，辛未武科中式进士，初仕湖广，遂守道州。崇祯之末，流寇东讧，朝冲夏口，暮逼营阳。陈其孽妖，劘剥千里。君至绪誓师厉众，刑马于塘；陷勍摧坚，礫鼠在道。而天步少窘，王略中沮。州伯望风而旗靡，府军弯月而矢尽。君再射裨将，捐其大黄，将殄渠魁，县诸小白，而马惊外埒，身殒中野。元戎已殉，千夫将乱。于是列女束发，用胄覆罗，以韬刷金箱而斩秩，溉黛碗以传餐。朱旗拭泪，尽作胭脂；素钺矢心，勿县巾帼。乃率十余骑奋呼突隍，直趋贼垒。连斩卅寇，顿惊五校。夺父骸于车上，拔贼帜于帐中。裙披马腹，泡似桃花；齿啮箭头，碎为菰叶。归而启营，示以再战。寇避其威，立徙邻郡。

湖抚王君聚奎以其事闻，遽邀宠命："故湖广道州守备沈至绪，力守营阳，临阵却敌，斩杀过当，佻身授命。生为长城，死作国殇。其赠至绪昭武将军，赐祠麻滩驿，春秋祀之。有女云英，闺房之秀，奋其弱臂以呼残众，求尸杀寇，不用城颓。誓命哭父，如浮江出。大复雠以报亲，肆弭乱以卫国。歼敌全军，保疆恢境。其授云英游击将军，仍代其父湖广道州守备领其军。"当斯时，睢阳之死可以遏寇，庞氏之车又足报怨。廷降异数，国有同德。尔乃逾城苟灌，小女救父；抽刀谢蕴，为夫杀贼。自逾寿阳，孟妃之能；竟撄内史，陆妻之苦。会其夫贾万策，四川人，故阁部督师标大剿营都司，镇守荆州南门。贼陷荆州，贾亦遇害，因哭辞诏命，领军俟代。虽身统士卒，亦逮三月，然而我师早败，不免司徒，有夫继伤，谁呼督护？不喜貔貅万队，受君新策；惟愿明驼千里，还儿故乡。乃乞卸巾鞲，始扶槥椟。舍厥丹旃，张兹白旒。因葬亲于原阡，旋匿形于漆室。而饥无朝爨，采薯为难；寒鲜时衣，卖珠不足。于是佣书族里，笔落簪花；课塾闾门，书垂带草。摹李卫之妙楷，进晁君而授经。既缺班氏青藜之假，终鲜韦母绛幔之设。乃以赤祀壮月，小疾长毕，年三十八，葬于龛山。

昔者忠孝义烈，定为缀词。中外武文，亦需扬诩。将军于父为孝，于国为忠，于夫为节，于身为贞。此为女德，又擅妇训，文能传经，武足戡乱，而犹不得援故典，托微文，导淑施于既往，扬清芬于后来。匪惟旧史之缺遗，抑亦学人之寡陋也。西河毛甡有友沈兆阳，名士也，为将军族人，曾从将军受《春秋胡氏传》，以为述也。将军从弟妇，甡侄也。乃属予为诔，并丐作志，而系之以铭，其文曰：

> 猗欤将军，世显名材。九叶冠绥，工居豸台。
> 显考弃繻，为翘关魁。拔于枢曹，智计以开。
> 少闲豹韬，生实龙媒。诣阙请缨，和门授裁。

婪婪饥寇，时为盗阶。初折其杆，冀梗于野。
继抽檄栌，思以捣舍。若火薰穴，翻壶之泻。
不思扑灭，乃半天下。由陕及湖，延蔓雍豫。
谁镇江汉，可无南顾？懿尔显考，雄略有素。
群推出守，菅阳之路。维兹菅阳，为楚南服。
陶侃屏蕃，周郎都督。结艾为门，伐材作辐。
外整牙关，内安部曲。不悟寇来，如蚁如猬。
嚼血盈囊，春肝溢碓。公乃奋武，袭其不备。
杀伐众丑，渐殄厥帅。丑众他顾，拟于此弃。
次日戴胄，当门而出。维兹志士，激于攻杀。
吴戈倒挥，秦弓逆折。左骖受蹶，右马被刺。
高天沧茫，平原超忽。身委泥沙，首受箭栝。
维兹将军，实维娇女。意慵比云，眉淡如雨。
好弄书翰，间习篆组。何谓有美，亦谙观武。
如彼荆珍，既柔且栗。如彼湘草，有靡其苗。
乃砥其矢，乃蒭其马。束发誓师，哭于戏下。
左垂燕箙，右把蛇戟。介服帅师，哭于门侧。
选骑勿多，利在赴敌。以此一二，抵彼千百。
突如奔流，矫羡飞翩。贼方饮乐，中贼之隙。
春虹走马，秋雨垂镝。斫斾用刀，裹尸以革。
贼占女锋，人骇兵色。攻杀争先，三十余馘。
辟菅旋旅，众皆感激。昔也观公，今也观女。
灼灼红颜，为千人主。贼始惊顾，旋乃犹豫。
莫测所由，弃之而去。自兹菅阳，藉女少休。
何谓夫子，复丧荆州。父夫死国，亦又何求？
摄甲罗氏，无儿可留。上书陆妇，难歼夫雠。
捋其指笤，以解臂鞲。燕嘻还越，狐死首丘。
况此鬼雄，曜灵河洲。为厉杀贼，方神且遒。
虽明天子，降以殊恩。既荣死亡，亦赉生存。
自昔闺中，鲜牙其门。维兹娇女，乃称将军。
死不敢受，归诸邱樊。方贼小蠢，藐焉穷枭。

以沸以扬，国为之摇。拖绅戴弁，经营满朝。

谁能摩厉，有如此娇。贫拾篷笛，寒披女萝。

经传狩麟，书成换鹅。交交黄鸟，亦集于柯。

人苟可赎，遑知其他？

光绪十九年《萧山长巷沈氏宗谱》卷三十七

沈玺夫妇志铭

明故静庵处士沈公夫妇合圹志铭

赐进士、资政大夫、敕总督两广军务兼理巡抚、都察院右副都御史同邑张嵿①撰文

朝列大夫、云南师宗州知州致仕两诏进阶同邑陈殷书丹

乡贡进士、儒林郎、福建福宁州福安县知县韩洲篆额②

　　静庵处士沈公卒，葬与德配史氏合圹，其子恩等赍状来请志铭。余重其请之恳，遂弗辞。按状，公讳玺，字廷宝，行让六，静庵其别号也。世居邑之长潭里，曾祖讳维新，尝为乡饮大宾；祖讳宗善，为一乡善士；考讳昇，尚义输粟，

----

① 嵿，原作"岭"。按，张嵿，字时俊，成化二十三年进士。《明史·张嵿传》："弘治初，（嵿）修《宪宗实录》，命往苏、松诸府采轶事。事竣，授上饶知县。……正德初，迁兴化知府。……世宗即位，命以右都御史总督两广军务。"乾隆《萧山县志》卷二十三《人物一》："张嵿，字时俊，萧山人……。又二年，江彬、钱宁皆伏诛，乃起公都察院右都御史，总督两广军务，兼理巡抚，一切便宜行事。"观此属衔与史志正合，其为张嵿无疑。

② 署衔原作"乡贡进士儒林郎福建福州府福宁州安县知县韩州篆额"。《明史》卷四十五《地理志》："福宁州，元属福州路，洪武二年八月降为县，属福州府。成化九年三月升为州，直隶布政厅。领县二：宁德、福安。"民国二十年（1931）《义桥韩氏家谱》卷一有茅瓒撰《韩洲墓志铭》(本书已收录)，题作《文林郎知福建福安县居轩公墓志铭》云："正德庚辰，（韩洲）获选授闽之福安。"是韩洲任福安知县在正德年间，此时福安县隶属于福宁州，非隶于福州府，而福宁州直隶于布政厅，故"福州府福宁州"误，"福州府"当为衍文，"安"前缺"福"字。韩洲，原作"韩州"。茅瓒《韩洲墓志铭》：庸斋克中翁立，生三子，公其季也，讳洲，字宗宁，别号居轩。其兄名清、泽，是兄弟以水排行，作"州"误。今据改。

奉诏拜七品散官，累叶有人，家声不振。

公承祖考积善之余，益加修饬，惟恐坠厥身于不善之地也。为人谦厚简默，人物丰大，善治生，家业饶裕，甲于乡邑，营别业在凌溪于村者尤胜。不吝施予，为义所当为者，为之恐后，如桥道之缮，祠宇之修，馆名师以陶子孙，聘硕学以辑谱牒。至于乡族中丧不举者，一一周之。兄弟求异居，悉以先人所遗者让之。领万石长，戒诸子以奉公守法，锱铢无逋负，此皆可以验其大略也。

窀寿藏于南山邃坞，题曰"荣处好天"，良日则囊携酒娱游于其间。士夫尝举公为乡宾，辞不赴。盖年在桑榆，真以己之乐为乐，不以人之乐我者为乐也。

正德辛巳秋七月之望，以天年终，距其生景泰二年，实享年七十有一。厥配史氏，出邑治大方伯之系，为妇为母，各尽其道，孝姑嫜，谐妯娌，教子姓，睦家族，其尝事也。若勤俭出于天性，处富盛而益自检约，处士如为善则协赞其成，此又其贤。是以知处士者，皆喜其有内助也。先处士七年而卒，实享年六十有二，盖生于景泰四年，终于正德九年也。先窆于南山乐处，嘉靖改元年冬十二月之吉以处士合葬兹丘。子男三：长恩，娶天山倪氏；次惠，娶长兴孙氏；次恕，娶新义盛氏，继娶郁氏。孙男七：九皋，聘义桥韩洲女，韩即知福安而篆盖者；九畴，聘崇化黄杲女；九经，聘玉溪瞿时泰女；九乘、九峰、九霄、九艺，皆幼。孙女，纳同里吴倖采。呜呼！高义之士而与淑德之配俱享遐龄，子孙蛰蛰，先七年而卒，固不为速，后七年而卒，亦岂为无益耶？铭曰：

> 潜德不莹，淑行周愿。正内正外，以贤媲贤。
> 遇若宾客，雍雍白首。造物者瞑，逝有先后。
> 复乾反坤，泽流子孙。子孙硕蔓，不没者存。
> 瞻彼南坞，实获斯所。珏珏尔藏，悠悠千古。

沈恩墓志铭

明故乡大宾沈公墓志铭

乡贡进士、河南府学训导致仕八十翁玉峰眷生翁文撰
赐进士、中顺大夫、广西南宁府知府、前北京太①仆寺丞眷生盛浣书丹
赐进士、奉议大夫、同知江西广信府事、前北京刑部山东司郎中眷生徐官篆额

嘉靖十有七年十一月二十六②日，萧山乡大宾沈公以疾卒于正寝，停殡在堂。越明年己亥孟冬十九日，卜吉将舁柩往南山之阳安厝焉。厥子九畴辈衰绖徒跣，偕塾师庠彦徐子德延持福安大尹宗韩先生状，请铭其墓，以垂不朽。惟余不谷，不良于言，然与公有姻家之好，义不容辞，遂按状以志焉。

公姓沈氏，讳恩，字民泽，行九，宜轩其别号也。世居萧山长潭里，其先世名文锡者，仕宋为秘书省正字，翊驾南渡，遂家于萧，迄今五百六十年有奇。曾大父以上代不乏人，皆潜德弗耀。大父讳昇，输粟授七品散官；父讳玺，尤英迈桀特，以寿封官带，为时伟人。母史氏，相家有贤行。笃生三子，公实居长。

为人性天完粹，心地坦夷，以勤俭治生，资业甲于乡邑。虽处富饶，退然略无骄色，与人言议，呐呐然若不出诸口。然有猷为，匪发于仁则裁于义。其持身有如此者。居常鸡鸣辄起，劝督耕读，寒暑无间，其严而有法，虽居仓卒，未尝疾言遽色，而童仆欣欣然罔敢违怠。其处家有如此者。晚岁家道益昌，子孙益庶，以旧居狭隘，乃自营别业。既而欲分异居，帑藏妻孥皆以析于新第。公独恋恋不舍，朝夕与诸弟怡愉其处，不忍遽离，迟回至逾年。所亲劝之再三，兼家政不便区理，乃勉就新居。是虽分门各爨，而友于之愈至。每有四时佳味，虽一肴一馔，不集不食。其笃于友爱有如此者。由是声誉殷殷，为萧民望。邑大夫若锡山张公、济南王公、泰和萧公，咸以乡宾荐焉。凡三聘之，辞不获已，

① 太，原作"大"。太仆寺，掌管牧马政令之机构。《明史》卷七十四《职官三》："太仆寺，卿一人，少卿二人，寺丞四人。"

② 六，原作"大"，据文义改。

乃幡然曰："乡饮之举，乃我朝彰善瘅恶盛典也。与其窃慕其礼，孰若躬逢其盛乎？"于是就燕，礼度从容，衣冠俨若。环桥门而观德者莫不啧啧叹曰："此真乡宾也。"其荣遇有如此者。

公配倪氏，克娴家政，足称内助。子男四：长九畴，娶埭上黄氏；次九经，娶瞿氏，以弟惠无子，出嗣之；次九乘，娶渔浦华氏；次九霄，娶来苏周氏，后公一年而亦蚤世。孙男四：曰良璧，聘邑治蔡氏；曰良弼，曰良臣，曰良相，俱幼。孙女一，幼未许聘。公生于成化十二年七月二十四日辰时，卒年六十有三。噫！公之硕德重望，固宜享无疆之寿考，而何遽止于斯夫？乃天之所命也。虽然，公有是德，获是福，济是美，茫茫九泉，盖亦心安而目瞑矣。因为之铭曰：

> 嗟吁宜天，寡笑与言。不徇乎人，惟全其天。
>
> 家庭遗范，乡邦是贤。缙绅协誉，式燕宾筵。
>
> 胡为乎然？惟德罔愆。不愧不怍，生顺死安。
>
> 永昌厥后，有开必先。我铭诸石，俾光幽泉。

2013 年《萧邑中潭沈氏宗谱》卷二

沈子富墓碣铭

故沈处士墓碣铭

资善大夫、南畿吏部尚书致仕同邑魏骥撰文
赐同进士出身同邑韩祺书丹
江西九江府儒学训导邑人傅祯篆额

处士姓沈氏，讳子富，行信三，年八十又三卒于正寝，葬已四十年矣。一日，其孙宗道会合门之子孙曰："吾闻昔韩魏公曰'心不忘乎先茔，孝之大者也'。吾家先祖之茔，子孙于岁时祭扫之礼未之或乏，可谓之不忘矣。特先祖之茔未有铭勒诸石以垂示子孙，而吾父文恺府君、吾叔文简府君言及之必掩袂泪下，以为欠事。吾今老矣，失此不图，咎将谁归？"乃征家塾师富春徐公正状其行实，遣其犹子恭、子清介宗人文表持状以铭为请。予以恭之兄文，予甥女夫也；恭、清读书饬行，于予为忘年友，文表亦孝友之士，且于铭之请甚恳悃，故不获辞，乃按状序而铭之。

处士远祖有曰讳文锡者，本伊水人，仕宋高宗朝为秘书省正字，随驾南迁，遂占籍为萧山许贤乡长潭里人。曾祖贵一，祖佛二，考显一，母李氏，世以农商为业。暇则优游桑梓，惟安分是尚。处士兄弟三人，初同居共爨，亲殁后以各妻子乃有分析之谋，处士不能制，且足跛不良于行，即挈妻子别筑室于所居傍近以避之。凡家所有，悉让之兄弟而不与较。所苦者茕然孑立，乃蚤作夜息，匪农则商，与配一心，毫积丝累，不数年间家渐成，视二子亦长，有肯构肯堂之志。与配议曰："人家兄弟不相容者，多由娶妇不贤而致，今二子于其所配不可不择。"于是夫妇协谋，且卜且择，于长得其配曰钱氏，于次得其配曰徐氏。既入门，二妇率能一心，孝敬勤俭，由其姒娌之贤，致其夫兄弟尤加和好。自是家业因之而益成，不徒田园充拓，货贿羡赢，而其笃于孝友，积经史延师儒以训迪其子孙，津津诗礼，较之先世犹倍蓰矣。良由处士见之明，行之力，有以致之也。宜乎宗道体诸父之心，欲求铭以暴白，以垂示子孙也。

处士生元至元戊寅十月初四日，卒明永乐辛丑十月初八日。配陈氏，生元至元戊寅三月初七日，卒明永乐壬寅八月十一日，合葬于乡之响石山之原祖茔之次。男二：曰维新，曰维贤。孙男六：曰宗善、宗道、宗瑞、宗瑜、宗旸、宗政；女一。曾孙男二十有五：初、德、祯、祥、文、澄、恭、清、珪、龄、才、璋、昇、英、雄、椿、高、通、奇、隆、刚、深、强、宣、和；女三。元孙男二十有九：璇、玑、乾、艮、震、珎、豫、钝、瑚、瑾、晋、玺、鼎、忱、恒、颐、琄、珛、钥、孝、孚、蒙、鉴、珙、益、埙、箎、弟、礼。

处士盖孝友端谨人也，不幸当兄弟心之不一而能自怨自艾，特立以大其门户，此其才力果有异于人者乎？虽然，创业固难，自非宗道之诸父诸兄弟诸子孙以尽其守成之道，则又何能致一支之盛过于人如是哉？是皆可书也。继自今，使其后之子孙不忘其创业守成之难，以致其迓续之勤，则沈氏之昌大也讵有涯耶？铭曰：

> 猗欤沈氏，文锡其祖。以仕南宋，肇基兹土。
> 十数传后，处士是生。中罗间阻，思所继承。
> 匪农则商，早作夜息。家业聿盛，良由一力。
> 兹孙宗道，遵诸父命。述其功德，图示后允。
> 咨石墓道，勒以此铭。披露心腹，展布孝诚。
> 实继后人，以嗣以续。百世弗谖，永蹈芳躅。

2013年《萧邑中潭沈氏宗谱》卷二

沈宗善墓碣铭

明故素履处士沈公宗善墓碣铭

资善大夫、正治上卿、礼部尚书致仕、前太子宾客兼国子祭酒毗陵八十五翁胡濙撰

奉议大夫、广西等处提刑按察司佥事致仕毗陵郑观篆额

中奉大夫、福建等处承宣布政使司左布政致仕毗陵黄舆书丹

　　予谢政归老之明年，客有自萧山来者曰沈才，吾邑庠掌教黄琮仲玉婿也。累累衰绖，持妇翁状①而泣拜于予曰："才罪逆深肆，天降割于我考，不憗②遗。我考虽藐乎形声，欲揭其仁于不死，以垂裕于我后人，非铭何以诏之？幸先生以才妇翁职教于兹，日夕薰德之故，矜锡之铭，则匪直才等抱歉于送死之心，先人于夜台之下亦赫然其有光矣。"予辞不获。

　　按状，处士讳宗善，素履其别号也。曾祖显一，祖信三，父维新，皆不仕。母钱氏，世居萧山长潭里。处士幼而聪慧，长而读书好礼，事父母以孝，处兄弟以和，待宗族乡党各有其道。丁怙恃子立，时家势衰薄，兄弟屡幼。处士嗣股肱，力农贾，致家日饶裕。永乐中以丁产甲于编户推为万石长，下而征取于民，上而承叙于官，处士一代父劳。民有孙姓者，强不以时输赋，忿其急于督征，乃以病死尸诬公弟击杀，状于臬司。臬令县牒其人来，时为弟有不过代死而已。处士奋然谓其弟曰："昔人谓为朋友者死，今吾与尔分形连气人也，夫何勒？且督赋，吾分内事，何忍苦于弟耶？"遂躬诣臬司而白其情，当道匪察于狱辞之丽，罗织即死地，刑楚三百。处士肤不为挠，气不为抑，辞色从容，始终若③无事，然以故当道知其诬，斯坐其罪于告者。既而有佣人黄姓者为疫疠而没，

---

① 状，原缺，据文义补。

② 憗，原作"恝"。《诗经·小雅·十月之交》："不憗遗一老，俾守我王。"《春秋左传正义》卷八十："昊天不吊，不憗遗一老。""天不憗遗"用于对年高有德之人去世的哀悼。据此改。

③ 若，原作"苦"，据文义改。

佣家以非其死，诬陷公父，将就狱。处士为其父曰："为子死孝，宗善何忍坐视吾父罗于冤枉乎？吾往矣！"于是具情控诉于官，父获免。母先父卒，继娶顾氏，处士奉之惟谨。顾不慈，数谮于父，摈斥之。处士不得已别筑一室以居之，居虽别而甘旨之养、定省之礼朝夕不敢少废焉。

  处士貌丰伟，量宏廓，且能饮酒至斗。如遇抑郁悾愡中，付诸一醉而已。夫何忧何惧？享年六十又七，生于洪武辛未八月二十八日，卒于天顺改元四月初一日，将以己卯十二月庚申卜葬仙家塘之原。配谭氏，生子五：德、祥、澄、才、昇，皆克承父志，而家声益振焉。女一，适许孝八都丁乾三。孙男十二：璇、玑、琛、瑚、玺、珇、珙、璘、玠、珉、瑗。孙女四，皆在室。呜呼！身殒而名随灭，此草木同腐者耳。今处士虽殁，而善行有可记者若此，知其名与行与长潭之山水同流峙于天地间也。其世之杰然者乎？是以为之铭。铭曰：

   伟乎其貌，充乎其量。报德庭闱，善于承养。
   耇④寿而殂，仙原托体。潜德芳馨，永传千世。

2013 年《萧邑中潭沈氏宗谱》卷二

---

④ 耇，原作"者"，据文义改。

沈宗瑜墓志铭

兰窗处士墓志铭

资善大夫、南京吏部尚书同邑魏骥撰文
南京兵部主事平湖沈琮书丹
漳州府通判同邑沃能篆额

　　兰窗处士姓沈氏，讳宗瑜，以字行，兰窗其别号也。自壮至老，敦时尚礼，孝友出于天性。洪武中以家丁产甲于编户，简隶从戎，役于杭之乍浦所。处士时年甫冠，即代父以供役。娴于弓矢，虽素习者莫之能过。且善笔札，通吏事，上官知之，遇事难决者必咨之而后行。处士有才识，达大体，不可决者则已，可决者决之，则每中肯綮。自是上官多爱重之，不名其名而必称之为先生。久之得代。既还，奉父母以孝，处宗党以弟。勤于生产，于农于商，课僮仆之外，必身亲莅之不少懈，致家视昔愈饶。延名师训饬弟子，俾五子诜诜有成。出于人表者若次恭，见其学有端绪，则遣入邑庠为弟子员。归必谆谆以勖之，概曰："读书明理义，盖将以入官。而居官必以廉勤为本，不廉则必坏名节，不勤则必惰政事。吾见世之瘝官废职者，多由不廉不勤之所致耳。"其识之致，知者闻之以为名言。性尤好施与，若乡之颓梁圯路，辄不吝其财，不啬其力，岁必一再葺之，不以为德。其号曰兰窗者，所居之前常植兰数本，以悦其心志，盖将以比其德云。

　　迨数十传至行显一者，其曾祖也；行信三者，祖也；讳维贤者，乃父也，妣徐氏。世不仕，以积善名于乡。配南京茹氏，子男五：曰文，曰恭，庠弟子员；曰高，曰奇，曰宣。女一，同邑贺瑶，其婿也。孙男二：曰珏，曰孝。孙女三。其生洪武戊寅四月十三日，其卒景泰丙子七月廿九日，将以明年丁丑十一月廿四日葬于乡之石牛山之原。以子文余甥女夫，恭与余为斯文忘年友，持邑庠二教会君本宣状来乞铭。余闻子朱子有言："公卿大夫，贵而在上，其贤可纪，人已知之，虽殁而自足见于世；穷而在下者，虽有善而人不知，知之而传不远，于法宜得铭。"若处士是也。特余不斐之辞不足以寄重，姑为之铭曰：

恳恳自将，不为外诱。植德制行，笃于孝友。
厥生善治，匪农则商。不懈其体，家日愈昌。
诜诜诸子，克肖克盛。厥善之报，殆于是征。
牛山之原，安魄于此。冀佑后人，绵绵不已。

2013年《萧邑中潭沈氏宗谱》卷二

沈宗政墓碣铭

故处士友梅墓碣铭

赐进士、中宪大夫、福建汀州府知府致仕暨阳俞倜撰文
前承德郎、礼部主事同邑沃能书丹并篆额

　　萧山沈处士既卒将葬，其冢子英以余乐道人善，衰麻谒余门，出解元讳琦所述状，再拜征铭墓上石。余闻"显亲扬名者，孝子之志"，况处士之善有可称述，而其子英又惓惓征铭以垂不朽，其志亦大矣，恶可以不文辞？
　　按状，处士字宗政，号友梅，居萧邑长潭山中。曾祖讳显，祖讳信，父讳维新，母钱氏。兄弟四人，处士行居四。其言温，其气和，其体貌丰腴不凡，其襟度坦夷无岸畔。读书励行，不求闻达，事二亲、奉诸兄、抚子弟极其孝友慈爱，不少忽，而一家之政肃然秩然，基业于是昌大。采山钓水，以适其趣。若凌溪之滨，别业在焉，处士则僮仆出作入息，务尽力于农亩，故岁收特盛，而家之所给充然有余裕。于是推其余以周邻里之急者，以修桥梁之颓者，以葺道路之废者，每每可数也。平生足迹未尝少置于公庭，口不言公事，惟粟米力役之征，谨谨供之不敢后。世俗所谓荣势声利，泊如也。使天假之以年，以就其志，则虽有莘处士之抱负设施，吾何先后焉？惜乎处士终乎此而已矣。配朱氏，有贤行。男五：英、雄、刚、强、和。孙男一，曰忱。享年五十有三，其生也永乐甲申十一月二十七日，其卒也景泰丙子三月二十一日，将以是岁十二月二十六日葬许贤青山先陇之原。大抵没世而名不称，君子之所疾也。若处士之名彰彰，有可称矣，是宜铭。铭曰：

　　　　玉韫于石，珠藏于渊。不售而辉，不琢而圆。
　　　　铢视轩冕，养素林泉。正命而游，无愧于天。
　　　　青山之麓，先陇之原。建此佳城，于斯万年。
　　　　庆流后裔，瓜瓞绵绵。言全言孝，辉映后先。

2013年《萧邑中潭沈氏宗谱》卷二

陈瑞墓志铭

宋端和长者陈公墓志铭

端和长者陈公，笃行之士也。元至元壬辰二月初六日亥时卒，其子文嵩衰绖奉状，谒余拜求墓铭。其兄文彬且相知，稔闻长者之贤，不可以不铭，乃序之。

长者讳瑞，宥庆其字，别号端和，世为越之萧山人。高祖讳守迎者，裔出婺之东阳，宋绍兴中知会稽郡事，退居萧山之里，因家焉。其后子孙日盛，遂名其里曰"唐里"。曾祖养直，淳熙间任福建转运判官。祖君实，庆元庚申岁歉，入粟赈饥，有裨于众，赐爵进义校尉。好德乐义，人多景慕。里仁乡民生为立像，没后为神。父元显，性资敦厚，轻财重义，乡为都官。今宥庆，文嵩之父也。自幼至长，笃厚谦谨，读书不仕，隐居行义，汲汲若不及。其事亲奉先，以孝以诚，四时祀必斋沐，丰洁器物以祭，其用财毋吝，恤匮乏必周。乡人若韩彦者，因父丧贷赀一百锭，送葬毕，母相继卒，仍贷，纳券请缓偿期。长者曰："余财周急，何券之有？"亟出与之，听其自还，不言其息。

长者治家严整，尝戒其子孙曰："家有良田数十顷，颇供衣食，祖父积厚，以贻后人，余财可以周急。"其生平行谊，难以殚述。公生嘉泰四年甲子九月十六日午时，享年八十有九，以十二月庚申葬里之北墩。娶凌氏，生三子：长即文彬，次文嵩，三文质。孙男六人：曰嵚，曰钊，曰彰，曰锜，曰钰，曰镜。长子文彬，进士第，授监察御史，转升湖广安抚副使，遘疾辞归，奉亲养祖，乡人以为荣。否则荆湖扰攘，不克自保。吁！此长者之积德行义致然也。考其素行，皆可称于世，垂于后。矧以文嵩之请，焉得已于辞耶？铭曰：

> 维陈之裔，出自东阳。任官会稽，后胤日昌。
> 善而膺福，乃理之常。厥福有永，其报乃彰。
> 嗟嗟长者，潜德幽光。垂裕后人，世代流芳。

时元至元十年十月初吉，右春坊赞善大夫容城刘因撰。

同治八年《唐里陈氏宗谱》不分卷

陈懋之墓志铭

元处士实甫陈公墓志铭

处士讳懋之，字①实甫，姓陈氏，世为越之萧山人。讳宥庆之曾孙，讳文嵩之孙，镇邦之子也。处士为人富而好礼，经史子集靡不精览，日侍亲侧，情若孺子，依依不忍舍去。

尝曰："天爵未修，人爵何为？"于是绝意仕途，喜交贤士大夫，座无虚日。至正甲午，岁不熟，邻境里仁乡尤甚。县宰不理荒诉，征纳税粮，民甚苦之。处士即纠邑之巨室，出粟以偿之，里仁之民由是免饥馁之患。元季兵动，张士诚据吴，横敛猝征，岁无休息。处士走诣县曰："某等当之，毋剧细民。"丙申夏，守将吕贞屯兵草雄之间，迫县供饷甚急。县令遣吏宣彦良，即与军士下乡督民出粟。里有冯辛者，苦于棰楚。处士叹曰："彼之贫乏，受其无辜。我之廪粟，颇有余饶。吾安忍之？"即延彦良军戍至家，尽发廪而与之。里民有张启之者，亲老不能娶，处士出赀以婚之。戊戌岁疫，邻有穷乏死者，处士与之棺，又资以葬之。乡人感而歌之曰："陈公之德不可当，子孙岂不长永昌？"

处士尝与邑儒士顾子瞻以道义为刎颈交，其子元章性敏好学，即以女妻之。处士年高德劭，县举乡饮，必迎为大宾。凡遇朔望春秋二祀，必斋沐，服深衣大带，诣文庙随行释奠，进退咸有礼容，观者莫不相敬。处士尝延名师于家，刻意教子，且训之曰："达可以济世，穷可以善身。"季子仲淳，以明经称于乡。洪武壬戌，当道荐剡于朝，试艺天官，授山东金乡县知县，恪承先德。

至元己丑八月三日，生之辰也；至正己亥六月五日，卒之辰也。享年七十有一。生五子：长彦和，次仲远、敬之、景贤、仲淳。孙男十人。以明年正月甲午奉枢葬于里之南墩先茔之次。没二十四年，少子仲淳再拜请状，以述其铭。余忝交处士日久，又有姻娅之好。今余备员齐府，仲淳为金乡知县，亲王殿下重其文学，尝召仲淳相与说书，因得聚首，不亦幸欤？

然追思畴昔，悲伤故旧，宁不动于中？于是复答拜，为之言曰："仁者必有后，信然。处士名虽不登仕版，其流芳善行，著称于乡，表表在人，俾其子孙蕃盛。

---

① 字，原缺，据标题及文义补。

其子仲淳又显于时，岂非隐德之报哉？"重孤之请，故为之铭曰：

　　　　呜呼！德足以润身，行足以范俗。
　　　　无欲而心自正，无求而用自足。
　　　　前人之光，后迓是续。世其隐德，不无其禄。
　　　　天运有常，其周必复。惟兹嗣人，践尔芳躅。

时洪武十六年癸亥秋七月既望，承值郎、齐府长史山阴胡华书。

　　　　　　　　　　　　　　同治八年《唐里陈氏宗谱》不分卷

陈庸墓志铭

明处士归全陈公墓志铭

自顏其樓曰宜遠舞遇碩德之士宴集其間若愚士唐
先生原禮鮑先生原庸任先生以其訓迪子孫皆循循
雅餝克肖前人若風晨月夕賓朋列坐行觴賦詩談論
古今此常事也茲不復贅公生於大明甲辰八月十六
日卒於洪熙乙巳七月七日享年七十有二公自少莊
克保肢體性善因私謚曰歸全娶曹氏生子二曄儒孫
男三曄贊以明年正月二日奉柩葬於里之富家圍
先塋之次嗚呼自天佑之吉無不利而公獲佑於身必
於孫子者有足徵矣銘曰肅其容動必恭虛其中善必
嘗
從施之廣殖必豐積之厚報必崇光被幽宮子孫必隆

唐里陳氏宗譜 墓誌銘 入 六望堂

洪熙元年乙巳秋八月
賜進士出身中憲大夫交阯按察司副使殷旦撰

殷旦撰《明处士归全陈公墓志铭》

　　归全处士之殁也，其孤曄等衰绖哭泣，奉其乡友任彦法所为状，匍匐踵门，请铭于余，将以登石。古人谓先君有隐德而不求名人铭，谓之不孝。余固不足以当此，而曄能以常人之所缓者为急，岂不谓之孝乎？

　　按状，公讳庸，字性中，姓陈氏。其先肇自宋绍兴中讳守迎者，知会稽，以老休致，退居萧山，遂占籍为萧山人。卜居唐里，唐里陈氏自守迎始。曾大父镇邦，祖实甫，父景贤，皆潜德弗耀。洪武间有仲淳，乃公之叔父，由经明行修授山东金乡县知县，寻超升奉训大夫、工部员外郎，以疾卒于官。公性至孝，治家有法，务农读书，涉猎诸史，尤熟朱子纲目。

与人谈论，阅数百年不遗一字。及父殁，公哀毁逾礼，几废厥体。奉母陆氏益谨，虽隆冬盛暑不离左右，率子弟罗列堂下，奉觞称寿，务以悦其心志。国子学录山阴杜贯道铭其堂曰"寿萱"，国子助教张孔升为之记，一时文学之士咸歌诗以美其孝。公与弟性善友爱尤笃，同居共食，纤无间言。诸子弟下克持门户，咸服其劳。

公优游田里，足迹不入城市者三十余年，乡先生任原庸以"同爱"颜其堂，中书舍人朱孔旸大书其匾，乡邦荣之。公颇饶于财，不事表暴而行义切切。视人弗给，不俟其请。里人潘森九父子继卒，贫不能棺。公亟置与之，后累施无棺者十六人。先是，公尝置田顷，不数岁，若倪保者贫窭转甚，公悉召还其田，曰："不忍见汝辈秋无斗升之获，与汝衣食之本，亦十有九家。"公之先世有轩曰"容膝"，自颜其楼曰"宜远"。每遇硕德之士，宴集其间，若愚士唐先生、原礼鲍先生、原庸任先生，以其训迪子孙，皆循循雅饬，克肖前人。若风晨月夕，宾朋列坐，行觞赋诗，谈论古今，此常事也。兹不复赘。

公生于大明甲辰八月十六日，卒于洪熙乙巳七月七日，享年六十有二。公自少壮，克保肢体，性善，因私谥曰"归全"。娶曹氏，生子二：皡、僞。孙男三：琏、贯、赞。以明年正月二日奉柩葬于里之富家园先茔之次。呜呼！自天佑之吉无不利，而公获佑于身，施于孙子者有足征矣！铭曰：

> 肃其容，动必恭。虚其中，善必从。
> 施之广，殖必丰。积之厚，报必崇。
> 光被幽宫，子孙必隆。

时洪熙元年乙巳秋八月，赐进士出身、中宪大夫、交阯按察司副使殷旦撰。

同治八年《唐里陈氏宗谱》不分卷

陈灿墓志铭

大启陈公墓志铭

公讳灿，字大启，姓陈氏。其先裔出婺之东阳，宋绍兴中知会稽郡讳守迎者，告休卜居于萧之城东唐里，是其始祖也。厥后姓氏蕃衍，科甲连绵，忠孝济美，代有英杰。曾祖讳敬夫，冲和豁达，慷慨好义。祖讳伯元，淡世味，敦古处，临难不避，卒蒙天相。父讳廷魁，聪颖天授，力学尤勤，罗二酉而富五车，早蜚黉序，运际沧桑，尚志涧槃，终为儒林之祭酒。其历世德义文章，赫赫在人耳目间也。

公之生也，累承世德，卓有大志，而才又足以济之，处心一以谨慎，制行惟知笃实。自幼业儒，英敏不凡，事理通晓，取青紫如拾芥。因伯兄炜文名赫弈，足振家声，于是诵读之暇，留心家计。竟与端木氏争烈，非才大而能如是乎？虽丰财不事表暴，实积而能散，故凡乡里之弗给者，有求辄应，即所贷多弗偿，亦不计也。至于置祭田而祀远祖，捐己赀而筑官塘，拾遗金而还失主，凡此类亦未易一二数也。

夫利泽及物之诚，固为足多，而更有与人同善之量。遇人之美也不啻如己之美，必多方以成之；见人之过也不啻如己之过，必委曲以化之。意气勤勤恳恳，莫不钦服。由是廉耻相尚，争讼衰息，薰其德而善良者不知凡几。故当时之推重者，皆方之文正、彦方诸公云。若夫处伦纪之间，其固结于至性者。更甚有异，平居视无形，听无声，先意承志，固无论已。时适他往，会尊人遘疾，闻信，不惮数百里仓皇徒步，星夜奔驰，躬亲汤药，静伺安否。昼夜不解衣带，经月无怠。虽愈，服勤益谨。其于昆季也，亦极笃挚。兄因殚精举业，抱恙去世。公自外归，既殡且葬，哭奔墓侧，号恸几绝，悲戚之至，遂成心疾。尤痛兄乏嗣，止遗一女，养育婚嫁，无异己出。聊寄爱兄之心而爱弟，一如爱兄。凡公共赏财，听弟取用，即析居后所自置基地房屋，犹然分拨，毫无吝色。孝友之纯笃如此。他若偕琴瑟和而能肃，殆梁孟之遗范欤！尊师友，饬后嗣，与正献之家法无殊。重然诺，初终不改，一今之季布也。故愿托为廉蔺交者众。公之品行如斯，视世之重财贿、伤胞与、薄伦常者，相去奚啻霄壤乎？夫才德克备而不获黼黻皇猷，似若未丰其报，然延诗书之泽于无穷，而启后人之继承者，正未可量也。

公生崇祯戊辰九月廿一丑时，卒康熙丁巳八月二十子时。卜葬于兹，山明水秀，佳气郁葱，诚青鸟所授之牛眠也。公得窀穸于斯，天之报施善人岂有爽乎？配孙氏。子四：长丹升，邑庠生；次龙迅，杭郡庠生；三丹遹，例监生；四丹赤，仁和庠生。女一，适庠生金鼎铉。孙男；长茎，次锦。余莅萧以来，稔知望族，陈氏最为醇厚。而公之积德好义，又族之翘楚焉。令嗣丹升与余有师生之雅，一日衰绖捧宫詹学士石公周老先生所为状，谒余请铭，将以勒石。谊不容辞，因序而为之铭曰：

公德流芳，爰宅是堂。固而且康，世世其昌。

时康熙辛酉九月，文林郎、知萧山县事姚文熊撰。

同治八年《唐里陈氏宗谱》不分卷

192

周成吾暨妻徐清源墓志铭

成吾公暨配贞节徐太君合葬墓志铭

赐进士第、中宪大夫、江西提刑按察司副使杨廷筠撰文
中宪大夫、云南提刑按察司副使戴尚志篆盖
江南池州府建德县教谕、举人黄三尚书丹

　　昔余观江南北十四国之风，首以扬厉节义先。所司睹诸郡邑愿闻之于国者，多奇节异行，而未必一矩于圣贤，惟萧周节妇徐氏足称焉。盖始令成安而稔其事于冢子有科，时副予以补所不逮，皆根极道德而润以文章，有古循良风，则奉母氏遗训也。后登其堂，得瞻遗像，及其仲子有为、季子有志，雍雍礼度，友爱怡然。庭楹之间，多书母氏遗训，出其家乘及诸缙绅咏歌传纪、郡邑志。三人详其事，各泪下如雨，余亦为之楚然。今戊午，将以十月十八日奉节母柩启先窀而合窆焉。以余谊属通家，知最深，厥子科持状踵请志铭，其心犹以先子葬失志为恨。余曰："志节妇者，志儒士成吾君也。"遂为之志曰：
　　夫周，萧之著姓也。系于姬姓，国初自诸暨南门迁萧之来苏里，遂称来苏周氏。自恭五提举以下，为克恂，为雅德，为止庵，为敬斋，凡五世皆好学励行，代举大宾。再传而文学静轩先生枢，受业王文成公，生三子，季则成吾公，大器也。少有异资，读书蜚声艺林。尤笃孝友，二十三赘于徐，得节妇，贤而多才。方苦志下帷，而病瘵久之，终不能起，年三十也。遗二襁褓，一尚在腹。节妇年二十六耳，出自文学徐桂轩公尧弼。节妇名清源，幼极聪慧，通《孝经》《女训》《内则》及《素问》孝慈诸书，穷理窥微，较胜名宿。谨言笑，饬容止，父母极珍重之。十三，时闻周业中落，即食粗衣恶，服习勤劳，用意已不凡矣。至十九，桂轩公赘周于家。周素尪弱多病，病辄危。节妇身察脉治方焦神，昼夜衣不解带者三年，病始闻。随病首，疮痛极不能贴枕，即解体枕之；毒结于鼻，臭不堪闻，即口为之吸。如是经年，百方不能起，吁天不能代，执手而诀，痛极几绝者再，水浆不入口，仆尸傍，志在必殉。父母强起之，不得。故饿其儿，至啼声欲绝，始惊起，泣曰："我为尔辈作一未亡人。"乃治丧葬事，身自相地，得兆于山阴之金鸡山，并治己圹于傍后。墓前屡产紫芝，咸称节义之感。

　　方周之逝也，哭亡救存，皇皇失传其真，节妇伤悼不已。餐寝俱废，执笔哀想者经月，恍若一见周面，随手描出，如生成时。秋月渐高，因题于容，额曰："此月有时缺，此心原不亏。我将一生心，常同月圆时。"又曰："夫君实先亡，今日若见汝。恨我笔无神，描来不会语。抚遗孤，携幼女，斗室县寡身。侣疑象，又疑真，白日梦中人。"见儿数数指："这是你爷亲，我死儿宝珍。莫负我当年苦心悬像于室。"示儿女曰："汝父两目睁睁，望尔辈耳。何日得成立，令尔父若生耶？"蓬垢攒眉，拮据靡怠，内而米盐，外而徭役，极心力以筹画。更得桂轩公卵翼之，故中衰中业骎骎复而培之，且纺绩外即亲课经义。尝因夜读，题灯屏以勉儿曰："然火为黄昏，如何闲白日？常思灯下心，发愤宜忘食。"仲补博士员，孟、季不偶有司，业为掾而敦诗说礼，推重士林，则节妇谆谆以名教为训也。节妇律身甚严，起止有度，戚属里闾罕得一见其面。俗尚靡，终身素朴；俗好优，终身不睹；俗喜神社佛会，终身不谭。值戊子岁大祲，设糜于家以食饥，出粟于官以为众倡。邑人效之，赖全活者无算，曰："吾不崇佛教，即此是佛心；吾不信轮回因果，但令现在子孙踵而行之，即是轮回因果。"

　　厥姑早逝不及养，舅老病，发落如僧，迎养艰于就徐。知其意，乃薰丝为之，发鬓俨然，舅对照始悦而就。后伯母故，欲贷节妇穴葬，即慨然曰："吾宁窄穴以附夫，毋因地以伤和。"遂让己地瘗之，宗姻皆义其事。岁时伏腊，祭必丰洁，衰年遇讳，哭必尽哀。贞操四十年如一日，郡邑上其事，部使者凡九旌其门。厥后三子成立，或儒林宿望，或宦迹著声，俱恭让孝友，为一时人伦冠冕。诸孙鹊起，男女长幼欢然无凌竞之色。节妇曰："是可以还报先人矣。"当成吾殁时，痛极成痞。庚寅岁，旧疾陡作，谅必死。时寒食风雨，必力疾往哭墓，培其墓木而返。预知死期在八月七日，届期将革，仲子请自题其容，时手不成书矣。但口占云："黄泉归告遗孤好，遗像幡然愧本心。"更请遗命，但作联云："至死不变，无忘立尔儿曹；事亡若存，只要友于兄弟。"又曰："尔兄弟皆知礼，能终身守此，一如孩提，吾愿足矣。复何言哉？"命理发断爪，复出一囊，令共火之，则成吾遗爪，潜佩四十年，子女亦不及知也。创为浴衣，令浴不见体。整衣端坐，瞑而问曰："汝等闻异香否耶？"不三问而卒，卒时年六十有三。远近惊悼，郡邑大夫亲祭奠焉。

　　夫立孤而进于德义，全志而默符圣贤，古共姜孟母，能专美乎？成吾公与节妇两不朽矣。铭曰：

维姬之允，名行是笃。厥配其姜，痛夫不禄。

誓死存孤，椎心恸哭。遗像谁描，吉藏谁筑？

传节为孝，报贞以禄。紫芝发祥，异香满屋。

天昌其后，地护其域。剡岭余风，娥江比馥。

郁葱嘉气，金鸡之麓。

万历四十六年戊午十月十八日。

光绪十五年《来苏周氏宗谱》卷五

周之麟墓志铭

简斋公墓志铭

康熙三十年十月五日，通政使周公卒，朝廷悼焉，赐祭葬。阅八月，元配施淑人又以讣闻，其年十一月二十八日合葬于邑南来苏乡之原。先期令嗣生泰等奉状请志及铭，曰："先君之得交大人也阅三十五年，乡同举，宦同僚，居同邸，知先君者，莫大人若也。去冬辱大人祭，情深语挚，殁存惨激，乞赐志铭，以光泉壤。"余曰："吾志也。"

按状，公讳之麟，字石公，号简斋。其先出自道州元公后，一迁祥符，再迁暨阳。元季兵乱，讳副者徙居萧之来苏乡，萧山周氏所自始。越数传，成吾公赘居治南徐氏，因家焉。成吾早殁，其妻矢节抚孤，部使旌门者九。子三人，其仲则及泉公也。及泉生辨我，辨我生自求。自求公者，公之父。辨我公者，公之大父也。皆因公贵，累赠中大夫、都察院左金都御史加一级。公生而颖异，敦孝友，师事季父骏天、伯兄文伯。家庭讲习，学问富有。丁酉举于乡，己亥成进士，由庶常七转而为东宫学士。以不附权贵，八年不调，左迁卿贰，旋擢中丞，典秩宗，掌纳言，爵以序进，绩由位显，历试诸艰，循分自尽，固国史所详，无烦更仆数也。

公性和而介，识朗而高，居宠不矜，居贫无怨。与人交也，温恭剀切，至非分之干，不少假以色。分校礼闱，典武乡试，所拔皆知名士，为朝廷得人庆。侍宴瀛台，宠眷优渥。及居风宪，地位尊崇，意气常有自下者。衣无杂采，食不兼味，常戒诸子曰："一生惟有真实俭约四字。"迨至盖棺之日，储无旦夕，殓无周身，囊无十金，产无百亩，其素所操持者然也。太傅王公曰："信心独往，不事安排。"抚浙中丞张公曰："朴实恬静，得之天性。"宫端高公曰："德舒才敛，位崇心小。裘葛三年，蔬食一饱。"少司农蒋公曰："方易箦而奔视，几于殓无袆而襚无衾。"少冢宰赵公曰："有冲和之度，而人不得而玩狎；有廉静之操，而人不见其矫激。"改调同寺，人以为绌而未尝有郁抑之意；特简金宪，人以为喜而未尝有自得之容。此皆知公之深道，公之真也。

公生平大节本于性成，加有贤助相表里。淑人施氏，同里著姓庆之公幼女也。当未遇时，躬纺绩，操井臼，公因得专举子业。居京邸，凡朝会祭享，鸡鸣待旦，不先时以劳公，不后时以偾事。及公司执法，退食之暇，必请曰："今日全活几何？"其恻隐与公等。公素不蓄妾，淑人曰："吾闻士大夫多媵侍，繄尔独无？我善病，不能理家政，可择充是职者。"公曰："吾终身不二色，慎勿言此。"公所自信而淑人不嫉不忮，于斯概见矣。

公生于明天启二年壬戌十一月初一日卯时，卒于康熙三十年辛未十月初五日亥时，享年七十岁。淑人生于明崇祯二年己巳四月十七日辰时，卒于康熙三十一年壬申六月初四日戌时，享年六十四岁。子七人，孙二十人，曾孙十人。芝兰济济，弈世彪炳，清白所遗，其后之克昌也固宜。淑人少公七岁，其后公而卒不逾年，可云两美必合，白首同归已。铭曰：

生同荣兮死同穴，南山之阳荫松柏，千秋万载安汝宅。

赐进士出身、资政大夫、经筵讲官、兵部尚书门年眷弟杜臻顿首拜撰文，赐进士及第、通议大夫、工部右侍郎门生李元振顿首拜篆盖，赐进士出身、文林郎、刑科掌印给事门生岳峰秀顿首拜书丹。

光绪十五年《来苏周氏宗谱》卷五

周国龙墓志铭

乡进士黄岩县学教谕恂庵周公墓志铭

《周氏宗谱》封面

公讳国龙，字允伯，号恂庵，宋濂溪道国公廿三世孙也。幼颖异，受业于舅氏史宪臣先生之门。好读书，必求甚解，尤精于《尚书》。节融句释，人有诹者，叩而竭焉。于古文靡不观览，尤酷嗜史汉，无论坊刻与时贤所著，用之雅驯者，浓加圈点，反覆叹赏不置。习举子业，雪案萤窗，几经攻苦。年未弱冠，会国朝定鼎，补武林仁邑弟子员。闻公父无公公，讳维高，智圆而行方，课子有法。

公性孝友，上遵严训，事高堂能竭其力，下董诸弟，出入族党间，凡所以弥缝而涵育之者靡不至。以故仲叔以下，或食饩黉序，或名通仕籍，皆公倡率之也。公生平不苟言笑，恶声不听，恶色不视，严毅刚方，不屑苟同流俗。聚徒讲学，寒暑不辍，同异姓中凡受业于公者，咸奇伟秀拔，试辄冠军，以故乡国间无不欲公拥皋比、开绛帐者。年方壮，元配郭，有二女而无子。公有忧色，郭遂欣然为公娶妾蒋氏，嫡庶之间昭合无间言。后数年连举二丈夫子，公抚摩之，皆岐嶷特立，资器不凡，而后喜可知也。

第天欲老其才，首试辄踬。乙卯岁，天子特简徐果亭夫子主试两浙，余幸附骥尾同举于乡，时所拔皆知名士，如陈介眉、仇沧柱、吴容大辈，不可胜数。公车北上，努力淬厉，长安客邸，时相往来不绝。余幸获一第，而公名数落。余慰之曰："无伤也，当益自奋耳。"后数年，选授黄岩学博。夫黄，荒邑也，文气素卑靡。公甫至，即以起衰为己任。每月必有课，取其文而甲乙之，无不信说，士风遂翕然丕变焉。

公生于天启丁卯年五月二十三日丑时，卒于康熙三十七年戊寅十一月二十日酉时，享年七十有二。元配郭氏，生二女：一适庠生丁遇，一适庠生陈学彰。侧室蒋氏，生二子：长君濂茂，仁和学生；次君濂文，国学生。孙五：长祖望，濂茂出；次在丰，次祖岐，次宅镐，次宗洛，俱濂文出。孙女四：一适丁锡仁，一字张琛，一字来　，一幼未字。今卜葬于本邑石宕山之阳，两嗣君以墓志请。余忝年谊不能辞，然亦不敢诔也，遂迹其实以志之，且为之铭，其辞曰：

惟公之文，元气细缊。朴茂而淳，惟公之行。
恭俭庄敬，严气正性。歌鹿鸣来，司铎黄岩。
以斗以台，瘗宕山巅。钱江带焉，于斯万年。

时康熙甲申仲春，经筵讲官、内阁学士兼礼部侍郎年眷弟许汝霖拜撰。

光绪十五年《来苏周氏宗谱》卷五

於士宏墓志铭

皇清例授文林郎乾隆丙午举人於君墓志铭　 显二房十七世

同里汪辉祖撰文

汤金钊书丹

　　邑有孝子曰於孝廉汾筼，余兄事三十余年，踪迹不常合并，而音问往还，时以道义文章相切劘，不啻日相见也。岁丁未二月，余之官湖南，道义桥，君走送江干，曰："子行长百里矣，幸爱人自爱，为吾党光。"日诵君言自警，得免大戾。越五年而君凶问猝至，念临别之语，百感交集，不能甘味者数月。明年还里，孤保延奉其叔父汝夔所撰行述，乞为君志墓。余不能文，而义不敢辞，属笔蠡然，迟久未有以应。保延诚请益挚，因勉为之。

　　往余未识君，即闻赠公性豪迈，喜与人饮至夜分。君每沽治酒肴，邀与赠公相得者饮宴为欢。赠公或饮于邻，夜阑，君必潜匿其主人庑下，祇伺不令主人知，亦不敢进问。赠公出，笼灯扶掖以归。私心窃慕其为人，己卯试于省，介君戚王德兼，附君寓舍，共晨夕者二旬余。无戏言，无邪色，益敬而爱之，君亦雅不余弃。其后遇省试，必同舍。君故魁梧丰硕，丙申十月遇于途，形貌焦黑，发白而齿多脱。德兼曰："君遭外艰，丧甫卒哭故也。"吊而慰之，君潸然曰："吾父之养，赖兄弟力。吾不能治生，吾父命吾授徒，力学冀博进取，而吾不肖。吾父赍志以终，吾将无以为人。"言已，复泣，余亦为之泪下。

　　初，赠公望子孙科目起家，于塾旁筑小室一楹，仿闱中号舍，兀坐皆置窄板，应试者遇课日食息其中。谓习此则入闱宽绰，可以从容构思也。至是，君间日一课，课必作举子文三篇，寒暑不废。试屡踬而志愈坚锐。丙午七月，重困于疟，继以下痢。太孺人止勿西渡，君力疾自奋，勉终闱事，因得售。盖君年二十五补学官弟子员，又二十七年试高等食饩，又六年举于乡，年已五十有八，而太孺人年八十有四矣。戚友谓君摧抑过甚，郁极者必通，力劝上计。而君不忍离寝门，言者竟笑其迂。太孺人习闻之，亦趣君治装。会余由京师归，君过访，余曰："如兄者其报国日长乎？"君曰："吾母老，万无行理，计决矣！"遂不行。其年秋，太孺人疾作，君适患末疾，蹇于步，日夜侍床侧，手治汤药，不以假诸弟。

太孺人病剧，目犹注君，微闻喉间作声曰："读书人果不差。"于是向之笑君者翕然赞叹，君之纯孝为不可几及也。

夫亲之于子，无不望其成名，而年齿衰老，则又不乐其子之远离。余三应礼部试，皆报罢辄归，吾母色无少愠。乙未濒行，吾母曰："此行愿儿中，并愿中后早还。"余见吾母微有戚容，欲不行，装已首路。吾母曰："儿无虑，吾年止六十余，必可见儿中也。"比揭晓而吾母前逝，附身附棺，未能亲见，终天之痛，万悔难追。视君之眷恋庭闱，克当大故者，罪难擢发数矣，尚敢腼然为君志墓哉？曩之屡同试寓者四人，家克标最长，君次之，余又次之，德兼差少，今亦六十有三。自君之卒，克标不再试而殁，余病且懒，块然自守，距德兼不数百步，不获时时过从，朋友聚散之感，又忍言乎？

君以敦行为教，不专文艺，从君游者皆以修谨著闻，古所称人师者亦无过焉。生平行事惟自尽其分所当为，而无务外求闻之，念故居游不出里闬，名誉不越乡闾。洎其下世，同怀者痛之，同里者思之，交口传述，笃行之名乃渐播于邑郡。向使早得通籍，以其修于家者发为事业，度必更有可传，而惜乎其止于是也！

君号汾筼，字体乾，讳士宏。考讳振，妣张孺人；祖考讳三友，妣来孺人；曾祖考讳志德，距迁萧始祖元萧山县尹善为十七世孙。赠公子四，君居长。生十二月二十五日，为雍正七年，卒四月二十七日，为乾隆五十六年，年六十有三。娶韩氏。子一，保延，县学生。女二，来肇缙、王之焘，其婿也。孙五：青来，县学生；宾来，国子监生；东来、凤来、声来。以某年月日葬某原。铭曰：

匪早衰，心力尽。子职全，身亦殒。

惟孝友于天所闵，克蕃厥后勿替引。

民国八年《萧山於氏宗谱》卷三

於盛斯墓志铭

萧山於君墓志铭　显四房十八世

　　君讳盛斯，字克振，号松崖，其先陕西人，自元进士杭州推官讳善迁萧山县尹，发闻茂绩，肇居萧山。君祖讳溥，不仕；父讳名祥，蚤卒，赠奉政大夫。君幼失怙恃，自力为学，从诸父耕作，辄带经，乘间默诵，夜以继日。弱冠入邑庠第一，声誉蔼郁。性笃孝，尝以不逮事父母不如无生，每岁时祭祀悲不自胜，积哀之诚通于梦寐，觉而识之，绘象以祀，人以为逼肖。平居赒恤族党称其力，靡不至。里人子以贫欲鬻妻，君亟止之，而厚赍之。其与人重然诺，喜道人为善。有争斗者，君徐以义理开喻，皆悦服，曰："於公幸教我。"即解去。族姓无少长，有过失皆畏君知。终君之世，无诣吏者。

　　凡十三应乡举不第，年五十，即不赴试，犹日坐家塾教宗族子弟不衰。今夫士读古人书见古人行事，宜若有以自异，乃或饰行以盗声闻，万一徼幸取科第，其行事大概无以取重于人，若是者又足多乎？然则居于乡为处士，躬行信义，使宗族乡党钦其德，畏其教，如君者，其亦可以传矣。

　　君以乾隆甲辰正月初三日卒，赠奉政大夫、兵部职方司主事加二级。夫人姓倪氏，端良淑慎，齐家睦姻，克成君之志。乾隆己酉正月二十八日卒，赠宜人。嘉庆戊午十一月十七日合葬于萧山之姚公山麓。子二：长铨；次灿文，嘉庆庚辰进士，今官兵部职方司主事，余典礼闱所取士。至是，以其先人墓碣请铭，遂序而铭之，铭曰：

　　　　植道而赢，生胡不荣？
　　　　亶立厥配，惟德之行。
　　　　是煮后嗣，以鸿其声。

　　赐进士出身、诰授光禄大夫、经筵讲官、太子少保、国史馆正总裁、协办大学士、吏部尚书兼管顺天府府尹德州卢荫溥拜撰。

於王臣墓志铭

国学生恩赐修职郎史邨公墓志铭　显四房十七世

　　盖闻求木之长者必固其根本，欲流之远者必浚其泉源。《传》曰："积善之家，必有余庆。"又曰："为善无不报，而迟速有时。"世固有修德于身，责报于天，取必于数十年之后，而卒不能及身亲见者，乃亦不可胜数，而惟我公则不然。

　　公讳王臣，字良佐，号史邨，元赐进士国平公至正八年由杭州推官改任萧山县令讳善公十六世孙也。其父昇如公，有逸才，以诗酒自娱。其祖母黄太孺人，青年矢节，名详府志。公幼失恃，赖祖母抚养至于成立。敦孝友，尚气谊，偃扉拥卷，折节读书，言语周旋辄有老成人风骨，里中多伟之者。后不得志于有司，例入成均，不复留心翰墨。公治家严肃，不尚奢华，然律己庄严而不知处世之和易也，居家节俭而不知与人之慷慨也。岁大祲，公为之散财发粟，恤贫乏，赈困穷，族中赖以举火者不可屈指，而公绝不居功，若无与己事者。如是而公之名益著，而公之行愈纯。

　　公族居住数十世，宗庙未营，公慨然起议，率族人鸠工庀材，倾囊解橐，绝无吝惜，数载而祠宇告成。乃知公之行事，其卓卓可传者，又岂仅置良田、新堂构、广门庭，为其所艰难而手定哉？彼世之声势相逐，气力相煽，矜才智而自利自私者，闻公之风其亦可以少愧矣！昔太仆归熙甫先生有言曰："有过人之行者，必有过人之遇。"公年逾古稀，精神矍铄，杖履自如，含饴舞彩，绕膝牵衣，望之翩翩若神仙中人。乾隆丁丑、乙酉，叠遇南巡，重膺粟帛，而寝昌寝炽，五世同堂，极人世难兼之事而竟兼之，殆所谓其源深者其流远，其本固者其木茂，天之报施善人，为何如耶？吾于是而知於氏之兴，未有艾也。

　　公生于康熙二十年正月初一日子时，卒于乾隆三十一年八月十九日，享寿八十有六。德配蔡孺人，生于康熙十九年正月廿三日亥时，卒于乾隆七年五月初五日，春秋六十有三，合葬于萧南史村阳宅之东，其墓右即公之襟亲曹承武公也。配蔡孺人，四德允娴，无惭内助。生子一，讳朝骥，娶承武公之女。孙二：长茂传，次学传。其曾玄辈皆卓卓可称，克振家声。

　　余自维固陋，不足以铭公盛德，而谊属葭莩，又与其孙茂传昆玉为束发友，共寒暑有年，公之嘉言懿行，实而有征，夫何敢以不文辞？铭曰：

维公令德，抱璞含真。一乡善士，百里贤人。

学不干时，行无惭影。味道之腴，游心于静。

薤露易晞，隙驹难系。大雅云亡，哲人已逝。

牛眠卜吉，马鬣营封。山围水绕，秀毓灵钟。

安其体魄，溯厥仪型。殁而不朽，敬述斯铭。

时乾隆乙未仲冬月，姻再侄庠生晓塘韩纶顿首拜撰。

民国八年《萧山於氏宗谱》卷三

郑坚墓表

明故承直郎庐州府通判前河南道监察御史致仕郑公墓表

资善大夫、南京吏部尚书致仕同邑魏骥撰文
资善大夫、都察院左都御史慈溪王成书丹
奉直大夫、翰林院学士兼修国史芝山邢宽篆额

　　承直郎、直隶庐州府通判致仕郑公，年八十，以景泰三年三月初六日卒于正寝。明年九月初九日葬邑之北干山祖茔之次。先期，其子祥等砻石征予表其墓。呜呼！公与予同里闬，同游庠序，长予一岁，自少至长相知惟深，今其已矣，予何吝而不为公执笔乎？

　　公名坚，字克刚，号春风。曾祖玉，祖父德诚，父有恭，先妣徐氏。而祖与父皆及见之。端懿贞悫，庞眉皓首，皆年逾九十。遇岁时乡饮，邑大夫必延之为大宾，盖世德之家也。公笃志于学，明《毛氏诗》，膺荐升太学。永乐初授江西乐安知县，三年从黔国公沐征交趾。一日，黔国公命公莅斩一叛妇，公察其妇有娠，白于黔国公曰："夫叛而妇从之，且有娠，斩一人而可伤二命乎？"黔国公是之，即释其妇死。未几，复往乐安。丁内艰，服阕抵部，署通政使司经历。司事时，四川邛县有私冶铁造军器者，事涉藩府。上命公往莅县事，仍授以密旨。公至，廉得其事，具实以闻，遂膺驿召拜监察御史。久之，转安庆府推官。属邑桐城豪右倪宣占据道士范本源观基，本源白于府，经年不决。公鞫宣曰："汝乃据观基，既非汝宗祖所遗，又非汝财贿所得，汝何得而有以为己业乎？"宣知其不可以贿动，即俯首无言，以归于观。九年，升辽东都指挥使。陈容犯法，狱具，请托当道，欲脱其罪，致嘱于公。公曰："吾为断事，知有法而已。屈法徇私，吾生平所不为也。"当道者遂不敢再言。三年，以外艰归，服阕调直隶庐州府通判，专典马政。其断为所致，见于兹次行者，老而弥笃。六年，考最，以年逾七十获致其事。鹤发乌纱，优游乡井者十年，人羡之为神仙中人。

　　配徐氏，事夫教子，甚得为妇为母之道。男四：柱、祥、方、京，为疏财仗义纲纪家事，得父母心。女三：一适刑部主事慈溪王复，一适同邑沈理，一适富升。孙男七人：复、循、昱、寅、旦、嵩、冕。孙女六人。呜呼！人孰不仕，

仕贵乎有始而有终；人孰不寿，寿贵乎有年而有德。今公至此，可不谓之仕有终始而寿有年德者哉？铭曰：

> 圣世之英，德门之裔。所蕴诗书，所由礼义。
> 遹膺乡荐，荐登膴仕。既历郡县，亦典风纪。
> 在在有声，不忝付畀。引年而归，优游闾里。
> 高寿令终，世其能几。干山之源，千古托体。
> 敷佑后人，悠悠福祉。

民国十三年《萧山郑氏宗谱》卷三

郑镛墓志铭

丰山郑公墓志铭

直隶睢宁县尉丰山郑公以寿终于家，停枢于堂三载，己卯冬将归窆焉。先期，仲子邑庠生安与余为姻娅，乃持状抵任，征余作铭。

余按状，公讳镛，字邦用，别号丰山。曾大父善士，大父天祥，父凤，以明经教授，赘石板巷王斯藩女。生三子：长讳录，号南塘，奉例授职；季讳镐，邑庠生，号小峰；公其仲也。甫九岁失怙，鞠于母氏。比长，赞兄起家，诲弟入游黉序。执母丧，极哀尽礼。正德庚辰，奉例考中邑掾，嘉靖乙卯，授睢宁县尉。河决凋敝，公抚循有方，综马政，弭寇窃，剔奸祛蠹，士民咸颂其贤。冢子守继登仕籍，而公亦三载考绩，将蒙升擢。顾以痰疾间作，乃浩然归田里。诸业与兄弟同营者悉无所取，置田宅以居兄，让田捐资，奉先思孝，御家严肃，延师教子孙一无悭吝。其素履端懿，不茹懦，不吐刚，正直如此。丙子岁，建佳城为全归计。越一载告终，伟哉！昔人谓吏隐君子者，公其俦耶？

配王氏，长山王万石女。生三子：长曰守，任福清县主簿，取大桥瞿隐吾女；次曰安，邑庠生，取西河沈哲吾女，继取苏潭蔡万川女；幼曰宾，取苎罗王静湖女。生三女：长适凤堰桥任希儒，次适车里王谕，幼适西兴庠生孙应松。孙男七：守生知畏，娶东桥史让轩女；知省，聘任养元女；知几，聘史村汪治女；知戒，未聘；宾生知礼、知乐、知教。孙女四：守生女，一适何汝忠，一适庠生王三接；安女一，宾女一，俱幼未字。公享年七十有八，生于弘治庚申正月初九日寅时，终于万历丁丑七月十七日巳时。万历己卯冬十一月初七己酉日未时葬于新建排马湖富家峙山。铭曰：

郑氏之族，其来有自。萧山之派，代多文士。
笃生丰山，明经明例。孝亲睦族，多闻闾里。
为官善政，绰有声誉。居家严肃，维有贤嗣。
寿考令终，无忝付畀。湖山之源，千古托体。
子子孙孙，永绥福祉。

赐进士出身，观吏部政同邑眷生凤亭何世学拜撰。

民国十三年《萧山郑氏宗谱》卷二

郑舜尚墓志铭

北山郑公墓志铭

万历四十四年丙辰二月十七日申时，余师明经乡贡士北山郑公年七十有三，以寿终。越载，归窆于新建排马湖包家湾阳夏山。世兄文兆等征余志之，义不敢辞。

谨按，余师宋户部尚书讳熇之后也，世居邑之韩家巷。高祖讳艮，郡邑大宾。曾祖讳驷，德寿冠带。祖讳思智，三考冠带。考讳尧辅，号南泉，妣徐氏，生一子，余师也，讳舜尚，字于德，号北山。生于嘉靖二十三年甲辰十二月十六日辰时，为人容仪敬恪，襟抱刚方，冰檗之操，始终一致。治生不事乎田产，而所嗜者惟古人书。故为学晨昏不释手，谭经明快，底奥无遗，并视世间人咸可造乎圣贤之域。交接怡怡，引导不倦，虽寿臻古希，英气不减，畴昔所以慕师学者咸乐门墙，仰师教者莫不愿为弟子。繇是桃李盈庭，多成大器。窃记在及门时，尝语余曰：“读书以明理为贵，以致用为宜，理明则用自裕，毋庸躐等为也。”又曰：“为政务公平，圣贤之训。有莅民之责者，无论职分大小，皆当佩服斯言。”要知师之教及此者，皆师之学为之也。惟师具此学，是以宾荐明庭，以征读书明理之效。至其处家以孝以义方以和，恒无倍越而家政雍雍齐整，此则明家国一体之理，治家政如斯，国政亦如斯矣。非佩圣贤之训而裕其用者，宁有是哉？不意修身以俟，未及一用而终，徒为沧海之遗珠耳。

配严氏，慈教有方，为妇为母，孔得其道。生三子：长曰文兆，明经拔萃；次曰文允，为邑庠生；幼曰文旭。生二女：长适西桥洪缙，幼适临浦庠生陈王仁。孙男一十四人：日章、奎章、岳章、龙章、羽章、彝章、藻章、焕章、谷章、云章、宸章、汉章、黼章、端章，皆英英俊秀。孙女二：长适武举人周鼎，幼适庠生陆应望。曾孙一人，时惟在幼。呜呼！师之才学虽未得展于用，而道德之所钟，厥子厥孙，宁不受其贻泽耶？铭曰：

储精兮水长，萃秀兮山阳。
人杰兮地灵，积厚兮流芳。
道学恢宏兮，文献孔彰。
德行纯全兮，嗣世其昌。

猗欤我师兮，赫赫有光。
信哉厥后兮，悠悠不忘。

赐进士出身、知顺天府事门生王三才顿首百拜撰。

民国十三年《萧山郑氏宗谱》卷二

郑日章墓志

伯闇公墓志

曾祖考讳舜尚，字于德，号北山，明万历壬子科乡贡进士，妣严氏。祖考讳文兆，字启祯，号东明，天启辛酉科乡贡进士，任江西广信府上饶县儒学训导，转处州府宣平县教谕，再转处州府教授，妣山阴山栖李氏，为邑大姓。生先府君于万历十八年辛酉六月之二十五日，府君讳日章，字伯闇，生平忠信笃敬，不妄作，不妄言，恬澹寡营，慈心率物，处乡党宗族敬而且和。人无间言，足迹不至公庭，享寿六十有四。妣翁氏，山东蒙阴县县丞同邑耀湖公女也，少府君七十日。仁厚端淑，逮事祖考妣，维孝维谨。相先府君则勤顺，处妯娌则敦睦。生先兄祖仁，字大生，为邑廪生，文学有声；及祖侨。女二：长适同邑庠生张佩玉，次适同邑郎。已有孙四人：大成、宪成、德成、有成。

皇清顺治六年己丑三月十六日，我妣先府君殁，以贫故，猝鲜善地，遂厝于竹林寺后园。顺治十年癸巳四月三十日先府君又殁，相去四岁也。以先兄命，奉柩与妣合厝。不数岁，先兄大生先生又殁，年四十四耳。家之不幸，一至于此。茕茕孑立，顾影自伤，绕墓呼号，痛彻心骨。盖详审墓地，有大不安者，将别图之，又苦无力。第思即近改葬，求可以妥先灵者。维天垂念，即此片壤间，离旧厝地不数十步，可穴焉。于是乘新丧而筑土，披宿草以迁棺。考棺无恙，妣柩多伤。仰首呼天，负罪无地。谨舁以安葬而祔先兄于左。撮土尽属肩成，寸木无非手植。阴基阳址，所幸接壤。朝暮出入，庶可瞻依。但我兄既不克稍伸厥志，而侨又无所肖似，不能显扬于万一，敢叙次其概，俾后得所志焉。倘有显者，庶其表之！呜呼痛哉！

康熙八年己酉秋八月望日，男祖侨谨志。

康熙三十年辛未九月十有九日改葬考妣于西山王家河新茔，先兄暨嫂胡孺人仍祔于右。男祖侨，孙德成、有成、允成、九成谨志。

民国十三年《萧山郑氏宗谱》卷二

郑崇礼暨妻吴氏墓志铭

皇清例赠文林郎敬夫郑君暨配吴孺人合葬墓志铭

萧山郑君豹文,馆予冠山伯兄家,间借予架上《通志堂经解》日夜手钞不辍,予心嘉其耆学之勤也。闻其尊人敬夫先生病而好学,赍志以殁,其母吴孺人教其子尤切。君既发科而有志于古,盖能善体亲志者,已而闻赴归,将合葬其父母,而泣请予为铭,曰:"不孝不获显扬表彰吾亲,然得立言之君子为阐其幽光,则是吾亲可不朽于九原,而不孝之罪稍释矣。"

君郑姓,讳崇礼,字敬夫,其先由遂安迁萧山,居城中,曰郑家巷。父斯美,貤赠修职郎、山东兖州府经历,母徐孺人,生子三,君其长也。幼读书,患痰喘疾。及壮而剧,间旬日则发,发即上气不得息。既丧二亲,孺慕梦中,尝呼父母不绝。妻吴氏,同县人,善事夫子,调养其疾病无怠。有子三,而督其次子豹文读书以继父志。先生年五十而卒,卒后十六年而豹文举于乡,其母曰:"汝父不获见汝之捷,然汝无以是为足以慰汝父也。汝家先人东明公所著《见闻日录》,嘉言懿行具在,汝以是为师,则足以慰汝亲矣。"豹文识之不敢忘。又十年而吴孺人以疾终,年七十有五。

先生生于康熙五十二年六月初四日巳时,卒于乾隆二十七年二月初二日辰时。孺人生于康熙五十一年十月二十九日戌时,卒于乾隆五十一年八月十一日子时。子嘉谟,江西大庾县小溪驿驿丞;豹文,乾隆丁酉科举人;乐武,先卒。女二,孙三:敦宗、耀宗、联宗;孙女五。乾隆五十二年七月二十日合葬于北干山徐家坞。铭曰:

> 宁移山而掊骨,毋揠苗而本蹶。郑君有后,勤矻矻。
> 为蓄为畲,兴也勃。有如不信,视此碣。

赐进士出身、诰授资政大夫、内廷供奉、吏部右侍郎、提督浙江学政大兴朱珪撰。

单无咎墓志铭

补斋先生墓志铭　第七世

万历戊子仲春之五日，补斋单先生卒于正寝，遗言曰："吾生平砥行力学，训迪诸门生，多致贵显。今虞部张子在，得若文志后事，吾不朽矣。"余闻之怃然，谓自童龄辱先生教，且托邻姻密迩，濡德最深，义安敢辞，遂撡先生犹子乡进士有学所具状谨志之。

先生讳无咎，字曰悔，别号补斋。其二世祖俊良君，少遇异人，精技术，尝创四柱册式及运水牛车行世，事载邑乘。三传至先生大父纶，饶隐德，为乡宾。纶生襘，配徐孺人，生三子，先生其次也。先生幼沉静好读书，每中夜不休，大父钟爱之。大父殁，先生哀毁几灭性。暨长而博通经史，为文章有声。初赴一试，令秦公大奇之，遂赴郡及督学使者，俱第一。自是历数科试必高等，佥谓高第可立致，乃值数奇。邑先达廉宪来公见其乙酉场卷，叹曰："有士若斯，胡不联名吾门二子乎？"盖指菲泉、龙门二解魁也。先生于理学最深，文艺甚精，阅经史不蹉一字，作古论宛然止斋家法，诸后进争从之游。先生教有法程，随材善诱，率成名士，一时登科第者武林则有许子钥、沈子志辈，山阴则有周子校辈，吾萧则有若黄竹山、竹塘、星湖、韩方塘、玉吾、孙春湖、张玉亭、王仲山暨余兄左川辈，计四十七人，皆出自门墙。于是浙东西学者益艳慕先生，无不以登门为幸。先生与配郁孺人复善持家，勤约而有礼法，遂以大饶。邑侯施公方简富室，任筑城役，独不以累先生，面语曰："先生以道义富者。"见重如此。

晚年馆于仁和姚氏，父子相继师之，下至童仆，咸敬若神明，呼为"单夫子"。盖先生状貌端凝，庞眉修髯，若相肖云。先生尝语人曰："夫人以子弟托我，终身贤不肖系焉。使无益，我何以安？"其措意若此。顾以学不逢时，意墨墨不自得。岁乙酉，奉诏以学行俱优，授为儒官，然非其志也。居常偃息图书不辍，家人笑谓曰："将复应试耶？"先生亦笑，殆其天性然，无他好耳。先生性至孝友，取与不妄一毫，至当义举无吝色。父殁之日，丧葬率如礼。痛父早亡，庐墓三年。见棺有白蚁，恸哭吞之，更为阡葬。待舅氏有加，事继母孙以恭顺著。每怀大父恩，为置祭田。兄无彊，以行举乡宾而苦家乏，先生为任其费。弟无违，幼失怙恃，先生尤抚恤之，坐卧与俱。尝病痛，为捐赀以谢医者。弟后裕，犹助以田，曰："先君奄没时，目犹视，吾誓以'不善抚吾弟者有如日'，目乃瞑，吾以此复先人也。"犹子有文与邻恶少戏而竞，恶少以人命诬之。先生为白诸官，恶少且罥，先生直受之不校。有学自幼以岐嶷称，先生爱而教之，已登贤科，早暮常惓惓训以立身扬名大义。

少时与钱君龙泓友善，后龙泓游京师三十年，先生频念之，促归故庐，老而无依，为赡其匮乏。恕斋徐君以内弟旧学于先生，贫不能具贽，却其贽，兼资以膏火，后为名师。先生遣长孙从之，以贽往，恕斋辞，先生曰："昔君贫而今吾非贫也。"卒遗之。先生少赘于郁，丈氏贫甚，生养死葬之费率自先生。其二子无所居，先生假之庄房，久而不归，亦不以为意。先生作止有度，语言不苟，接人应事一出于诚，奖育后进则如王河汾，表率乡间则如陈太丘，而正心修身则关闽濂洛之嫡传也。居家务勤俭，饬仪节，守先贤，戒不作佛事，且以训谕子弟。乡间好称说古今臧否成败，以致劝戒之意，醇德懿行，表里若一，故无远迩贤愚胥崇敬之无间言。自隆庆戊辰至万历乙酉凡七为乡宾，邑侯亲诣庐迎之，惟恐不就。

先生素善调摄，寡病，逮没时，颒栉正衣冠而逝，若坐化然。距其生弘治辛酉十一月十九日，享年八十有八。郁孺人享年七十有一，其孤有章等将以壬辰岁合葬于石岩，是宜铭之，曰：

> 单出东阳，世称淳良。惟公懿德，益阜而昌。
> 行遵矩度，学擅胶庠。文声籍籍，家业穰穰。
> 桃李既茂，芝兰亦芳。齐眉合德，以享寿康。
> 千秋双璧，永奠如冈。

万历戊辰，赐进士出身、知抚州府事门人张试拜撰。

单无违墓志铭

常山先生墓志铭　第七世

　　岁万历辛巳，余承乏守嘉禾，越明年壬午，入帘董浙试，拔士三人，盖得萧山单子有学云。暨余从浙宪改青徐，而单子之考乡宾常山君暨姚孙孺人相继垇，单子于是斩焉衰绖，匍匐千里叩署斋而泣告予厥状，以乞言曰："不肖荷大人陶铸，先考姚十余褛菽水之欢，惟大人是赖。今欲托鸿笔以垂不朽，亦惟大人是望。"余以单子之志哀，却之非情，其父之行实，陈信无愧，爰为之志若铭。

　　按状，君姓单氏，讳无违，字曰孝，会稽萧然人也。其先有俊良君者，少遇异人，精于技术，尝创黄册，制牛车法，施于民，功拟作者。迨君曾王父璟、王父纶、考孝惠君，祀世有积德，潜而弗耀。君少遭闵凶，生九岁而丧厥母，襁褓甫离，晨昏莫倚，北堂无私厚之囊，负郭鲜十亩之获。孝惠君叹谓曰："吾生若也赘，贻吾忧矣。"盖以君有二昆，皆能立也。君因是策励专精，治生贾以时而就赢，农赖勤而多获。不数年后，业渐以恢，乃翁之言若激之成矣。君有至性，事父母孝，犹推极远祖，严慈永感，一举足而不忘源本念深，睹墟墓而思茸。其事二昆也，严之如父，幼而敦睦，老而弥至。唐家设长大之被，田庭无枯瘁之荆。有任姓者，与君友善，曾有力于君，君德之终身，酬及其子西华，免流离之艰。公叔泯绝交之论，缓急人所时有也。君振人之急，不矜其德，赖君举火者数家。笃谓阳之谊，恤其嗣孙；推伉俪之情，周其二弟。其他施济多类是也。其尤人所难者，曾旅宿于乡，有女怀春，辄效文君丑行，我心匪石，不挑司马琴心。即鲁男之闭户，颜叔之秉烛，无以逾焉。夫其感深羊枣，至孝也；义隆追远，至顺也；常棣孔怀，友于也；伐木嘤鸣，厚德也；捐赀济急，宏惠也；暗室拒妇，大节也。以是乡评推重，长者游扬，邑大夫亦优而礼焉，锡韦布以冠带，坐蓬荜于黉宫，佥谓耆德宜然，而君犹退然不敢当，曰："吾本布衣落魄，赖天之福，得有今日足矣。有何德善，敢辱巨典？"其安分知足又如此。配孙孺人，克嗣徽音。君初苦乏，孺人脱簪珥；君继稍丰，孺人理家政。且其事舅姑有桓少君之节，勤绩纴有公父氏之职，相夫有冀妻之敬，训子有陶母之贤。常山君之克成令德，孺人盖有内助焉。

　　君生于正德己巳八月廿八日，卒于万历丙申七月十九日，得寿八十有八。

孺人生于正德乙亥十二月二十日，卒于万历甲午二月十三日，得寿八十。生丈夫子三，女一，孙男七，孙女四，曾孙男十三。其墓在湘湖塘梓堰山，新迁葬之日则以丙申十二月十一日也。

龚子曰："嗟嗟！自世变江河，人心不古，生存不顾其养，死则谁念始葬，欲图其福远，又奚追竞锥末？或同气而推刃，忽恩仇且落阱而下石；贪得念重，秦越肥瘠矣，好色心迷，穴隙窥从矣。"如单君所为，其当于古人中求乎？语云天道无亲，常与善人，单君所谓善人非耶？乃今身为黄耇鹤算，几于百龄，子发贤科，鸾书待夫九地。天之报施，似足相当，而犹未尽也。君子以是知单氏之永兴也。

浙江布政锡山龚勉撰。

单家桂墓志铭

素函单公墓志铭　第十三世

以下百家之書盡得其奧而庶母以愈自是途以醫學
名世力宗靈素金匱之旨尤精婦科著胎產析疑三十
大卷行於時公性眞摯以祖父母皆蠶逝每祭涕泣號
墓事庶母竭誠奉廿旨二十餘年及殁服衰如所生也
急戚黨之困雖貧無不力爲之嘗應友人招遊京師十
一載而歸里督課諸孫力學里人稱焉公生於雍正七
年十二月十二日卒於乾隆五十一年五月十七日年
五十八配丁氏繼配嚴氏子男三長炳邑庠生次煦候
選府經歷次炎女一適同邑鄭瑝孫五長元杰次秉綸
次陶輔次祿天次元位嗣孫一承緒蓋公之嘉言善行

嗣君煦二年以來所口述者尚不止此僅書其尤皦著
者銘曰
孝慈之理通於神明藝術之極通於性情是以克效其
純誠而克篤其家聲稌孝作忠顯親揚名視吾文爲之
徵
賜進士出身通奉大夫日講起居注官　文淵閣直
閣事詹事府詹事兼翰林院侍讀學士提督江西學政
大興翁方綱撰并書丹篆蓋

單氏家譜卷十四　墓誌

翁方纲撰《素函单公墓志铭》

岁丙午冬，方纲视学江西，得交于萧山单君煦。君精于岐黄内外经之学，其为人通达事理，研求政术。将以己酉春归浙营窀穸，而述先人素函公之行谊，俾志于圹，且将需次筮仕也。

谨按其述略云：公讳家桂，字登荣，一字素函。祖君屏，父子荆，皆世儒业。公幼失怙恃，庶母张抚之如己出。有族人欲夺其田，张忍其凌虐不已，乃曰："彼欲得者田，我欲全者孤也。"卒分给之，乃得安。公夙慧，读书目数行下，及入太学治举子业，文日益有声。而庶母张遘瘫疾，殆不起。公于是发愤，穷极经方,扁鹊俞拊以下百家之书尽得其奥,而庶母以愈。自是遂以医学名世,力宗灵素金匮之旨,尤精妇科,著《胎产析疑》三十六卷,行于时。公性真挚,以祖父母皆蚤逝,每祭,涕泣号慕。事庶母,竭诚奉甘旨二十余年。及殁,服衰如所生也。急戚党之困,虽贫,无不力为之。尝应友人招,游京师十一载,而归里督课诸孙力学,里人称焉。

公生于雍正七年十二月十二日,卒于乾隆五十一年五月十七日,年五十八。配丁氏,继配严氏。子男三:长炳,邑庠生;次煦,候选府经历;次炎。女一,适同邑郑瑨。孙五:长元杰,次秉纶,次陶辅,次禄天,次元位。曾孙一,承绪。盖公之嘉言善行,嗣君煦二年以来所口述者尚不止此,仅书其尤较著者。铭曰:

孝慈之理,通于神明。艺术之极,通于性情。

是以克效其纯诚,而克笃其家声。

移孝作忠,显亲扬名。视吾文,为之征。

赐进士出身、通奉大夫、日讲起居注官、文渊阁直阁事、詹事府詹事兼翰林院侍读学士、提督江西学政大兴翁方纲撰并书丹篆盖。

民国十一年《萧山单氏家谱》卷十四

赵之鼎墓志铭

通议大夫晋赠开府大宗赵公墓志铭

公赵氏，讳之鼎，萧山人，大宗其字也。少倜傥有大略，读书尚意识，不务咕哔，而殚心于经世之学。处士蔡子伯善臧否人物，尝曰："胸怀亮达，博习治术，吾师赵大宗。"何毅庵亦云："吾见大宗，辄谓杜弼王景略世称王佐才，不过如此。"以故一时名士，多造于其门。顾余先季父，赵婿也，事以舅行，且长于予逾十岁，每见必肩不敢并。而公以谦退出入，齿让如友，客人多称之。

先是，公游长安，大中丞天机董公币聘之幕府。会海多游厉，而潢池之归命者，又安置无地。公指陈机宜，且为条奏防海屯插诸方略。当宁是其言，因羁迟易州，士大夫请教无虚日。私念少孤，母太君在堂，孀居者三十年矣。吾负米来此，何可久住，且何足慰母意。值顺治丁酉京闱，举乡试。公以儒士假易州籍对策，主者胡君大奇之，擢第一，为三辅解首。公幡然曰："吾知所以慰母矣。"乃援旌节例，投牒礼部，而勾群公之在朝者为之因缘，部下牒，郡县取结，敕颁度支银两，建坊以旌之，题曰"贤节"。公乃驰归，大治其门垣，易棹楔以石，而题名其间，择日受贺，与季弟乡贡士共扶母坐于堂，亲朋无远近咸俯首拜堂下以为欢云。

既而公子文璧登康熙癸丑科武进士及第，以第三人拔侍卫御前，赐第长安街。适予官京师，闻侍卫君将迎公来京，过其第问之，而公不来。越五年，君奉旨授外职，建牙永宁路。公以家事至永宁，还道京门，予迎留马前，公执手叹曰："吾绝意仕宦三十年，为老母春秋高，未敢离也。今来月余矣，老母年九十有五，尚能扶杖倚门闾哉？"当是时，公年亦七十赢，少抱经济，期有用于世，乃骤丁鼎革，伏处者有年矣。偶一出而头角迸露，屹然跨众首，徒以孝思迫切，思遂养以娱余年，而太君多寿，终其身膝前不少税，遂致万里之才诎以跬步。古所谓"不于其身，必于其子孙"，公之谓与？公居家雍睦，与两弟共衣被，亲朋往来，各姻恤无少间。乡人之感公谊而愿报者多有也。

按邑志，公名宦之裔，先为大都宛平人。元制，邑长籍蒙古，称达不花，凡士人之以科目进身者，率为邑丞簿。迁祖君实公，当至正间由进士金簿县事来萧山，御寇有功，迁江浙枢密院参军，而遂家于萧。一祀学宫，一祀北岭祠，代生贤哲，至公适九世。方期益大而惜其不竟于用，康熙三十一年五月，公卒，距生明万历三十七年七月，得年八十有四。以子贵，诰封通议大夫、三等侍卫加四级，晋赠荣禄大夫。元配徐，蚤世。继配韩，并诰封淑人。子四，长文璧，即侍卫君也。君以康熙戊辰领骁骑征噶儿旦，历迁福建福州协副总兵官，而留镇于湖之辰州，因叙征台湾功，于甲申之冬特授广东高雷廉总兵官，开幕府于岭海之间。或曰其深晓兵要，皆公素指授，无少遗者。次文琳，岁贡生；次文清，康熙丙子举人；次文璇，国子生。孙八：长邦镇，岁贡生；次铠，国子生；余俱幼。女三，所娶所嫁皆名族，兹不具载。

岁乙酉，侍卫君已移镇高州，遣使持书币叩于庭曰："先大夫死十四年矣，尚暴之攒木而不归骨。生亦何益，逝将筮宅矣，敢匄高文以铭之为不坏计。"则何敢辞矣，乃铭曰：

> 惟公世积，挺生俊雄。躬秉义烈，郁为人宗。
>
> 特其才略，有王佐功。江表臣虎，南阳卧龙。
>
> 每谘治术，如桓挺钟。因之贤哲，等于云从。
>
> 张相慷慨，伯始中庸。偶应币聘，羔雁是共。
>
> 疏展三策，声闻九重。障海有备，迁顽即工。
>
> 乃缘乡解，假籍安东。论通白虎，文成射熊。
>
> 衰然居首，以冠至公。祇念失怙，有母尸饔。
>
> 扼臂知痛，望眼欲蒙。急请旌例，表其门墉。
>
> 奔归膝前，弢形蔽踪。三辰畏逝，一命安荣。
>
> 老莱七十，仍如儿童。家可为政，孝能作忠。
>
> 百年指顾，逐丁下春。禁有颇牧，庭饶逊蒙。
>
> 淝水克敌，淮西平戎。挥戈日返，刺石水通。
>
> 北捣沙漠，南征猛獞。凤禀指授，余论未终。
>
> 胸有兵甲，比之赵充。未竟之用，传于无穷。
>
> 今兹岿然，曰惟公宫。神道迢递，丰碑穹窿。
>
> 微文何以，诵公德功。后下马者，请瞻此中。

翰林院检讨年家眷甥毛奇龄顿首拜撰。

光绪三十二年《萧山赵氏家谱》卷八

赵文璧墓志铭

大元戎润园赵公墓志铭

杭世骏撰《大元戎润园赵公墓志铭》

大将一星，主之者太白；河图九阵，总之者元武。盖有山岳精合，风云气凝。志凌山西，豪冠陇右。晋郑之头毕白，莫邪无争其锋；胡代之群不骄，骐骥独奋其臆。桓桓羰羰，洸洸言言。汉武谓国之爪牙，世祖曰朕之御侮，谁或得之？

则都督赵公，宜有述焉。

公讳文璧，字子慎，号润园。世居大都，来迁于萧。父某，常举解京兆，抗意不仕。公家守儒绪，早穷遗经。激宕勃起，壮尚武略。甘蝇更羸之射，曾从蒯聩之剑。中黄五音之术，滋泉翟乌之秘，莫不成诵在口，从习得师。龙鸟翔于握中，风云屯于帐底。淮南奇材三百，句越君子六千，以公校之，彼未云众。有硕福之魁状，无不侯之奇数。阔达慕郭汾阳，乃从武韬之选；劲毅等张万福，遂登翘关之科。明策殿廷，擢美巨甲。若夫列宿垂象，羽林所以备非常；周庐卫环，句陈所以奉太乙。公豹冠锦衣，绯绔绣裲，侍圣祖皇帝，居则郎将骑都，行则千牛虎士。挽欀稍，夹俾倪，从甘泉，经回中，猎陈仓，绝轑隧。率奔戎七萃之士，严参旗九旂之伍。承传华盖，毕罕之下；往来鸡翘，雀毦之侧。果锐轩特，英盼彩发，负牙旂玉帐之望，固已久矣。出自禁近，授游击将军、宣府永宁都司。旗鼓佐中军，戈戟耀绝塞。荒漠横雪，孤城界天。穿帐毳落，羝驼水牧。以时驿至，族布关下。公抚之弹之，桔槔火平，欧脱无事。属噶儿旦怙丑跳陆，王师西讨。元舅大将军八都统驻偪宣镇，车甲士械，其大帅一委于公。不鞭一贯，三而终，日以毕。上言请自率一队，鏖战皋兰间，鼓少卿敢死之奇，奋舞阳横行之气。廷论以"方守要陲，壮而弗许"。甲戌，迁参戎闽陬，御史大夫制府郭公奏领台湾。南路岛郡，卉服孤悬东海中。波浪迷没，蛇涎鳄腥，夷獠杂桀。弛则易蠢，严亦召衅。公因刚因柔，制其俗性。惠不穷惠，威不罄威。得其理宜，楼船靖焉。己卯，再迁辰沅路副总兵官。越六年乃建大将麾纛，开府于高凉南越武王之余壤。石龙冯盎之旧风，崩岭纠互，阻究深毒。峒贼枭户，笟弩利铣。乘闲则狙聚出劫，捕讨则蜂散蚍匿。乃方略既设，而居人夜宁。又以为缦胡之徒，衯革之士，性托于弦刃，习成于强凌。夫必令其知方，乃可使之有勇。于是开讲肆于马队，投壶矢于军中。给其廪粟，亲为说指。然后狐鯑黑掷者，始知有《孝经》《论语》书，与尊君亲上之义。

旋以服去官，既阕，起镇漳海。禆弁偏校及荷殳荤刁者，先闻指挥，皆戢束自振。至之日，幕下肃然，海滨黠凶或思狂啸。公察先狐鸣，早沃荧火。悬渠首于辕门，焚名书而不治。在镇七载，雍正元年入觐于世宗。时当悬车，遂乞致仕。庚戌之岁，仲春之月，数齿八十，循化大归。

公慷慨明略，本乎心怀。服官五十年，由期门散骑至都督，统三军，位一品，而功尤著于辰州。方为副将时，值红苗乱，兵部尚书席公奉命帅禁卒会黔楚广右三督府征之。笆箐黑合，炎气疬蒸，鸟道绝于乌椻，鬼门危于人鲊。机雨炮石，斗驱象犀，进者遍殇，拒不可拔。公身当前茅，掩跻险壁，夺天星之砦，破龙蛟之洞。大师克入，馘其椎酋。环耳鸟言之种，土船竹节之裔，咸稽头割面，乞其余生。以是见遇国家，溶用崇大。数自外镇入朝，陈奏事势，皆详要明赡，前后被赐良金之甲、良材之弓、文貂之裘、文绮之服、文雀之羽，以冠于首。上厨给食，凤书赐翰，恩渥属泽，以为昭荣。　年　　月　　日，公子某等筮葬于黄公乡夏履之阪。夫人俞氏，惠淑比德，礼祔于幽宫，举大行之所崇，序景烈而扬焕。既美刊胁之鹿，将示生金之碑。夫据鞍投笔，终始于功名；绶带轻裘，从容于诗礼。鼓鼙听而可寄，风飙闻而足矜。是赞嘉名，书候表馨；其华宠，用绍前式。铭曰：

　　　　赵世名将，雄于马服。壮侯如山，永昌威蜀。
　　　　人武空桐，风高代北。坚资在金，不移南国。
　　　　熊彨遂腾，仡居笠毂。鬼方西南，槃瓠遗族。
　　　　蒙蒙未视，群犬相喙。顿荍星翻，援旗电蹴。
　　　　锐我前锋，剔其虺蝮。庚铃鏻鏻，镇扞南陬。
　　　　雅歌围棋，射场蹋鞠。麒麟之袍，白兽之玉。
　　　　欠则卢矢，锡戈于顼。贲以云章，为彼勋录。
　　　　启我家光，庆乃天福。平原阡阡，丘如高屋。
　　　　栾茂松寒，冈回川伏。惟跱者龟，泽珉隆告。
　　　　有辞中存，更世留瞩。

翰林院编修年眷侄杭世骏顿首拜撰。

赵之琏暨继妻倪氏墓志铭

瑞琪赵公暨继配倪太君墓志铭

公讳之琏，字瑞琪，姓赵氏，居山阴之天乐乡石柱村。南宋时辅孤山下为度宗母全太后陵寝石柱，其遂道华表也。公先世为王室宗藩，因守陵遂家焉，迄今约有五百年。公自幼倜傥有大志，敦行谊，重然诺，兄弟四人，公居幼。其于伯仲间欣欣如也，唯谨。长兄瑞云因食指渐繁，欲为昆季分爨，授公田庐，公择其卑狭硗瘠者，曰："人贵自立耳，藉先人产，奚裨也？"因与元配王太君节俭力行，治生产作业，厥后成巨富云。公生平不善青囊术，而于先人营葬事恒日夜究心，因自痛先人早世，不克择地而窆，每于家山前后数十里内，闻人有扦穴造葬，辄往观焉，虽风雨霜雪、饥寒劳瘁不辞也。后于辅孤山下，族有卜地不吉迁葬者，公从旁见椁中雾气烛天，紫藤盈棺，心窃异之，阴使人厚价售归，为父母安厝地。嗣后家日丰，资财益拓，人以为公至性所感，遂获吉地如此。公以豪侠闻乡里，见三党中贫乏不自存者，辄倾囊抚恤之。尝曰："吾不能仕宦，显名当世如范文正公，捐义田以厚族人，而以农起家，逐什一利，薄有田产，见族中多窘，心窃悯之。"因拨田数顷，与族之贫者，为朝夕饔飧资，其于族谊尤肫肫焉。

公与先君子交最深，而先君子亦不敢以市道交相待。公尝道经临浦至余家，余时方总角，公以为孺子可教，遂以幼女妻焉。因与先君子缔婚姻，情好益密，不数年而公弃世。余于过庭时询公生平行谊，先君子每为余言，余缕缕志之不敢忘。及余年长受室，登公堂，拜瞻遗像，太息久之。追忆平昔笑言，邈不可得，而先君子亦弃人间事矣。

公卒于乾隆十五年二月二十四日，葬于外南山，享年八十有一。元配王太君，先公而卒，另葬先茔湾里。子三：长浙英；次士熹，早亡；三国英。女一，适华载南。继配倪太君，佐公治家，从容赞理，与有力焉。尝生子不育，谓公曰："盍再娶，繁我宗乎？"遂娶杨孺人，生元英、乾英，女一，字余。其有女，一适暨阳陈庐南，一适富家墩陈翼皇者，倪出也。自公没后十余年，至乾隆癸未年六月，倪太君亦弃世。越明年，将合葬。余忝居甥馆，不能申铭志缘，责不容辞，遂援笔而为之铭。铭曰：

我公归矣，孤山之东。若堂若斧，马鬣大封。
合墓而空，双魂是依。还同存日，举案齐眉。
公之盛德，与山不朽。纳棺书铭，用垂永久。

时乾隆三十七年岁次壬辰六月，子婿孔继翔顿首拜撰。

2017 年《山阴天乐赵氏宗谱》卷一

赵士能暨妻章氏墓志铭

仁慈赵公国英暨配章太君墓志铭

　　辅孤峰之阳，南山之麓，有冢累然，则太学生国英赵公之墓也。岁戊子九月二十七日，元配章太君卒，逾月将合葬。嗣君维尧以余有葭莩，请为铭，并嘱余志其事。

　　公讳士能，字国英，瑞琪公仲子也。公赋性慷慨，疏财好义，与人交不以货利营心。宗族暨亲戚咸爱之，由是内外无间言。初，公之生也，年仅六龄，母王太君殁，公哀毁逾礼如成人。厥后事继母倪太君，晨昏问视，如己生母。尝出外就傅受书，倪太君阃门而送之，为之约束治装，资脯悉备。而公出必告，反必面，克尽子职。嗣后婆章太君，能修妇道，而公年亦既长矣。公髫年侍父侧，凡持筹会计，悉不以自专，室中事咸委之冢兄浙英。即微有隙，不敢较。人谓公于父兄前能尽礼又如此。最后与昆季分爨，屡致千金，而公性好施，见道路津梁亭榭陂侧倾圮者，悉捐资助之，其费之多寡不问也。

　　公生子二，长维麟，次维尧。长君聪俊秀伟，次亦积学能文。而长君公尤钟爱之，年甫二十，受室而殁，公恸哭几至丧明。不数年而公亦弃世，时年四十有八。噫，其可哀也已！章太君后公十一年而卒。孙二，有传、有安。次君维尧于乾隆十六年补博士弟子员，蜚声于庠。余承命不获辞，爰为之铭。铭曰：

　　　　南山嵚岑，孰瘗其中。猗欤赵公，兆域是营。
　　　　白杨萧飒，千载悲风。化鹤归来，华表郁葱。

　　时乾隆三十三年岁次戊子季秋，眷侍生章基远谨撰。

2017年《山阴天乐赵氏宗谱》卷一

俞燕卿墓志铭

俞式庵君墓志铭

癸巳冬杪，予以事道出篁岭，谒俞式庵君，适君营生圹成，嘱予为志。予曰："君犹健在，无志可述，他日为君作埋幽之文，毋汲汲焉。"距今君卒垂二十年矣，予亦衰病侵寻，恐一旦幻化，无以践宿诺。适君孙葆芬具状来山馆敦促，爰为诠次付之。

君姓俞氏，讳燕卿，一名芳洲，字式庵，世居篁岭麓，又自号篁岭散人。篁岭者，踞大源山最高处，为绍郡通浙西要道。昔钱武肃开府杭州，尝遣将扼董昌于此山中。竹林修茂，麋鹿群游，得君啸卧其间，即卖菜佣亦无烟火气矣。君祖成忠，父元庆，世以竹纸为业。惟君读儒书，弱冠补弟子员，一再试棘闱，即鄙弃举子业，援例贡成均。家不中资而喜施与。同治癸亥，粤匪败窜，肆行焚杀，篁岭上下枕尸累累。君竭资掩埋二百余口，一乡目为善士。君浼然曰："我非市德焉。触于目而动于心，不使磷血污我修篁耳。"性高洁，居空谷中，世人罕见其面。然遇素心人至，则汲山泉、拾松枝，瀹茗清谭，终日无倦容。语及人世利禄之事，则又仰天笑而他顾，间以诙谐语答之，一座倾倒乃止。于书无所不窥，发为文章，顷刻立就，有所触，悉寄之于诗。暇则携竹杖闲步深林中，与清风流泉相赠答，俛仰翛然，道貌清古，望而知为竹中高士。晚年又嗜《素问》《内经》诸书，间至邻里，为人疗疾，然足迹未尝入城市。长子咏龢与孙葆芬、迈芬、蔚芬相继游庠序，读书皆自课，家庭间论文讲艺，唱和辩难，杂以谐谑，不知人世间有荣枯得失事。

君素与予祖父昆季辈善，故岁时尝至予家。匪乱后，予家伯叔祖考皆去世，而独引重予，谓有祖父风，尤酷爱予文，嘱其冢孙葆芬从予游。予每有吟咏，君必属和。犹忆辛卯岁和予《秋怀八章次毛字韵》云："名世文章宜伐髓，量材绳尺忌吹毛。"盖是年秋闱予又以微疵为主试者所黜，然责人当先责己，"伐髓"云云，君盖以微言策之耳。著有诗文若干卷，待梓。

君卒于清光绪乙未岁八月十二日，生于嘉庆己卯岁三月初八日，享年七十有七。配楼氏，能挽鹿车，称贤内助，先君六年卒。子五：咏龢，庠贡生；钰、与凤、宸，国学生。孙十：葆芬、迈芬、蔚芬，皆邑庠生；葵芬，肄业师范学校。

曾孙十四，祖思，肄业中学校。女二：长适邑庠生章宪文，次适岁贡生蒋润霖。
于光绪乙未年九月初九日同德配合葬于篁岭西道蓬山自营之圹，铭曰：

> 篁岭之巅，清风飑飑。中有人兮，枕石漱流。
> 土苴轩冕，蝼蚁王侯。蜕其顽壳，与造物游。
> 孰寻高躅，佳城千秋。

时丁巳仲秋之吉，姻世再侄蒋敬时拜年撰。

2013 年《萧山黄岭俞氏宗谱》卷三

施文台墓志铭

诰赠通奉大夫二品封典民政部郎中施君墓志铭

赐进士出身、诰授通议大夫三品衔、前翰林院编修、江南江宁府知府辽阳杨钟羲撰文

康熙十三年后第五甲寅，萧山有重修邑志之举，钟羲应邦人士之请，从事研削，始识施郎中凤翔，诚笃好善人也。任恤睦姻，孜孜以继述先志为亟，因稔知其先德盈斋君之贤，而益以叹施氏之昌大非偶然也。

施氏自隐君亨一元季避乱居邑之石岩山麓，至今名其地曰施家河。亨一孙茂林居塘下村，始为塘下施氏，至九世文元赘居塘湾。君讳文台，字盈斋，自其曾祖荣茂、祖大彬、父绍基，世有潜德，以力田致富。田故沙地，道光季年为江水冲刷几尽，家骤贫。君樵苏负任，以养二亲。父殁，奉母蔡依外家于濮院。外家业米谷，因留居习为贾。会桂盗犯浙江，所至屠掠，蔡氏举家避匿，徒旅星散，君独敛货物簿籍善藏之。贼退，归诸蔡氏，无所私。嗟夫！君之懿行，不胜偻指，第此已可风矣。世有位台鼎受末命为国家重臣，一旦时移势异，委去不顾如行路，或且乐祸乘危，因以为利，苍黄反覆，尤多出于能文章负声誉之人。论者遂谓风教沦丧，信义之事将不复见于今日，岂知"风雨如晦，鸡鸣不已"，如君所为，宁非古之所谓独行君子者哉？事既定，君以此益见重于人。

松沪为游子盛商之所道，同治壬申，从邑人上海令朱凤梯游，遂家焉。君既习贾，及为宜稼堂郁氏主计，操赢制余，经营数十年，益精其业。未学而有儒行，居父母丧，哀毁骨立，事伯兄文星，必以诚。周人之急，垂橐无少吝。沉默端重，教凤翔督责尤严，用能光大门闾，日益昌炽。以光绪庚寅十有一月庚辰卒，年五十有五。易箦之日，属凤翔他日必疆为善，以亢吾宗。以故凤翔置义田、设乡校、救菑劝分。志乘之役，输资为之倡，皆君志也。三世皆以凤翔官民政部郎中，封赠如例。配徐夫人，先卒。女一，适松江王桂清。孙三：德潜、德济、德洪。凤翔以光绪丁未年六月　日卜葬于萧山莲蓬山祖茔之侧，乾首巽趾，具状来乞铭。既辞不获，辄为书其行谊之大者，其详见于陈兵备光淞所为家传，不具著。铭曰：

鲁秉周礼，施父受氏。棠邑设教，分源洙泗。

昌黎志墓，卓尔经师。度惟国相，巨则参知。

石岩峩峩，居萧之始。隐德不曜，庆钟孙子。

儒风零替，兰蕙不芳。谁识渊骞，乃出研桑。

贸迁雍容，北江之尾。息资非奇，内行斯媺。

高门衍羊，天佑善人。我铭无愧，来者其甄。

民国五年《萧山施氏宗谱》卷三

洪攀龙墓志铭

赐进士独峰书院山长府君晋斋洪先生墓志铭

先生姓洪氏，讳攀龙，字秋江，号晋斋。厥考讳远，字牧正，甫十六龄，中景定壬戌进士，为权奸所沮。大抱蕴蓄，竟不一展。母全氏，度宗后之侄女也。生君，自幼岐嶷，有豪放之风，资禀克肖严君。年二十有二，中今至元戊子何荣祖榜进士，除西府干管。先生以才力不胜是任，上言求为教授，遂有独峰书院山长之命。未几，一考告疾，竟归，盖其所存不屑卑就而然。弟子从学者数百人，暇则往来游乐于苎萝、北干村，湘湖、渔浦，豪吟雄辩，士夫敛衽。善弓，骑穿妙绝，虽专家不能武其万一。通五经，难疑请问者若川流不息，务以真知开示。所著有《五经释疑》二十卷，存于家。晚迁萧山苎萝乡之临川。先生本於潜人，尊人馆甥会稽全氏，卒葬萧山，故先生依墓为家焉。娶李氏，生子二：子昇、子复。昇早卒，复生孙男三：镇、关、真；女一。先生生咸淳丁卯正月十一日，卒于大元至顺壬申十二月十六日，享年六十有六。其孤卜以癸酉之五月十九日扶柩启李氏圹合葬，请予铭，刻石藏于墓幽，乃不辞为之如左云。铭曰：

> 北斗家声，南金气宇。豪放逸才，文章宗主。
> 翼可鹏抟，敛而不举。啸月吟风，后吾取与。
> 湘渚鸥眠，乐寻为侣。明哲保身，山林独许。
> 嗟哉宝化，竟归兹土。爰勒我铭，式昭千古。

至顺四年岁在癸酉之五月望，赐进士、奉训大夫、广东盐课提举司提举致仕山阴谢孔元撰。

2009 年《萧山洪氏宗谱》卷二

祝瑱墓表

山阴处士余裕翁墓表

公讳瑱，字公宪，别号余裕，姓祝氏。其先处之丽水人，宋熙宁中有讳谲者，为潭州司马参军，弃官寓越，因家焉。历元及今，代有显人。曾大父道宏，大父文桂，阴德不耀。父士征，屡辟至京，不就禄，母田氏。公生有异质，幼不好弄。甫及冠，父逼辟书，不家食，百蛊丛腌，好事者旁目，以观成败。公遇盘错，迎刃而解，整暇有叙，屹然若老成人。事父母，天性至孝。值括苍有惊，温、婺响应，居民逃匿，村无烟火。公独以母病不去，所知强之，公曰："弃母独全，可乎？"已而盗果不至，人咸叹服。寻母没，擗踊几绝。既葬，庐墓溪谷，猛兽出没，公起居无所避，盖爱亲之切而忘其身之祸也。事兄公泽如事父，后虽以产役繁重，不得已析居。田宅婢仆，公多取薄，揆古薛、包，过无不逮。与人交，任真诚，无钩钜。闻人善言，听纳如流。然刚中少容，人有过必痛折，虽其面颈发赤不少贷。一旋踵间，煦如阳春，曾不留滞，故人亦无怨。乡俗故不学，公设乡校，礼名儒，选其秀者亲自程度而奖激之，久而成俗，游于泮，贡于乡，公倡之也。

年六十有八，以疾终。公生于永乐甲申六月二十有七日，卒于成化辛卯十月十有九日。卒之日，凡公姻戚、闾巷及所知识士夫，莫不群走临吊，哭之恸。其姻戚曰："天胡夺吾义士？吾辈何依？"其闾巷之贫者曰："天胡夺吾长者？吾辈何庇？"其士夫之贤者曰："天胡夺吾哲人？吾辈何式？"呜呼！若公者，生而人荣之，死而人哀之，非其素行交孚，能如是乎？

公配同邑诸葛氏，家世业儒，相公几五十年。膳羞蘋繁，必躬必洁。处妯娌，御仆婢，恩义有差。公壮年遭事变，故家颇窘。诸葛佐理家政，处之裕如，以故业成，内助居多。后公十年卒，合窆于万侍郎山之原。

子男四：曰铉，曰铭，曰鎏，曰镒。铭博学能诗，为时名士，所著有《瞀樵稿》。鎏以子瀚贵，敕封南京刑部主事。女一，适邑之义官田钜。孙男八：长泾；次斋；次渑；次湘；次即瀚，登成化丁未进士，拜所封父官；次湍；次沔；次汉。孙女五，俱未行。瀚以公葬几二十年，墓门未表，无以发扬潜德，乃因予乡友同官陈君待征述其事状，而请于予。予虽不及识公，追念丁未之春主考礼闱，瀚时与选，阅其文辞严义正,固知公家教。及冠浙省提学之暇日,与诸生访论人才,得公事实,方欲置之乡先生祠,以为世劝。越明年,迁秩胄监,事遂寝。又明年,予条官南畿,瀚在比部,每公暇过予,辄诵銘所著《督樵稿》,清新俊逸,邈不可及。予又知祝氏之贤,不止公一人,而将来福泽亦不止今日也。此则世人所未察者,故表而出之。

  赐进士、中顺大夫、南京通政使司左通政、前国子祭酒兼经筵讲官莆中郑纪撰,赐进士、中宪大夫、南京太常寺少卿、前翰林院侍讲学士莆田陈音书,赐进士、亚中大夫、南京光禄寺卿、前巡抚河南都察院右副都御史钱塘钱钺篆。

民国三十七年《萧山桃源祝氏宗谱》卷一

姚友直墓碑铭

太常卿姚公墓碑铭

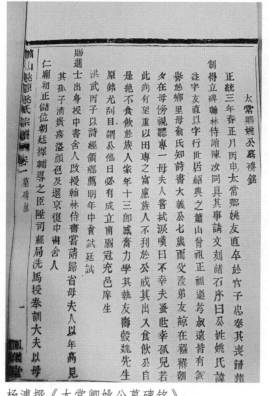

杨溥撰《太常卿姚公墓碑铭》

正统三年春正月丙申，太常卿姚友直卒于官，子忠奉其丧归葬，制得立碑。翰林侍读陈汝同具其事请文刻诸石，序曰：

公姓姚氏，讳益，字友直，以字行。世居绍兴之萧山，曾祖正，祖道，考叔远，皆有善誉于乡里。母俞氏，知诗书大义。公七岁而父没，弟友谅在襁褓，朝夕在母傍，视听专一。母夫人尝拭泪叹曰："不幸夫蚤世，幸孤儿若此，尚有望。"重以田专之富，虑族人不利于公，戒其出入食饮。公自是绝不食饮于族人家。年十三，即感奋力学，其执友寿縠魏先生原铭尤刮目，谓公他日必有成立。甫弱冠，充邑庠生，洪武丙子以《诗经》领乡荐，明年中会试，廷试赐进士出身，授中书舍人，

改授翰林侍书。尝请归省，母夫人以年高，见其孤子清贵，喜溢颜色。及还京，复中书舍人。

仁庙初正储位，朝廷择辅导之臣，升司经局洗马、授奉训大夫，以母丧去官。公念母夫人早寡，育子于成，哀毁逾礼。服阕，复任命授四皇孙蕲献王书，王以宾礼待之。王薨，复命授八皇孙书。辞谢，谕至再三乃受命。未几，升左春坊左庶子。公为宫僚二十年，清慎始终，凡所顾问，皆以正对，未尝有阿避，

亦未尝以宠眷乞毫发恩，由是久益见重。

仁庙继统，八皇孙封滕王，建国云南，赐诰授命亚中大夫、云南布政司左参政，掌滕王府长史司事，追赠乃祖及父以其官，祖母及妻皆淑人。是年，滕王薨。宣庙改元之初，将郊祀，乃擢公太常卿，朝议咸以为得人。时同官有污行，即奏黜之。公素清心寡欲，其领太常，奉祀典，克诚敬以达神明。九载，赐诰进阶通议大夫。正统元年冬，以疾乞致仕，诏不允，命太医院择良医疗之。二年正月疾愈，复视事。寻进礼部尚书，仍掌太常事。十月，甘露降庭柏者浃二旬，公秘不以言。所知或为公贺，公笑曰："子谓祥乎？我谓我之死兆也。"曰："公何为出此言？"曰："子不闻诸古乎？华阴民家甘露降，令出按之，老人告曰：'此树之精液涌迸耳，明年必不复荣矣。'已而果然。以是知其兆在我也。"十二月疾复作，卒之日，召其卿友司经正字沈孟钦暨汝同语之曰："子素知我平生无过人者，惟确守大闲，行吾分内事耳。荷国厚恩不能报，吾心殊耿耿。南郡杨公素不鄙予，幸为予达此意。"语毕而卒，不及家事。享年七十有三。礼部以闻，诏遣尚书毗陵胡公谕祭之，命有司给舟车归其丧营葬。

配秦氏，继室沃氏，男三：长勤，先卒；次忠；幼恕。女三：妙安，适同邑李益；次适魏宗；三在室。忠卜是年五月日甲子葬东山之原。公廉静有气岸，善知人，寡交游，心所不足者，虽日相对，不交一言。或过加以辞色，辄以理折之，虽权贵不避。其为诗文有逸思，但不汲汲为之，亦不易求。予与之交四十余年，相知最深，既书其事，复为之铭曰：

爰自孤遗奋厥志，历居清显恒自励。其惟弗行行乃谊，其惟弗言言乃厉。
贵我道义忘势利，视彼庸庸相倍蓰。公兮长往我谁比，我作公铭尤无愧。

时正统三年夏五月望日，少保礼部尚书兼武英殿大学士、国史总裁南郡杨溥撰。

光绪三十三年《桃源姚氏宗谱》卷三，2016 年影印本

俞妙真墓志铭

姚淑人俞氏墓志铭

姚淑人俞氏者，古杭士人俞性之之女，封亚中大夫、云南布政司左参政叔远处士之配，太常卿、前司经局洗马友直之母也。贞淑柔嘉，兰心蕙质，幼被父之教，能知书史，明《周易》，晓阴阳，动随矩则，识者谓为女中君子，固足以当之也。曾祖讳远，曾祖妣张氏；祖讳诚，祖妣杨氏；母王氏。俞世以儒为业，淑人讳妙真，十九归于姚，闺门修饬，处士不敢慢，事必咨而后行。归姚仅七年，不幸处士得微疾，竟不起。长子友直方七岁，次子友谅甫三岁，上下皆无依，人事且庶，族人有外姚者又多不相善。淑人青年罹此不幸，内有悲戚而外有家政，在常情其孰为之堪耶？淑人独不为难，诚可异也。课童仆勤于力稼，春秋必躬举祀礼，内外小大，罔有遗漏。此诚天性之良而节行之劲有如是也。每与父母言："我一日为未亡人，一日为姚氏虑，庶他日可以见夫子于地下。切无以他事言。"又常抚二子曰："汝父早亡，我为门户计，望汝二子成人，以为汝祖父重整绰楔，未知天意果从人也？"乃自斋沐，差谷焚香于中庭，对天引儿祝曰："二儿当孰能成名，他日可为姚氏后，愿天赐之明命。"三卜俱长子吉，遂亲自教道，有古陶母、欧母风。子年十六，即遣入邑庠，督其力学，卧起必与俱。至于汤茗，亦必躬所为，以辅勤劳。子亦克副母望，卒底于成，登洪武三十年进士，列职清要，特受眷注，一时有光于祖考，岂非贤母为夫教子之报耶？

友直在官贤能，伻示以清白。友直厥修弥饬，仕业愈隆，天子用是嘉之，推恩所自，封贤母为三品淑人。淑人性沉静，寡言笑，门外有事至，必徐徐以应之，卒亦未尝有不妥帖者，由是远近皆称为贤母云。

生于至元三年五月初六日午时，大明洪熙改元十一月二十七日辰时忽婴疾告终。次子友谅等从事礼殡北堂，而以丧期讣友直。友直即弃官东归，哀痛骨立。明年仲冬二十日，将举柩安厝于暨阳里亭之原，预以乡先生魏寿毂所述事专使以求予铭。予与公同朝，况平日之交比他为独稔，于是具述其行，又复为之铭，俾刻诸石以昭其来云。铭曰：

淑人独行，如钢百炼。天性孔良，懿斯每见。

惟昔失天，茕茕无依。周旋勿避，颠危是持。

教子登庸，实母之功。仆而复起，姚祚以隆。

天灵敷锡，宠及夫人。介此繁祉，为谁之仁？

姚斯大昌，裕后有休。勒兹铭文，永贲灵丘。

　　洪熙元年八月初吉，少傅、兵部尚书兼华盖殿大学士、国史总裁庐陵杨士奇撰。

　　　　　　　　　　光绪三十三年《桃源姚氏宗谱》卷二，2016 年影印本

夏明文墓志铭

夏述堂先生墓志铭

往夏畲庄先生之卒也,先子为志其墓而铭之。岁丙午,余掌教弋阳,获交先生之季孙鸿儒,鸿儒谓余曰:"吾与子为世交,子之先子尝铭吾曾大父墓,至于今不敢忘。兹敢以吾大父述堂公墓铭属子,子其无辞。"余自愧无文,不足以彰公德。顾重以世好,不敢却,谨为之志。

按,公讳明文,字宪章,别字述堂,世为山阴人。先世有讳正清者,官衡山令,有政声。传至五世祖竦,宋仁宗朝同平章事,改枢密使。厥后世以耕读为业,不复有仕进者。公性至孝,侍母王太君疾,衣不解带。太君晚年奉释氏教,公即筑净室奉太君,其善体亲心类如此。事兄畜弟各以其道,与人交无疾言厉色,宗族乡党咸推重之。里有争竞者,得公一言立解。教子有义方,性节俭,读书之外辄以务农为急,其训子弟及教他人子弟亦都以此也。以齿德举为乡饮大宾,乾隆二十一年十一月二十八日卒,年七十有五。元配张太君,先公卒。续配曹太君,茔别兆于汇头。子四人:祥森、祥卿、祥钟、祥玉。女二人:长适江塘洪吉甫,幼适山栖杜书升,皆张太君出。以乾隆二十一年十二月初六日及张太君合葬于先头池先茔之右。铭曰:

易称积善,必有余庆。猗欤先生,祖德勿忘。
越峥之麓,东山之旁。佳城既固,奕世永昌。

时乾隆丙午年人日后一日,同里世再侄胡卿顿首拜撰。

民国七年《所前东山夏氏宗谱》卷一

倪启周墓志

太学生启周倪君墓志

庚寅之夏，太学生启周倪君以疾卒，卜葬下东山，时年六十有三。其行事已载之家乘，不复详，有子三人，孙六人。初，先君子与君辱有亲旧，君尝宿余舍。余方幼，未识君颜。先君子呼而进之，曰："此姨丈启周倪君也。"命拜之。余见君为人意气豪宕，凡周邻睦族，振穷恤困之事，娓娓言之不倦。先君子每与之剧谈至夜半，尝相得无间云。嗣后，余稍长，因岁时展墓经梅里，谒君堂，见其上额"古梅轩"。询之，乃汉九江尉梅福流寓于此，君慕其为人，故以此名其轩。而明季里中有以进士起家，官湖广廉访使者，固属闾里之荣，而君独有志于数千载以前上书讼王氏之县尉，则君好古之意可见矣。

岁丙戌，余丁外艰，越二年服阕，执笔学为谀墓之文，而亲故死亡相随属，方从其游，遽哭其死，又铭其圹者不可胜计。未几，而倪君是弃世。呜呼！余年未四十，而亲戚交游零落如此，则由是以痛倪君之殁，而念先君子之不可复见。自今以往，不独过庭之训邈焉无闻，即君之言论风采亦不可得，又不觉盡然涕之流落也。欧阳公云：惟为善者能有后，而托于文字者无穷。予自愧不文，缘忝居戚末，欲以志畴昔亲故之悲，俾勒诸墓，因以贻之嗣君，不知以为何如也？

时乾隆三十七年岁次壬辰林钟月，邑庠生外甥孔继翔拜撰。

民国十九年《古越萧邑桃源倪氏宗谱》卷二

0808585555555

55555

55555555

徐宁墓志铭

敕封承德郎刑部河南清吏司主事质庵徐先生墓志铭

吏部尚书东吴钱溥

　　刑部员外郎萧山徐君洪缞绖杖履至松，以华亭尹郭侯、同年郡博鲁先生同乡偕之而求乞余曰："不肖忝官秋曹，得貤封于我父，幸矣。屡欲迎养至京，父以耄辞。及分俸还，则曰：'禄以养廉，奚分为？'年几八秩，恐非久世，遂引疾以图终养，一时学士大夫咸有诗文赠之，拟献吾父而寿一觞。讵虞归及半途而讣已至矣，号恸至家，拊棺痛绝者数四，然非忍死蕲一言，以俟葬而纳之，不孝奚逭焉？"予哀其孝心诚至，遂不辞而按其乡张学正铭所为状曰：

　　公姓徐，讳宁，字鼎宁，质庵其自号也。其先代有闻人，至大父仁富，乡称长者，诚意伯刘公尝主其家，为修家乘。父原善，号竹屏，益闳庆趾，母韩氏，继母①朱氏。公警敏倜傥，从乡先生任师古学，有造诣，然以材武称雄于乡。竹屏虑而戒之，公跽曰："欲免大人忧，当何业耶？"竹屏应声曰："尔宜安分，得与凡民齐，足矣。"公即唯唯退，且耕且读，孝养备至，遂得其欢心。竹屏好嘉宾，若魏文靖、应临江诸公必至，先意营指，留款尽欢，侍立终日，不少自便，故于七昆季中而白眉之誉归焉。心地坦夷，不立町畛，遇人一以信义。家素裕而益充之，恒推以济人。少尝冬月过南乡，见一捕鱼人以敝网裹身而僵仆水滨，公即解衣衣之。过邑西巷，得遗金一包，意前行洪景源所遗留，至家姑与款酬，弗与言。顷之有号哭而过者，公乃出银谓景源曰："彼哭者殆此乎？"讯之，乃一老叟引二子，言：两年畜一猪，为均徭计，货银二两许，今竟失之，三人命尽今日矣。公举以还之，其人愿分半谢，公笑曰："我欲分，胡不全取耶？"景源起曰："公有此心，后安得不昌大乎？"今景源虽老，犹娓娓向人道不已。天顺中大疫，遇有尪羸者辄闭门不纳。时有所识徐生佣于杭，病剧舁归于家，不肯纳，委诸途，人且不敢近。公毅然扶至家，疗数日死，复出棺敛葬之，而终无所染。尝至由夏乡索金姓米负，其人止有本米三石，余息苦无办，欲偿以衣。公悯其寒，即弛其息去，闻者德之。

_____

① 母，原作"自"。据嘉庆二十四年《萧山徐氏宗谱》改。

创城南书屋，延明师训里中子弟，多所造就。有水东别业，耕钓树艺，足为终岁计。子孙数千指，率律以礼度，遇人则循循雅饬，有故家风。晚厌末俗趋靡，更号质庵，以示知本。邑每乡饮，必请居宾位，或忿不能平者，咸取平于公。其处事有定见，不苟同于众。天顺癸未，礼闱有郁攸之变，时仲子洪在试，传言亦被灾。公殊不为意，人扣之，则曰："吾儿不止乎此。"或劝助赈拜散官，公叹曰："官可以货取乎？"皆莫测其意。既而洪举进士高第，拜刑部河南清吏司主事，绩最，荷封如其官。国朝来，邑有朝贵，获赠其先者多矣，若生受恩封、尊荣桑梓者，则惟公也。向公"不止此"之言久而益验信乎！知子莫若父也。

成化丁酉，洪奉命理南直隶重囚，公亟缄一书达之，开缄惟大书"钦②恤"二字而已。同事强御史见之而叹曰："贤哉是父也！非所谓无是父，无是子乎？"享年七十有九，而卒成化十八年闰八月十六也。元配吴，孝慈勤俭，乡族视以为法，年四十九，先公二十六年，葬邑西山之原，赠安人。继萧，封安人，子男三：长广，次即洪，次远，皆伟丈夫，不屑婚于富室，惟娶诗礼故家女。一女，嫁乡巨姓曹东，盖深有得于胡安定娶嫁之训者。孙男十，女四。广等卜以卒之明年十二月初一日将启吴母窆合葬焉，宜有铭也。铭曰：

> 子举其职兮，由父之教。
> 君锡其恩兮，在劝于孝。
> 矧质庵之为人兮，何年高而德邵？
> 荷褒宠于天朝，正宾饮于乡校。
> 虽乏中郎之妙辞，亦何愧乎铭有道？

光绪二十四年《萧山徐氏宗谱》卷四

---

② 钦，原作"饮"，据商辂墓表及嘉庆版宗谱改。《尚书正义》卷三《舜典》："钦哉钦哉，惟刑之恤哉！"

徐洪墓表

明故刑部员外郎徐君墓表

乙未修撰翰林院侍读谢迁

刑部员外郎萧山徐君洪公溥以疾卒于家，湖广按察副使四明杨君志仁既哭于其殡，则以书示余曰："公溥已矣，伤哉！此在相知者所同也，况知之深如子者，其忍使之无闻于后耶？子盍为表其墓？"刑部郎中洪君宣之复为之促桀。宣之、志仁、公溥，皆余同年友也。成化乙未，实维南宫大比之岁，时角艺者几四千人，制额取三百，出自浙产者五十有七，间又多名士若三君者是已。盖吾浙之士于是为盛，而一时科目得人之誉亦翕然于缙绅间也。及进奉廷对，赐进士第皆前列，公溥居二甲第二，宣之第三，而志仁第七，三君盖尝与一甲之选。若公溥、宣之，则既登而复下之，实以余妨之也。是时人以三君不及入翰林深为之惜。余尝叹曰："公溥之博，宣之之敏，志仁之夙成，皆余所不及也。余姑以鱼目妨明珠，负愧多矣。"既而三君者次第除主事刑部，皆琅然有声。余又叹曰："有用之才，固不当置之无用之地，造物者岂有意耶？"余谓三君之功业，将来殊未可量。今宣之、志仁皆骎骎显庸，允如余所望，而公溥独赍志以殁，不亦大可伤哉？

公溥伟仪观，意度豁如而沉厚不露圭角，蚤领乡荐，入太学，友四方士为丽泽，曾日相讲劘，以故学益闳肆。其在刑曹，以儒术饰吏事，以明断慑奸欺，以公廉杜请托。间尝奉朝命录重囚于南畿，多所平反。三载考绩最，敕命进阶承德郎，父封如其官，母赠安人，妻亦封安人。又二年自主事进员外郎，未几忽遘中满疾，既而药，旋复稍作，乃叹曰："吾亲老矣，禄养之乐不足偿，惟疾之忧。"遂引疾乞告归就医，实欲便侍养。还至中道，而其父封主事公凶问至，公溥哀毁逾甚，屡绝方苏，力疾抵家襄事。既服阕将还朝，而旧疾遽作，遂不起，成化二十二年正月初九日也，年四十有七。

呜呼！朝廷设科目取士，期得实才效诸用，所以取之之术亦精矣。至于官使之而能称厥任，无忝科目者，亦不能尽然。若公溥者，美才硕学见诸行事，绰有余裕，庶几其无忝矣！是岂易哉？优游郎署，志未及尽展，而疾罹遽忧，盛年夭殁，岂非命耶？此吾所以伤之者，固非独朋友之私也。公溥世家行事之详，侍读杨君志其墓悉矣，余特总其概而表之。

光绪二十四年《萧山徐氏宗谱》卷四

徐宰墓志铭

医学训科西庄徐公墓志铭

邑人翁五伦，乙未进士、福州知府

　　西庄翁卒之明年，厥子大夏持其从兄兴安司训大中所状行实，属予铭诸圹。予，翁门婿也，且有世雅，敢以不文辞？

　　按状，翁讳宰，字冢卿，西庄其别号也，系出定兴之河内张。元至正间有福一承士者，遭乱苦抽兵，占徐真保绝藉，因以为姓。数传至原善公，七子皆才，识者知其族将大矣。封刑部主事质庵公鼎宁，乐施敦礼，以最良称，为原善公第五子，实翁大父也。生三子：长恪斋处士广，次刑部员外郎松涧先生洪，次平斋处士远，翁自出焉。平斋值二兄继逝，年少承家，与厥配施孺人黾勉同心，处之裕如，百口共爨，终无间言。延余祖玉峰先生训诸子姓，彬彬然威仪文章甲于一时，家声复大振焉。比卒，甫成童，居丧哀毁如礼，事寡母，抚女弟，孝友笃至。与诸兄学相伯仲，而家人以独子过爱，不听其刻厉。及乃兄金宪南州公、贰守北山公同榜登科，叹曰："吾同堂者十人，各有仕进之途，而予独守旂素。"乃入赀领部符，为邑医学训科。邑大夫尧门秦公见而器之，曰："吾侪属无子比者。"厥后静思张公、东皋王公咸分委以邑事，而捍海筑塘之功为多。滨海诗人之歌其美者，动盈简帙。既而幡然曰："吾昔为此者，聊藉冠裳介诸兄后耳。今年将五十，且诸子能以善养，吾复何求？"遂称疾不出，日事吟咏于西庄。

　　西庄去城可数里，修竹茂林，景颇幽致，凿池观鱼，探梅种瓜，视世味芬华，澹如也。因更号"可东"曰"西庄"，人亦翕然称之曰"西庄先生"。岁时姻族有宴集，并不为赴，唯诗朋至，辄相与烹鲜剪韭，倾倒欢洽而后已。荐绅之居乡者，无不乐与赓和往来。梅谷萧公嘉其高致，爱赠以《西庄小隐诗》，欲与相见，翁辞焉。岁荒，邻人欲毁家以售地，翁与之直而存其冢，至今累然。故人孙诬系郡狱，势不保厥妇。时翁季子馆于郡守，令白其冤，竟得平反，迄今生子成立，人以为翁所保聚云。居家方严有法，内外肃然，以二妇守节，不欲分异，因构小亭，额曰"百忍"以示意。诸子妇亦仰体翁意，终身不敢私货财，所谓"父父子子、兄兄弟弟、夫夫妇妇而家道正"，翁门有之矣。雅乐道人善，子弟戚属之贤者时加称奖，以翼其成。有过则召之，终日不与言，令自省，谢而后霁颜。不作佛事，口不道阴阳星术卜筮之说，一以教子读书为务。然子孙历试不第，则惟勉以力学俟命，未尝介意也。岘山魏公、北海万公、双槐刘公皆隆宾延处，翁以尝备邑属，坚辞不赴，其循分守礼如此。治家不苦事产业，而祖茔宗谱之类，时加缮葺。所著有《西庄吟稿》数千首，多为吟坛名家所传述，其载于《萧山诗集》者，则翁壮之作，至今脍炙人口。翁享年八十岁，距生成化甲辰十有一月四日，终于嘉靖癸亥九月十有三日。

配赵氏，通阛里五世大宾冬轩公女，孝慈贞淑，妯娌推重。与翁居，相敬如宾，至老无违言。子男五：长大有，邑庠生；次大成，次大防，俱先翁卒；次大夏，次大德，俱庠生。女一，受西陵庠生胡挺聘，未归卒。孙男六：长希欧，次希龙，廪生；次希南，次希冯，次希珍，次希谷。孙女五：长归仓桥张文远，次归府桥张德允，次归涝湖庠生蒋育贤，次受庙东王持忠聘，次幼未字。曾孙男二：长见曾，次及曾。曾孙女一。大夏等卜嘉靖甲子十有二月四日奉柩葬于西山祖茔之次，后迁今地遵治命也。

呜呼！翁令德文雅，偕老康宁，子孙蕃而知学，可谓顺且安矣，宜有铭。铭曰：

> 萧然有翁称西庄，完形正气来柯岗。
> 幼知嗜学罹父丧，恃母不复志四方。
> 微官岂曰荣冠裳，功多捍海海亦桑。
> 投闲感兴托诗章，直欲挽世还淳庞。
> 二妇守节敦天纲，五子养志无私囊。
> 同堂十辈和而臧，偕老宾如寿且康。
> 八秩正拟介霞觞，一夕观化游大荒。
> 西山开兆玉魄藏，夜台泉石应生光。

光绪二十四年《萧山徐氏宗谱》卷四

徐大夏暨妻陈氏墓志铭

登仕郎金华府儒学教授阳居徐先生配陈孺人合葬墓志铭

上饶门人叶济英，贡元

　　先生以万历丁丑来上饶掌教事，前后七年所，而迁金华去。校中士日惟先生思，恨不时见先生，有可以通殷勤道起居者，意炙炙往。及闻先生讣，而为位以哭，相与操文絮酒，走而奠焉。乃无日不愿吉兆以厝先生者，又恐先生子窘于财，无能择善地，去先生卒时或久远，而魄不安。及闻先生子千里走使，持先生弟海愚先生所为状来问英铭，则又且悲且喜，相与坐，趣之曰："谨为之，毋迟，迟行将射策西去，客不得谢。"遂钥其门而读状焉。

　　按先生之先，即定兴河内张，元季讳招者赘居萧山，洪武初讳福者因占同里徐真保绝籍，规免民兵，寻姓徐，是为徐之始祖。高祖为原善公，曾祖为质庵公鼎宁，以次子松涧公洪贵，封刑部主事，其第三子平斋公远则先生之祖也。平斋公善教子姓，以故二犹子官、守同举于乡，登第居显官，而先生父西庄公讳宰，盖独子云。母则五世大宾冬轩赵公女。孕先生时，家有郁攸之灾，惊怖病甚，意必半产，顾卒无恙。居数月而先生生，时厅事落成，又以始惧先生不弥月举，而弥月举为大福，遂名大厦，后改今讳云。

　　先生五岁，时西庄公招饮二贵客，酒酣而天雨，客曰："吾有五字，呼四郎君属对，何如？"既出，客诵曰："夜雨滴空阶。"应声曰："秋风吹古道。"二客惊曰："此岂科第云哉？"盖古之作者类是，乃公志意开朗，当有是儿。今先生竟以大才终于广文冷毡，而其为人彬彬古君子之风，若有符焉。丱角为校官弟子，凝凝然庄如老成人。长益肆力学问，先民是程。嘉靖庚子，督学蒙溪张公赏其文，夺将贡生廪廪先生。将贡生，即先生堂姑之遗腹子，先生辞之，张公不许，乃道其故曰："渠母子资廪以存活，徐生以只语见售而杀两人，不忍。"张公大喜先生为不凡。归不以语姑，先亦不以语母。后得充贡，三任校中官，未有一缣以报。人或言之先生："向者要是此心耳，肯为今日地哉？若是则辱行也。"识者谓让既难，不语让尤难，我忘让难，而令人忘我让尤难。

　　己酉，古和雷公衡文两浙，首先生之文，榜之列校，复廉其行谊，引为知交，谓科第极细细矣。少刺，是堂俞公、兵道嶬山刘公尝西宾先生，先生毫不及外事，二公深器之。及刘监秋试，人私为画，少委心乎。先生曰："不知命，恐造物者窃笑人耳。"凡十试不举，以隆庆辛未贡上春官，当事者奇先生卷，交荐为第一，勉无谒选。会闻家变惨怛，遂授池州建德训导，凡五载。迁上饶，至金华二载，而移疾以归。所至文学操守，倾动上下，士人曰："此黉校中出类拔萃已。"尝视篆上饶，竞竞狱库是守，一无点染。僚友皆悦先生之和，即僻戾者洒然以释，即甲乙以横语相构诉，先生额之而已，不使两人闻。每念家之长老旧交，累升斗之余以相推问，生贫者，尝仰给先生。戊寅秋，上饶令校诸年少，以督学未至，拔数十人，会文校中。其中一人状类贫，先生独奖其文。未几，病旅舍几死，先生亲为药之粥之，使人时谨视之，得活，为府校生，今荐于乡，则今生桂荤也。每为英言，泣数行下。闻建德、金华其周贫多类此。

始先生三兄早卒，西庄公以寡娵诸孤不欲分异，乃扁其亭曰"百忍"。先生既娶陈孺人，奁具颇丰，因谕家大人意，孺人无少吝色，悉出以佐家务。食指既繁，而嫁娶一出于先生。及自为儿女计，则孺人笥中不一缕遗矣。凡先生公廪学俸，三十年中，孺人无问享其利，唇且不一启，而目不一摄之，以故西庄公得优游于宾朋诗酒之间，而寿考康宁，家和而正，为萧士人所啧啧焉，则先生之所养者志也。自鼓箧宦游所入非贫，及卒之日，至无以为殓，此可以观先生矣！

嗟乎！英童子时，闻吾祖不欲吾伯吾父廪，及长则闻有谋廪者矣，又长则闻达人尊官有一线可通则以文求，知谋为登科者矣。比又见俨然金紫富厚，而故人色凄凉而弗知之者矣，况广文之地寒，俾出一钱以起沟中之瘠，不已惊天动地哉？彼其视先生，有大笑耳。夫先生何独非人情，而宁此毋彼，则诵先生之言，信而自明，非诎而自肥，物物在前，可来之以活我，亦可去之以活人，胡为嵯岩重渊、神机鬼谲，使鼠壤马枥有余肉，而疏属寒生不享一朝之草具，诚何心也？先生盖达后如此乎？至先生所留，不岁月计，后人食之报，不岁月计。今之人能言之，无庸英也。

先生长兄讳大有，庠生；次大成；次大防。先生为西庄公第四人，而弟则讳大德，即状先生者，盖伟人也。先生讳大夏，字子常，别号东野子，后更"阳居"云。生正德十一年二月十四日亥时，卒万历十四年二月十七日辰时，历年七十一。陈孺人生正德十五年七月十九日辰时，卒隆庆六年九月二十七日酉时，历年五十有三。有劝先生继室者，先生曰："资人之厚奁以生，而微禄则润眼前人，如死者何？"子男三：长希龙，廪生，娶施氏；次希南，娶李氏，继娶张氏；少希珍，早夭。女二：长适庠生王持忠，次适丁元和。孙男九人：见曾，娶沈氏；省曾，娶赵氏；贯曾，庠生，娶周氏；勇曾，未聘，皆龙出；张曾，娶王氏；信曾，初聘李氏；忠曾，聘单氏；习曾、慎曾，未聘，皆南出。孙女四：长适张芳春，余未字。曾孙四：兆玉、兆貂、兆金、兆骐。曾孙女三。陈孺人始葬石岩时家坞，继迁山阴大甲山之阳，祔舅姑墓。今卜航坞巽山辛向，相传赖布衣有钤记焉以葬先生，乃启孺人之柩合葬。于是铭曰：

> 前一人记，为先生地。后一人铭，义托诸谥。
> 盖了了者心，冥冥者吏。神游于天，形此焉寄？
> 天惟显思，地留其意。后百千年，犹获其利。
> 取铭与记，而合读之。人始信之，曰此符瑞。

光绪二十四年《萧山徐氏宗谱》卷四

郭孝武暨妻沈氏墓志铭

肖山公暨沈孺人墓志铭　　十五世彰二房

崇祯庚午，余以童子府试冠军，郭兄任之次余，而邑试及道试皆任之称冠军焉。又与其弟上游咸有声黉序中，不独余谢弗及，凡浙水以东咸啧啧郭氏有佳子弟云。因是得进拜其尊公肖山先生，温然端且厚，望而知其为笃行君子也。先生与余先大人同庚，先子弃不肖已在丁卯之岁，而先生方以乙酉告终。今任之持其行略，麻衣叩门，谬借余言以付陇石。余既□□□之同学，而才不任之若者远甚，又叹彼苍之不□，先子与先生同庚，而年之不若先生者远甚，要不敢不为先生志数言焉。

先生讳孝武，肖山其号也。幼颖悟，勤于记诵。长而业农，家贫，以己志不遂，半锄半笠于桑麻风雨之中。遇褎然而儒冠者，未尝不流涕再三，班荆酬对。既而得任之兄弟，家渐丰，督课甚严，每谓其子曰："农养一身，士济天下，遇可读书而不白力，是自弃也。"故长公次公皆少而有成人之志，其笃于伦常，睦于乡里，公于交与，俭于服食，广于周给，俱若相反而适相济。乙亥岁，邑大饥，易田以食里党之不能食者。凡义仆之服役数年者，归必焚其身券，以故道路之人敬其公直而爱其长厚。甲申岁，郡举乡饮宾。及易箦时告家人曰："吾本田家，不登仕版，勿得以列宾筵，遂妄敛以冠带。深衣幅巾，此古礼，吾本等服色也。"识者咸叹服先生之教律远而立身正云。

元配沈孺人，七都人也，其父得孺人年稍晚，奇爱之，富室求不与，独奇先生于困厄中，遂以归焉。先生始贫，孺人无愠色，厥后家渐裕，孺人无矜容。先生力于□，孺人能佐之以勤俭，二子成立于儒，孺人能训之以□□。凡姒娣侪辈及臧获厮养，咸以春风披之，故里众咸称先生夫妇为两难也。后先生之卒二年，于丁亥六月初八日卒，享年六十有八。先生享年七十有三，于乙酉七月十五日卒。子二：长为栋，邑增生；次为楫，郡增生。女二：长适贡生来砺之，次适戴朝。卜以顺治壬辰三月朔日合葬于白墅之岗，爰铭之曰：

是夫是妇，种德也厚。既积于躬，必昌其后。
白墅之岗，泉清草茂。幸哉正寝，乃当乙酉。

深衣幅巾，可以不朽。

赐进士出身、兵科给事中年家眷晚生来集之拜撰。

同治十年《萧山郭氏宗谱》卷八

郭寅墓志铭

邑增生晓亭郭先生墓志铭　十九世彰二房

　　先生姓郭氏，讳寅，字三清，又字晓亭。上世以文学著，先生慷慨有气节，性颖异，通《易》《书》《诗》《礼》，尤耽《左氏春秋传》，议论精悍恣肆，受知于豫章帅公。既又流览子史及骚赋词章，皆强识无所失。涉猎既广博，心目放旷，文益汛滥无涯涘，以故连试辄斥遂。乃笑傲青囊，广搜阴阳历律壬奇灵素之书，鸣呼，斯亦勤矣！

　　夫世之暴弃聪明，拘挛心志，骇古今图籍为不可句读，自甘俳优侏儒老者，固无所当于世。以先生之才之学，苟镈心键耳，力追其中，宜必有所表见，而卒郁郁不得其志，倘所谓数奇不偶欤？方先生之遇知于豫章也，一时诸名宿执牛耳文坛者，争叹赏其文。然是时学未赅博，仅循循五经左氏间，而世辄珍视为玉屑，此亦可以得其概也。

　　先生居乡任恤，敦古长者风，才气英俊，不自矜炫。遇不直事则挺身而出，急公奉义，虽强御不畏焉。晚抱西河痛，居常怏怏，乃游粤东西，放浪名山水，以诗歌自遣，亦以酬应贤士夫间。迨五年归，而童然秃且白矣。士固有怀奇负异受当世笑侮，迍遭辗轲而不悔者，意或有所蕲望以自排解，见先生又索然已。

　　乾隆三十二年十二月四日卒，年六十有二。元配傅氏，子二：长凤翯，庠生；次龙超，卒乾隆十三年三月三日，葬白墅山。继配毛氏，子一，思涑，尚幼。今年冬，龙超将营宅兆，请铭于余。为之铭曰：

　　　　猗欤先生，博学多闻。出言有章，卓尔不群。
　　　　既探河洛，乃披海角。游艺岐黄，小道偶托。
　　　　怀才不逢，赍志以终。河墩之上，马鬣长封。

　　时乾隆六十年岁次乙卯十月望日，任衢州府常山县教谕眷弟傅廷机拜撰。

同治十年《萧山郭氏宗谱》卷八

黄安墓志铭

明处士寿堂黄公墓志铭

魏骥撰《明处士寿堂黄公墓志铭》

处士姓黄氏，讳安，字士宁，寿堂其别号也。年八十，以天顺五年十二月初三日卒于正寝。上世婺州人，即今之金华也。有讳槻者，仕宋两浙提举，既老，爱萧山黄竹塘，即范蠡插鞭成竹之处，田土沃饶，山水明秀，遂徙自暨阳，卜斯居焉。子孙日益繁衍，傍山而居，因其山有王监塿上山，遂名其村曰塿上黄村，传至处士凡九世。高祖载一，曾祖恭，祖仲和，父彦常。其孤珙等将以天顺六年九月廿九日葬处士于雾楼峰之麓，持里士人莨州

学正张尚质所为状，征予铭其墓。予念处士之尊人彦常，昔尝自家迁居于市之宝贤坊，其居与其妇翁苏梅庄密迩，梅庄与先君子上高令为莫逆交，梅庄过予家，时处士甫成童，为梅庄外孙，必侍杖履而来。尝记先君爱其颖敏，摩其顶曰："此子他日成立，必不在人下者。"处士年少予九龄，自幼及长颇为相知，矧辱处士以其侄女为余子妇，又与处士为姻家。特余以宦游，不相见者五十年。及致仕来归，处士访余者数数，余方以衰老不及报施为愧，孰期处士遽至于此？铭奚可辞，第不忍铭之也。

处士丰姿倜傥，有猷有为，遇事斩绝，不尚脂韦，读书了知大义，尝语人曰："人贵务本，绨章绣句无益，吾不暇为也。"事父母至孝。母病，候起居、奉汤药不解带者累月，夜则礼北辰，愿以身代。后以厌居阛阓，乃奉父母归旧

田庐，而以力田为事。日课子孙童仆于东阡西陌之上，虽自沾体涂足，亦所不辞。卒致家道尤裕，增置高腴之田，连阡接陌，重构华居，高堂大厦、凉亭燠馆，无所不具。为万石长，于所供输不烦有司。其给足公，上必先于人。乡有负不平者必赴，慰其门，于所是非必折之以义，片言之下，致两造皆帖服而去。性不嗜酒，客至，必命子孙左右执事，虽连朝竟夕，必尽彼此之欢而止。且乐施予，闻乡党宗族死丧患难有不给者，罔不捐赀以助之。迩岁大祲，民阻于饥，谓诸子曰："岁事如此，吾家可独饱耶？"即发粟周之，凡连岁略无靳色，且不以为己德。奉朝廷玺书旌之，以复其家。平生治家之道甚严，聚食者几千指，一语之出，大小无敢有或忤者。诸子孙皆循谨守度，不啻芝兰玉树之可爱，人皆谓由处士之所教然也。

　　配同邑陈氏，侧室王氏，皆有妇德。子男十：珙、瑾、珪、琳、珍、瑶、铭、钰、钜、镒；女三，任景珩、张兴、韩尚文，其婿也。孙男三十有三：源、深、江、潮、清、溥、瀁、演、渊、濡、洪、济、瀚、濩、汉、沄、洲、澜、泾、涯、泺、灂、渤、澜、涞、潜、泷、淀、洙、治、淑、沧、浪；孙女十有三。曾孙九十，名不胜录，其后来者尚未可量也；曾孙女三十有三。尝观成周时以大行取士，有其一焉已无不录。若处士，于六行备矣，夫何不及一试而殁，惜哉！然今观其子孙振振诜诜，皆为处士所及亲见，又能各肖其所为，以视成周八士之生，文王百男之庆，又一奇焉。则其所发也宁不在于兹乎？噫！处士已矣，不可作矣。予故按状撮其概，而为之铭曰：

　　　　猗欤处士，实乡之杰。其猷渊渊，其为烈烈。
　　　　积德于躬，而自韬晦。垂裕于后，而日炽昌。
　　　　本固末茂，源远流长。业有贤胤，克承克继。
　　　　悠悠九泉，含笑而逝。雾楼峰麓，卜此佳城。
　　　　水深土厚，千古其宁。

资善大夫、南京吏部尚书同邑魏骥撰文。

民国十三年《萧山埭上黄氏家谱》卷二

黄舍墓志铭

明义士循理黄公墓志铭

　　义士讳舍，字维清，循理其别号也。以输劝分之粟于京，遭疾殁旅馆。其冢器瑛闻讣，水浮陆走，不远三千里扶柩归，将以景泰七年二月二十五日庚申葬于画狮山之麓，乃持太学生严端状，衰麻匍匐，诣予请铭其墓。

　　按状，义士曾祖恭，祖仲和，父本，字彦常，母苏氏，世以积善鸣于乡。而彦常从其叔父泰州节判宗玉学，读书尚义，乐与贤士大夫游。乡宾改之顾先生、助教孔升张先生、其妇翁苏梅庄辈，时辄延致其家，质疑问难，以充所未至，尤为族之白眉也。生义士，渊懿纯朴，席祖宗之遗，率子孙僮仆树艺于阡陌之间，且善贸迁，暇则出游两浙，生殖货财，以是资产日益殷盛。尝语人曰："农商，四民业也。吾每以世之坐食待毙，无益于上下为愧。"于是朝夕不惮劳勤，艺黍牵车服贾，无或少辍。人视之，则似孳孳为利者，然殊不知不务此以取赢，则上何以供赋税，下何以备事育？识者无不谓其为务本人也。遇丧葬嫁娶不能给者，率周以财。

　　正统辛酉，奉敕劝分，出粟以斛计者六百，助有司以济贫困。今景泰丙子，又拜是命，俾其粟抵京输纳，人多难之，而义士即向阙叩首曰："舍幸生太平之世，无叫嚣之虞、饥寒之迫，获优游田里以乐其所乐，皆上之赐也。今上有命，况率之以义，何可不亟竭蹶以奉敕哉？"即日备具以行，或有以耄老劝之令子代往者，皆不听。既抵京输粟，竟以病殁，其子瑛乃代为之输，所司以瑛名闻，获赐冠带以荣身。人啧啧称叹曰"义士"，虽殁而荣及其子，何异身受矣？

　　生洪武辛未六月八日，卒景泰丙子二月，享年六十有六。配谢氏，继顾氏、应氏，男十：瑛；璛；琛；珒；杰，邑庠生；俊；信；相；佐；佑。女二：成儒、戴璇，其婿也。孙男十一：诚、冼、谟、谭、训、谧、谏、谌、谊、诚、讷。孙女三：一适来宏，一适汪淑，一适王茂。铭曰：

　　　　勤而务本，富而尚义。
　　　　力食是先，好逸是鄙。
　　　　有田有园，有孙有子。

顺命以迄于全归，遗荣以及于贤嗣。

既昭令名，可谓不死。

还葬故山，独膺繁祉。

尚祐后人，冀延永世。

资善大夫、南京吏部尚书致仕同邑魏骥撰文。

民国十三年《萧山埭上黄氏家谱》卷二

黄沄墓志铭

明输粟义官和惠黄公墓志铭

萧山义封处士黄公于嘉靖壬寅十一月十二日寿终于正寝，其冢嗣贡生时秀时谒选天曹，奔讣还家，服丧如礼，卜以甲午岁十二月廿二日举柩附葬钱家坞祖茔之次。先期，持其从侄乡进士德贤所述行状衰经踵门，托予铭其幽堂之石。愧予衰拙荒落，辞不敢承，而时秀请不已。念予昔同时秀修业邑校，有道义之雅，兹属以笔砚之役、亲友之谊，胡可终辞，遂按状而序之。

公讳沄，字宗抑，号和惠。先世婺州人，有讳槻者，仕宋两浙提举，致政，爱萧然山水之胜，卜居崇化乡之黄竹塘。子孙繁衍，沿十里阡陌相接、檐楹相望，为埭上黄，号邑名族。公之曾祖讳彦常，祖讳安，父讳珍，字廷尚，俱隐晦弗耀。母山阴芝湖陈氏，生公及弟洲、涯、瀤四人，而公居长。自幼器识不凡，克干父蛊，以子姓众多，祖居地窄，乃赞厥父迁居上埏，筑室置产，经营规画，以身任之，无劳亲心。素善治生，处家勤约，力农务本，以致业益饶裕，甲于一乡。性庄重简默，质朴不华，尝涉猎书史，凡古人格言要训勤于讲论服习，持身行事循礼守法，非义不为。课教子姓必以《诗》《书》，绰有故家遗风。尤笃于伦理，事二亲尽孝敬，处诸弟极友爱，御卑幼群从严而有恩，处乡曲姻党和而有礼。尊祖追远，墓祀废而复举，亲宗睦族，家乘缺而讲修。乐善好义，施予不吝。遇歉岁乡邻有贫乏不能举火者，量周给之；有死不能葬者，助以棺费，俾不致暴露。凡桥梁道路有倾圮者，购石修砌，以便往来，人咸德之。

弘治甲寅，应诏输粟助边，受冠带之荣。有司知公材行，委修江海塘堤及铺舍之类，公殚劳心力，助以己资，上下称美。尝长万石，收敛公平，贫民有逋税者代为输纳，其宅心仁厚如此。平生恬淡寡欲，顺养完固。晚年神益精明，虽逾大耋而康强矍铄，步履若壮。三弟亦俱有隐德，享年高而公与之优游，家庭皓首相聚，恩笃同胞，情若宾友，日夕过从，话农桑，道世故，觞咏对弈，怡怡如也。邑大夫举行乡饮礼，请以冠宾筵，公力辞不赴，其懿行可尊、高致可尚，允为一乡善士也已。

公距生于正统十四年四月初一日，享年九十有四，配同邑史氏，贤淑宜家，伉俪偕老，尚康宁在堂。子二：长即时秀，名柄，娶潭头华氏，学行老成，屡

屈场屋，应正德辛巳贡，今向用有日矣；次柏，娶临浦屠氏，谨饬勤俭，善于
继述，业益以充。皆公课教所致。女三，墩上王鸿、山阴赵景讷、七都吴尚明，
其婿也。孙男九：曰烛，娶山阴祝氏，继娶西兴孙氏；曰焯，娶山阴钱氏；曰烈，
娶县市任主簿遗女；曰燇，娶九都瞿经历廷显女；曰熺，娶新林王氏；曰燿，
娶来苏周氏；曰灯，聘西兴孙氏；曰炉，聘苏潭蔡氏；曰灼，聘路西方氏。孙
女四：一适县市任天恩，一适富阳施高鸿，一适山阴赵德焕，一适山阴李应龙。
曾孙男九：应元、应祥、应坛、应宣、应瑞，余幼未名。曾孙女三：一许史村
曹氏，一许富阳施氏，一许县市王氏。

　　呜呼！本固枝茂，源深流长，物理之自然也。黄氏昔为婺之名家，今为萧
之巨族，植本发源有自来矣。矧处士公有隐德，而公之立心行己、积善好施、
循礼孝友著于家，行谊孚于乡，而贻谋足裕其后。其培益固，而浚益深，故不
惟身享遐龄、集诸福，而将来家业之昌炽、子孙之众盛、人文之显荣，皆天道
佑善之应，而人之所羡慕而不可悻致者也。《易》曰："积善之家，必有余庆。"
其征在是，是宜系之以铭曰：

> 于维黄氏，系出婺州。中叶仕宋，始居萧然。
> 枝流繁衍，世泽绵延。惟处士公，器识超迈。
> 干蛊服劳，充拓愈大。家乘诗礼，业务耕桑。
> 孝友之行，孚于乡邦。循理乐善，平心率物。
> 尚义施恩，惠及存殁。卜式助国，讵欲干名？
> 仰承恩诏，身沐光荣。乌纱白发，徜徉晚景。
> 怡怡弟昆，森森嗣允。寿考维祺，仁者攸宜。
> 幅履之全，于公见之。百年令终，一夕观化。
> 生顺殁宁，既豫且暇。钱坞之阳，维公之藏。
> 铭以昭之，奕世其昌。

　　赐进士第、中顺大夫、广西浔州府知府、三疏乞恩致仕前南京刑部郎中邑
人田惟祜撰并书。

民国十三年《萧山埭上黄氏家谱》卷二

史妙清墓志铭

明储封黄母史太夫人墓志铭

表仕饶之三年，岁丙申也，寅长黄君枏始簿兹邑。甫数月而闻太夫人讣，凡我同寅悲而恸焉，盖一以悼君殁形之弗及见，一以悼君荣禄之弗及奉也。讣闻三日，君执所以状太夫人者造余请志铭焉。夫铭所以表诸懿也，太夫人懿行备矣，余无可辞。

太夫人姓史氏，为萧山巨族，与黄延葛数世，惠庵公适又谐偶夫人焉。夫人适黄门，妇仪母道，终始不渝，人称邑有贤妇。惠庵裕后承先，夫人相之勤，凡旦夕营办，举惬公意。尤能笃和义以处妯娌，孚恩洽以抚侄娣，亲姻中啧啧无间言。壬寅岁，大父性庵公逝，夫人哀毁如礼，事大母陈氏胜如所生，腴腬甘脆，非先尝不敢进左右，必以躬亲，恳恳然有风人蘋藻意。视衾枕寒暑必以度，且逾久不懈。家人或规之以有侍者，夫人曰："岂为无人？顾尽吾孝以训吾子女及为吾妇者耳。"乙巳岁，大母陈氏骤终，夫人哀毁骨立，比襄事，哀尤勿替。岁时伏腊奠馈之顷，勿勿诸欲其飨之焉，哭临之声呕呕焉，如将不欲生焉。太夫人处家接物与事舅姑，大致有如此者。

嘉靖乙酉，黄门失火，片瓦无存。亲属吊灾，夫人曰："数也，天可逃乎？"训诸子曰："命也，伤于财，祸可禳矣。"益肆力勤俭，捃拾衰补。未逾年，调度瓦覆，嶙焉度前规而侈后观。向惠庵公捐所余以崇赈义，是以宠命加焉。夫人匡回禄以植嘉锡，积不诎而业转赢，时以为被灾肆励者劝，其安命乐义有如此者。

岁壬辰，惠庵先逝，时年八十有四，夫人哀痛，遂成昏疾，偲偲然日以家事为己任。凡所以训子若孙者，深以浮华怙侈为戒，尝曰："勤俭，治家之本，若辈可不佩服先哲之格言？"夫人素有慧鉴，黄君幼而颖异，夫人窃奇之，因令就学，弱冠名驰乡曲。夫人喜，以为必如所望。比数屈乡荐，遂领贡南雍。太夫人命终其事，以为后图。天部选次届黄君，以太夫人年高不忍往，太夫人曰："负读书名，当了读书事。汝第往，吾犹及见也。"君不敢违，往领今秩。归，冠服拜膝下，喜动颜色，曰："今读书事方了，惜汝父不及见也，慎毋以崇卑为欣戚。朝廷慎重民牧，若能视民如伤，则不忝厥官，吾门与有荣耀矣。"呜呼！

崔元昉之母所以训厥子光汗帙者，岂过是哉？次子柏，质次于君，则命之干蛊父业，迄今亦有成立，而但宦成于君而已。太夫人高致远识又有如此者。

孙曾满前，适意暮景，时述古今故事，恣谈以资欢谑，或抚儿男婴女，玩舞以度曦光，此则人间之至乐，可慕而不可必得者。黄君以暮年膺今秩，郁郁不如意，太夫人促之行。赴职甫越月而太夫人薨讣至，生不得尽其养，殁不得沐其棺，终天之恨，乌可以缕陈哉？

夫人讳妙清，享年八十有七，以丙申十有一月二十日考终。子二：长即判簿黄君栢，娶夫人华氏，潭头人；次即柏，娶临浦屠氏。女三，墩上王鸿、山阴赵景讷、七都吴尚明，皆婿也。华、屠诸姓俱为萧巨姓，择配皆夫人协取德焉。孙男九：曰烛，娶山阴祝氏，继娶西兴孙氏；曰焯，娶山阴钱氏；曰烈，娶县市任判簿遗女；曰燨，娶九都瞿经历廷显女；曰熺，娶新林王氏；曰燿，娶来苏周氏；曰灯，娶西兴孙氏；曰炉，娶苏潭蔡氏；曰灼，聘路西方氏。孙女四：一适县市任天恩，一适富阳施高鸿，一适山阴赵德焕，一适山阴李应龙。曾孙男十二：应元，娶叶氏；应祥，聘贺氏；应坛，聘韩氏；应宣，聘施氏；应瑞，应垣，余幼未名。曾孙女四：一适史村曹嘉仁，一许富阳施氏，一许县市王氏，一幼未许。以丙申年又十二月十六日卜合葬于钱家坞之原，先茔在也①，是以铭。铭曰：

　　　　邈惟史氏，族古而繁。令德波长，燀胤黄门。
　　　　邹机邺橐，庆衍子孙。孰云赍志，紫诰将焚。
　　　　嗟兹谷窆，旛旐缤纷。于千万年，永保斯原。

赐进士第、文林郎、知上饶县事龙泉子闽漳寅晚生徐表撰并书。

民国十三年《萧山埭上黄氏家谱》卷二

---

① 也，原作"以"，据光绪二十一年《萧山埭上黄氏家谱》改。

黄渊暨妻沈惠明墓志铭

明储封承德郎儒士南河黄公暨配贞寿沈太安人墓志铭

岁嘉靖甲午冬十一月，浙萧山贞寿黄母沈氏以上寿终于内寝。先是，弘治癸亥，其夫南河先生卒，墓未志铭。及是，其孤哀忾等将以今年乙未十二月十六日壬寅奉贞寿之枢，启南河之兆而合窆焉。春二月，孙九皋就试于礼官，一日，赍币持乡进士高子警所撰状再拜请予铭其墓，曰："皋受命于家，敢敬致诸执事。"予作而曰："顺之乌能文？顾念尊翁与家君稔有胄监之雅，而昔年倅事吾常，顺之适守内艰，清风惠政，历历目睹之。窃计其源流之有自，而未之能悉也。乃今世德有状，而属之秉笔，其何说之辞？"

按状，南河先生讳渊，姓黄氏，字宗静，南河其号也。先生曾大父彦常，号寿康。大父安，号寿堂。考讳瑾，号养德，配屠氏。三世皆不干荣进。寿堂性严毅，率难得其欢心，独钟爱先生，常摩其顶曰："是子必亢吾宗。"稍长，爱书史，及成人，遂多淹贯。筑舍于文笔峰之麓，师事韩蕴夫、陈天彝，讲学几废寝食。后与邑之陈君殷辂相友善，陈少先生五龄，一日谓陈曰："子宜为我师。"陈惶恐辞谢，先生曰："吾师道也，庸知年之先后于吾哉？"竟执弟子礼。文靖魏公闻而嘉之曰："宗静可谓好学也已。"尝为手书《笔峰书屋记》以勖其后进。以儒士五举而不第，遂厌科举之习，不复起。文靖数以笔札强起之，有"莫谓名驹无暂蹶，须知屈蠖有长信"之句。先生但唯唯而已，然亦未尝废学。

性夷坦，与物无竞，气度旷达，人自莫及。居常事父母，孝敬笃至。成化己亥，养德翁殡在堂，火爇前庭，子姓争救廪藏，先生无余顾，独号泣枢侧，多为徙避计。火寻自灭，人以为孝感所致。同胞四人，怡怡如幼时，及食指渐繁，议别筑室，当有巨费，众咸惮之。先生率弟洪，即笔峰书屋拓数楹居焉，让祖室于伯兄江，曰："冢子承祖，以便奉祀礼也。"兄弟益和气。教三子有义方，以家事授孟忾，以公役授仲惧，以经籍授季怿，遣补邑庠弟子员，戒之曰："吾有志弗伸，今以望汝，汝宜勉之。"处宗族务从宽厚，有以赀产横侵者，虽知非理，亦副其意，犯而不校。尤乐施于乡人，贫不能葬辄与之地，佃人入税通负者辄免之。虽累岁终不介意。弘治辛酉，邑侯杨君铎询知齿德，敦迎乡宾再三。先生恳辞，杨侯愈重焉。盖其性诸天者完，是以学不间于老少，孝不衰于仓卒，友不夺于劳费，爱不流于姑息，惠不匮于乡里，是先生制行之大略也。弘治癸亥夏六月，忽患疟，数发，遂不支，是月之七日也。讣闻，党戚里闬罔不尽伤心。生于宣德甲寅十二月之晦日，享年七旬，葬于祖茔之东坞。

贞寿太安人沈氏，讳惠明，邑长航里知足道人瑗之女，宋职方郎中衡之十七世孙也，母惠氏。贞寿生而婉娩，为处子恭慎过常，知足爱之。自女工之外，数教以《内则》《列女传》诸书，以是兼晓文理。及归南河，不愧如宾之敬，或闻步声自外来，虽坐未尝不起，授受未尝不两手。南河读书至夜分，或严寒盛暑，则资助以时，故得肆力于学。宗党有犯，南河意不能释，则曲为慰喻，务求隐忍。事舅姑以孝敬，养德翁晚婴心疾，动止改常度，贞寿不遑启处，归与知足翁谋之。知足翁募能书人缮写真西山《卫生歌》成轴，及制醉翁椅以进，养德大喜，椅以舒体，歌以陶情，疾为少瘳。屠姑多疾，朝夕奉以周旋，屠姑安之。自贞寿所主馈，未尝不饱也。舅姑大故，哀毁逾礼，遇祀必躬洗腆。岁时常祀，里闬率用浮屠，而贞寿独禁革不用，族多化之。申教三子，无忘汝父训，戒怿曰："汝宜图所以自立，毋愧舅氏两世同科家声。"盖贞寿之弟适山道人镡、侄航南居士淳同发科成化丁酉也。航南之弟治力学有声，则遣怿从之。治举弘治甲子科，怿亦领正德癸酉乡荐。逮嘉靖丙戌，出宰闽之安溪，濒行，戒之曰："汝宜尽心民事，慎勿以我故有所苟且，而负汝所学。"怿敬守之弗敢忘，三年而报政，逾年改倅吾常，亦秋毫无敢苟且者，皆贞寿之训也。一日偶病腹疾，命孙九川以掌运之，手右转，教之使左，问之，曰："男承乾道，其气左旋，女承坤道，其气右旋。吾将以顺吾气也。"诸孙益闻所未闻。

每夏月，辄率[1]孙女若妇纺，而时上下其课，暇则取其丝枲而亲劳之，或劝请自逸，笑辞以不堪闲旷。居常喜家话，每环膝夜分，醇醇语皆往昔可法事。生平不识医药，忽嘉靖庚寅孟春，患左手足不能举，时年八十有九矣。自是，竟不离衽褥。夏六月，适怿以报政取道归省，则大喜，得见之偶，致忘其疾。明年辛卯，值九秩，怿又以铨曹事竣而归，得称觞举寿，乡邦莫不为之幸焉。是年冬，怿改官毗陵，以母老欲不赴，则谕之曰："汝之事我不如素，九韶素所便也，况有汝兄在，奈何以我故废其职？"时疾寻愈，怿不得已而行，常以大事为忧，而贞寿之年弥高，亦时忆季子一见也。甲午冬十月，怿以事留姑苏，一日忽心动如刺，急束装归。十一月三日，乃得拜膝下，贞寿喜甚，谓曰："得汝归，吾可瞑目矣。"

---

① 率，原作"每"，据光绪二十一年《萧山埭上黄氏家谱》改。

笑语连日，无疾而逝，是月之八日长至节也。事如有待，数若天定，时论异之。

上距其生正统壬戌二月之七日，享年九十有三。男三：忭，娶王氏；惧，先贞寿卒，娶洪氏；怿，娶丁氏。女二：长端璧，次端贤，韩寿、曹戬，其婿也。孙男十有一：九龄、九畴、九经、九功、九思、九德、九韶、九皋、九川、九苞、九山。孙女三：一适周仲，一适来长卿，一适山阴高警。曾孙男十有四：世显、世科、世和、世聪、世中、世芳、世賮、世臣、世儒、世麟，余未名。九功、九川、九德、世显、世科、世聪补邑庠弟子员，皆力学有声。

呜呼！吾观于南河贞寿之齐德，既不可以无传，况理数之所遭，尤有可以风邦人而劝来裔者。夫南河之初，常有后嗣之忧，迨年三十有六而生忭，意盖迟之。今孙曾绕膝，殆弗胜数，一也；南河之力学，仅以宿儒终其身，今书香接武，方兴而未艾，二也；南河以儒士五举，终于成化之戊子，今九皋亦以儒士初试捷于嘉靖之戊子，若天有以报之者，三也；南河七旬而有歉，贞寿九秩而有余，四也。凡昔所愿而不可得者今悉见而有之，亦可反命夫子于地下矣。如彼田功，南河种之，贞寿获之，所谓"人定者胜天"，非邦人来裔之风也欤？是奚容以无铭？铭曰：

> 弈弈木尖，气通于毚。邑人之瞻，降神育瑞。无独必对，刚柔克配。
> 天未定而阳数方奇，井渫自颐。既克定而柔道亨止，永绥福履。
> 阳非独穷，柔不自通。一气同功，二之则失。互藏其宅，乃见天则。
> 南麓苍苍，妥玉煌煌。千载其光，墓石有泚。谁铭太史，诏尔来裔。

赐进士出身、翰林院编修、文林郎毗陵荆川唐顺之撰。

民国十三年《萧山埭上黄氏家谱》卷二

黄东湘墓志铭

明故处士东湘黄公墓志铭

嘉靖甲寅四月二十四日，萧山处士东湘黄公卒于家，厥孙应奎辈将以冬十二月十二日扶公之枢权厝于文笔峰老茔①之次，卜葬于乙卯年。先期，介币来京，赍叔父进士竹山先生状乞予铭。予念昔从沈氏婚，公之外父广信倅甃庵公，予外父湘潭宰从父也，即温爱雅，夐绝幽明，山川阻修，不能唁公哭公，曷忍弗铭公哉？

按状，公之先世自婺州徙居暨阳，宋绍兴间有讳槻者，为两浙提举，卜居萧山之竹塘。曾大父讳安，大父讳珍，父讳洲，妣贺氏，元养弗耀，世袭其华，积美兆征。公乃诞降，机警通悟，特异常儿。大父奇爱之，摩其顶曰："吾孙英挺秀发，必亢吾宗。"既而就外傅，学古通经，不以业资进取，而液其精华，卒泽于行谊。故公甫修束，注错追之古人，劳服将事，先意承颜，公私庶务以身任之，经始上殿里，我堂我构，我疆我亩，无纤芥婴父母怀。及父母相继沦没，哀毁殒越，戚也而易，诚信至矣。丙戌，火延于公家，室宇盖藏，人共怜惜，公曾不之少顾，仓遽走祠堂抱神主祭器以行，君子以为难。不逾年而仲子捷于乡，人皆谓纯孝之报云。公生而终鲜偕群从，往来若同气者怡怡然，宾宾然，月举宴会，次第班班，直视古香山遗事，而供具仪文务从真率，晏聚笑谈衍衍然乐也。

厥配沈氏，慈顺恪端，妇道备举。子二人，皆其所出。中年物故，永不更匹，人劝之，则曰："吾有子，吾妻为不死矣。吾何忍决绝旧好而续累新欢耶？"旦暮课子勤经史，修孝弟忠信之行，暇则令诸孙环侍，谈道古今盛德事，语刺刺不厌。公之义方足尚已，宜其子侄之多贤也。子二：长德华，邑庠生，先娶永丰宰星章蔡公女，继山阴李氏；次德贤，江西南康县令，娶刑部员外郎东谷胡公女。女二：长适山阴洪炉，次适史村曹柏。孙男八：应奎，娶山阴钱氏；应埙，邑庠生，娶西陵来氏；应坤，娶路西方氏；应垣，邑庠生，娶大桥②瞿氏；

---

① 茔，原作"莹"，据文义改。

② 娶大桥，原作"桥大娶"，据光绪二十一年《萧山埭上黄氏家谱》改。

应埈，娶西陵来氏；应墀，配临浦顾氏；应封，邑庠生，配富阳庠生施子居女；应埿，配山阴陈氏。孙女二：一适邑庠生来捷，一适邑庠生曹南金。曾孙男九：三谟、三才、三试、三聘、三省、三俊、三咏、三杰、三纬，俱未聘。曾孙女四，俱幼。语曰"仁者必有后"，公之后世其昌矣。

公生于成化辛卯十月二十有二日，享年八十有四。尝终始论之，公性峭直，不能脂韦涴涊，当事情得失，是是非非，故君子乐与之交，而每见惮于小人。好施予，无所系吝，匮者赒，负者宽，故乡里待哺之家食其惠而幸其为己私，尊贤乐善，尚礼崇文，族子弟之才者能者，有道德行谊而见重于乡之评者，晋服官政而显荣者，列章缝掖而好修者，爱且敬之，必加焉，故感慕奋发而宗盟日以光大。平生甘淡薄，不滓于纷华荣利，山巅水涯，陶写岁月，已矣！虽县大夫荣其齿德，四荐宾筵而不屑一就。若公者，不可谓优游太平高蹈之民乎？是宜为之铭。铭曰：

> 湘水之东，有田有庐。八十余年，生养嬉娱。
> 以农以仕，以弗无子。子颛尔禄，孙荷其祉。
> 诸孙诜诜，为龙为麟。耕也学也，后有其人。
> 崴崴文峰，郁郁苍翠。嘉此幽贞，于千百岁。

赐进士出身、资政大夫、北京刑部尚书山阴何鳌撰，赐进士出身、中顺大夫、福建福州府知府、前河南道监察御史同邑翁五伦书丹，征仕郎、詹事府主簿钱塘洪楩篆盖。

黄九皋墓志铭

明工部主事历任鲁府长史进阶朝列大夫竹山黄公墓志铭

萧山竹山黄公卒之三年，其子乡进士世厚、国子生世淳、世孚抱其仲父山阳训导公所为状踊门泣且拜以请，曰："不肖孤先大夫辱公教者有年，不肖孤世厚辈因之出公门下复有年，古所称父子师生交也。兹将以十一月念日归先大夫于柳塘，先大夫行谊固尝不弃于公者，敢以铭告，得幸附不朽，匪特先大夫志，或亦公志也。"余忆曩庚子间，与公同处前梅里，余塾周而公馆甥于周，遂为深知。自是三十年来，即离合不偶，然每饭，心未尝不在黄竹间也。岁丁巳，余复以国子师日接伯子世厚，通问益便，其后公以逸去位，而余犹驰驱未已，然窃自念将复待公于天姥、黄竹间，寻旧好，而公固已作矣。铭固余志也，宁忍耶？

按状，先生姓黄氏，讳九皋，字汝鸣。四世祖士宁，生廷美，廷美生宗静，宗静生德和。自士宁至德和，皆邃学高行，而德和独领乡荐，仕至常州府判。男子五人，公其仲也。公生而颖拔，有异才，与山阳公同学，并赏器于父师，文学倾动一时，邑中称为"两龙"。至逸迈宕轶，则山阳公自以为不及也。嘉靖戊子，与山阳公以儒士偕试于督学，万公奇之，置优等，入秋试，遂有名，时年甫二十有二。至戊戌对策，称上旨，赐二甲进士，有诏得归省。会衢严大水，没畴舍以万计，当事者不知所为。公作书遗巡按傅公，曲中利害，具邑乘，至今浙水无患，公之功也。未几，连丁父母忧。壬寅服阕，入拜工部营膳司主事。时班匠局苦役不均，困甚。公出己意为减价，内直法两役者大称便，尚书甘公奇之。会九庙诸大工起，甘公悉以付公。公知有工而已，不顾其他，即大珰请谒，无所入，人亦以是稍嫉之。乙巳，出为道州司马。道州，元公乡也。公修元公学，以授诸士，识拔者皆名流，复置田给元公后，士益兴起异他日。寻迁判凤阳，下车即访致泗州故行人李诏颜，谏武宗毙廷杖者，为请祠于泗，以风晓士庶，郡人戴之。独革禁驰驿，为丛冤薮，抚按佥议以属公。后来公之蹶，实由此也。

戊申，以同知移宁国，其治大都与道州、凤阳等。至若辨汪姓之伪瘵以雪周都峰之诬，尤卓异。而凤阳守某先以墨去，疑公有所中伤。至是，守戚方秉铨，而向驰驿被公革者复僚于铨，遂相与挤公。会鲁府长史缺，遂以往，冀困之，而公固拂衣归矣。归则益工文，文嘉而日富，集盈市题咏，镌刻满旧所。卜胜柳塘中，且治柳塘以老人第，谓公特了一身事耳。至其先陇葬法之无序，立大父岁祭之粢田，大母沈、母丁皆种德于黄，各助田以祭其所自出，则公于家事亦了。若邑之田赋不明、徭役不均、粮长产荡与夫宫墙之隘而弗昌，大为萧患，公告长吏，告监司，必改而后已，有所摇必定而后已，则公于一邑事亦复了。噫！孰谓公特了一身事哉？然则公其可以无憾矣。独所谓黄竹、天姥吾二人者，将芒蘖其间，优游数十年，而公顾溘先朝露，我犹顽然驰驱以归，而归而适以铭公也，不为深恨耶？

公生于正德丁卯闰正月十日，殁隆庆庚午六月九日，享年六十有四，娶山阴周氏，先公二十年卒。继娶钱塘吴氏。子男五：世厚，荐戊午应天乡试；世淳，以廪生入太学；世孚，太学生；世学，邑庠生，四子皆周出也；世存，方弱龄，吴出也。孙男初元、初享，厚之子；初阶、初际、初闻，淳之子；初寅，孚之子；初立、初宣，学之子。孙女三：一适来道立，一许聘高嗣宋，一未字。曾孙男二：景贤、景虙；女一，皆初元之后。铭曰：

猗欤黄公，巍然脱颖。虽系世德，实由天挺。
方当弱冠，蔚有才名。遂与计偕，扬于王廷。
服采司空，秉是正直。裁抑珰贵，竟以见嫉。
三倅名郡，矢志弗回。移相长沙，飘然以归。
克闲有家，为式于国。洒玉挥琼，逍遥黄竹。
积善余庆，作德降祥。燕山桂馥，谢砌兰芳。
吁嗟！公仕虽蹇，泽已及远。公身虽蹶，后已多显。
峩峩柳塘，襟海带江。公名万年，与之久长。

赐进士及第、资政大夫、礼部尚书兼翰林院学士、国史副总裁、前经筵日讲官新昌潘晟撰文，赐进士、资善大夫、礼部尚书兼翰林院学士、前祭酒、国史经筵华亭陆树声篆盖，赐进士出身、中宪大夫、都察院右佥都御史、奉敕赞理军务兼巡抚宣府等处地方山阴吴兑书丹。

民国十三年《萧山埭上黄氏家谱》卷二

267

胡重玉墓志铭

明南康县知县文岩黄公配贞寿胡孺人墓志铭

癸未春，余校士礼闱，得萧然来子三聘，询其先，来子歗歔曰："聘早失恃，幸外祖母黄孺人鞠育过吾母，得有今日。夫黄，浙著族，三卿五门之派，旧多闻人，近推子姓之良者，渭阳居多，以孺人式谷之也。懿行徽称，绰有古任、姒之遗，坐阅甲子五百有余周矣。先生握彤管，司世教，其采之以风。"余闻而嘉之，既而来子令黄梅，余以外艰归。秋八月，伻来自楚，将币持孺人状，偕厥子应奎、应埙、应垣、孙三聘、三策等踵门拜乞铭于余。余方读礼屏铅椠，然重来请，又景孺人贤，铭曷敢辞？

按状，孺人胡姓，讳重玉，字惟珍，谥贞寿，南康侯文岩黄君德贤配也。裔出西陵名族，父东谷先生昉，登弘治癸丑进士，历官刑部主事。母屠氏，敕封孺人。大父海滨公永芳，以东谷筮仕，官赠应天府江浦县知县。东谷公生女三，贞寿其季也。幼而淑婉，公钟爱之。当疾革，以慎配嘱厥子清远令尚谦。时文岩公以少年博雅，为之相攸归焉。孺人温醇凝重，孝慈诚确，夙娴内训，动协壶仪。舅氏东湘翁性严介，姑沈端谨，孺人祗服妇事，用能得其欢心。丙戌，堂室灾，东湘翁谋再构，难之。孺人捐奁以助，罔以伯仲贰心，使文岩公得殚力于问学，无内顾虑。嘉靖戊子秋，文岩公应试，会母病亟不果行。孺人以显亲谕，强终试，归侍七日而母逝，越七日而捷闻。人方谓孺人庆，而孺人更悲咽曰："吾姑训子勤劬，今不及见，终天恨也，奚庆为？"

暨文岩公屡蹶南宫，又以禄养谕赴铨曹，授江西南康令，弗获展志而殁。孺人哀毁逾礼，然见东湘翁未尝不整容拭泪，惧大伤其心也，率子妇承颜敬事者逾十载。比终，丧葬如礼弗以家俭，盖不啻文岩公之在膝下也。维时胤嗣日衍，百务攸丛，则又勤丝枲，躬烹饪，以给延师亲友之费者，历若干年，每课子孙必垂涕训饬，期为先人光，是又不啻文岩公之在堂也。至若慎取予，甘忍耐，哀茕恤孤，惟务种德，不沿习俗，故诸子若孙卓自树立。冢嗣以齿德膺宾礼，诸列名博士弟子员蜚声艺林者凡十余人，每赏器于督学及监临使者，行将奋鹏翮、徙青霄，与来子相后先可俟也。余皆为孝悌力田之士，乡之人莫不曰文岩公为有后。是夫君所不及为者，孺人身有之；夫君所愿见而不可得者，孺人躬逢之。盖自十七而归，九龄而谢庭闱，无疾言，无遽色，无越虑，用能优游颐养，葆元含和，跻兹眉寿。岁时燕喜，白头侍采，曾元环膝，躬际五代之盛，朝夕问安，惟额之而已，诚世所希觏哉！余闻二南风化，始于闺门，及考近代名宗世族，匪直外德懋也，必有淑德之母种于隐微，故发之大而远，若黄母之德渊矣，其流庆宁可量哉？

距生弘治丙辰十一月十一日戌时，卒万历甲申正月初六日丑时，享年八十有九。子男五：应奎，乡大宾，恩授冠带，娶钱氏、李氏；应埙，邑庠生，娶来氏；应垣，庠生，娶瞿氏；应墀，娶顾氏；应埘，娶陈氏。女一，适太医院医士来捷，即三聘父也。孙男十有四：奎子一，三聘，庠生，娶俞氏。埙子三，三才，娶徐氏；三德，庠生，娶沈氏；三善，庠生，娶方氏。垣子四，三谟，娶来氏；三咏，娶蔡氏；三尚，廪生，娶瞿氏；三畏，庠生，未聘。墀子三，三策，廪生，娶来氏；三杰，娶曹氏；三益，庠生，娶曹氏。埘子三，三辅，娶方氏；三台，娶周氏；三忠，未聘。孙女一，奎出，适山阴钱宗教。曾孙男十有三：士元，庠生，娶任氏；士充、自新、自明、自强、士光、自修、自学、自师、自献、自周、士章、自省，俱幼。曾孙女五，一适山阴王应奎，余幼未字。文岩公先孺人四十三年卒，葬于文笔峰下孟家坞之原。应奎等谨卜以是年十一月二十有四日奉枢启先公之兆而合窆焉，铭曰：

> 倬彼岩公，胡啬其躬？猗欤贞寿，荷天之祐。
> 德裕厥身，式丰其后。既寿而康，既炽而昌。
> 弈弈谢兰，馥馥窦芳。存也顺事，殁焉允臧。
> 史氏铭之，贲于幽堂。

赐进士出身、翰林院编修、文林郎槜李冯梦祯撰文。

黄三祝暨妻蔡氏马氏墓志铭

明崇明县尹尔华黄公暨元配蔡孺人继配马孺人墓志铭

余直隶潞河人也，祖籍明州之鄞县。岁甲申，余自北来访旧青毡，已荡然无复存矣。旋谒萧山贾令，言此境推正谊明道为耐久交者，莫如黄氏昆季。询之，长伯宗，讳象彝，次人如，讳象玉，季雨臣，讳象霖，别业在城之静常斋。余遂馆谷焉。促膝谈心，歌诗赠答，一饮再饮，其乐陶陶。未几，三子揖余而言曰："仲秋之吉，将茔我祖暨两祖母于六和坂。"役余为志，且出其伯祖乡进士平定州知州讳三尚所撰乃祖之状以告。嗟嗟！余蚤懵山经，何娴翰墨，然与三子有葭莩之合，美锦学制，亦所不辞。

谨按，公姓黄氏，讳三祝，字尧卿，号尔华，行瑞八十。弱冠游庠，恩选南雍，仕至苏州府崇明县尹，左迁王官，大宾于乡。其先世发源江夏，著声浣溪，越祖槻，提举两浙，见萧然风景竹塘秀丽，因卜居焉。曾大父栩，乡贡生，任上饶、江浦二县尹。大父熺，由庠士入国学。父应垲，邑号仁人，族称长者，配蔡孺人，赐进士司李蔡龙池讳万里之女，继杭州马孺人。公同胞五，居长以率诸弟，以事二人，孝友本于性生，声闻藉于闾里。泙厉于诗书之府，服习于礼乐之场，春诵秋弦，焚膏继晷，为诸生时便尔，气往铄古，词来切今。无何，三走棘闱不偶，一赴南雍又不偶，不得而已吏隐于崇明县尹，长才短试，为之兆焉。其地居海岛，接山陬，握兵符，司韬略。公一旦勒兹部伍，命尔车徒，以相从事。郡内诸生数十人，群聚而沮之，各有难色。公拂然挺解，霍然戈挥，群丑扫除，黎民安堵。居无几何，以直道忤上司，左迁王官。公遂浩然归。往邑中父老子弟远近相留不得，各感泣数行而去。

公归林下，工于书，几夺临川之笔；欢于酒，将凌彭泽之樽。时邻有王姓者，因逋负噬脐，竟欲卖其妻以偿。公闻之，立赠数十金以全其节，非以市德也，其素所蓄积然也。邻里乡党望烟而给米粟者几何族，遇寒而赠衣被者几何族。仲子居义继与四弟为后，分己田产五股均派，较之割肉颍上，犹难也。至若隆师傅、课儿曹、兴宗社、励族人，行见艺苑蜚声、文坛飞将，咸沐公之德于不衰。

天不慭遗，享年七十有三，生于嘉靖四十三年七月二十日子时，卒于崇祯九年十二月十九日卯时。元配蔡孺人，宦门之女，闺阃之英，肃事蘋蘩，勤劳纺绩，相夫子顺而有仪，抚诸儿慈而有则。自奉菲薄，衣服饮食几与婢妾伍，而孺人视之恬如也。古有云："已贵而能勤，已富而能俭"，孺人有焉。禀命不融，享年三十，生于嘉靖四十五年十二月十八日卯时，卒于万历二十三年三月初一日子时。继马孺人，气度春容，妆资丰盛，佐公构大厦二所，置田产千余亩，抚前儿如己出。享有余年，寿七十有三，生于明万历四年七月初二日丑时，卒于清顺治六年七月十五日戌时。子五：居仁，邑庠生；居义，增例太学生，又乡大宾；居忠，乡大宾；居信、方，俱邑庠生。孙十五，列庠序者十一，国鼎、中鼎、秉忱、太鼎、太瓒、象彝、秉文、象玉、茂长、象文、象霖，外皆业儒。孙女三，倪某、傅以光、吴泰亨，其孙婿也，皆博士员。曾孙二十八人①，允昌、宸熠、辰焌、桢，文学生；士㸌、辰熜、辰达、淦杰、焕、辰焞、士焜、梦熙，文学生；焯，文学生；炽昌、辰遴、天爕，文学生；兆熊，太学生；煜、兆元，太学生；辰熊、士煋、宸迓、灿、士熀②、辰烜、士煜、士炟。曾孙女十二，俱许配名家子弟，或在国学，或在郡邑文学，或业儒，俱未详载。元孙二十二人，元孙女若干。其曾孙俱系青年，未有艾也。德远流长，不遑殚述，且为之铭。铭曰：

湘水之东，文峰之北。笃生斯人，英姿绝俗。
汪汪其度，便便其腹。志冲霄汉，命与时逐。
甫列胶序，声名谁匹。观光上都，日复一日。
緤组分珪，恩流鲛室。拂衣归来，芝兰绕膝。
世莫我容，辄怀三乐。优哉游哉，敛藏锋锷。

① 细数人名，实有二十七人。"士㸌"前原有"元"字。查本谱卷十七，国鼎子一，允言；中鼎子一，炽昌；太鼎无出；秉忱子三，辰灴、辰熊、辰炟；瓒三子，辰焌、辰熜、辰焞；象彝三子，淦杰、梦熙、天爕；象玉无出；象霖二子，兆熊、兆元；茂长五子，桢、焕、焯、煜灿；秉文二子，宸燿、宸迓；叔文二子，辰达、辰遴；象文六子，士㸌、士焜、士煋、士熀，士煜、士炟。与本文相对照，可知本文多一"元"，而少"辰灴"。同卷秉成长子辰灴，字克成，配吴氏，子一，思学。可见辰灴实有其人，而"元"则未见记载。据此，"元"字当衍，应删。

② 士熀，原作"士焜"，与前所列"士焜"重复，据上条所列之人名改。

猗嗟女士，窈窕尔容。□□□□，勤敏尔业。

阀阅钟祥，贵而不挟。幂酒缝裳，寒暑不辍。

西陵淑姿，懿范是涉。惟公肃雍，两以德从。

精爽惟三，流泽溶溶。面山带河，旁列群峰。

远而弥芳，千载与共。子子孙孙，福禄来崇。

赐进士出身、奉议大夫、吏部文选司郎中潞河张文烶撰。

民国十三年《萧山埭上黄氏家谱》卷二

黄居信暨妻周氏墓志铭

明文学中孚黄公暨配周孺人墓志铭

　　乙卯冬，余宰有萧邑，酒癖诗魔，不屑屑以簿书为事，日与邑中贤士大夫放意于湖山岩壑间，得黄姓昆季伯宗氏讳象彝，人如氏讳象玉者，二人闳中肆外，号大雅材，每与余燕会，至酒酣耳热，时以歌诗相赠答。余愧无宓氏高风，而所称兄事友事盖有人焉。既而试童子，首拔惟黄子梦熙，阅岁再试，首拔惟黄子天燮，奇其人。询之，乃知二友亭亭玉树焉，益相得甚欢矣。辛酉岁冬，二友拜手告余曰："先人尝结圹于六和坂，今改葬高田上之龙颈山，窆之日乃十二月十三日，卜其宅兆，面文峰而背石岩，为余所遨游久矣，请为之志并铭。"余以其尊人行事不少概见，而以素不识面为辞。二友因道其详，且出前进士铨部潞河张先生讳文烶者所撰行状示余。余低徊久之，而后乃得仿佛想见其为人矣。

　　谨按，公姓黄氏，讳居信，字中孚，邑中博士弟子员也。其先出自江夏孝子香，后裔槐提举两浙，过竹塘，见其风景淳朴，遂世居焉。高祖梱，以明经为江浦县尉。曾祖熺，由邑庠生入太学生。祖应阶，邑称长者。父三祝，由庠恩选南雍，授崇明县尹，又大宾于乡。母蔡，进士节推龙池先生讳万里之女，继母杭州马氏。同父者五人，公居第四，蔡所出也。公世有令德，生而挺异，五岁丧其母，随而就傅，过目辄已成诵。少而有成人志，黄氏五世腾骧，率由壁经，而公独肆《春秋》，自左氏公、谷及宋诸儒传注，日记累千万言，无一字遗失，公之明聪度越诸人矣。弱冠游庠，督学孙公有国士之目，然数奇，应试辄蹶，公之遇于时何如也？又慷慨多大节，遇连岁饥馑，公出所积粟米，尽以赈贷。邑中待以举火者百余家，贫而负者焚其券，寒而告者给其衣，公之好施，虽古长者未有过焉。闭户潜修，焚膏继晷，研精五经六艺之传，旁通诸子百家之编，其手录诸书，盈箱满帙，方将大为著述以示后人。志虽未就，亦可谓笃学不倦者也。其在家中，事继母内外无间言，友于兄弟，式好无犹，公非孝友中人乎？

　　时县产解南粮，公挺身往役，鞠躬尽力，不避艰险。《易》曰："王臣蹇蹇，匪躬之故。"公之忠于事君，亦足窥见一斑矣。役事告竣，归不几时，倏尔抱病，遂告其妻若子曰："吾殆将逝矣。"生平未了之事，一一嘱之于简。公生顺殁宁，盖有古人风焉。配周孺人，中义村郡庠生周钟瑞胞姊也，始焉事公姑以孝闻，克相夫子，娴习四事，不忘孟训。遭公殁时，哀毁骨立，强进水米，以终天年。适逢鼎革兵燹之余，群窃蜂起，母率诸儿媳及奴婢辈十余口，往避远地，卒济其难，以保其家。母有守贞之志、先几之哲、处事之方，非公刑于之化然与？

公生于明万历辛丑九月十九日子时，卒于清顺治甲申七月十二日午时，享年仅四十四岁。母生于明万历庚子七月初五日丑时，卒于清顺治甲午十二月廿七日卯时，享年五十五岁。子三，俱邑文学生。长象彝，娶钱清潘庠生之女；次象玉，娶县城何庠生之女；季象霖，娶中义村周庠生之女。孙五：二仁和邑文学生，余俱太学生。淦杰，娶在城工部侍郎嫡孙王庠生之女；梦熙，娶临浦陈庠生之女，继娶会稽陶氏；天燮，娶会稽待赠承务郎陶公女；兆熊，娶县城史庠生之女；兆元，娶贡生宣平县教谕周之女。孙女一，适贡生教谕吴枢。曾孙四：学全、学奎、学尧、绳周，俱幼，业儒。曾孙女六：长适会稽陶文学生鼎，余幼未许。源深者流长，德厚者发远，理有固然，信不诬耳。余志之，而且勒之以铭。铭曰：

> 文笔秀丽，郁乎苍苍。竦峙于前，群峰相望。
> 川流滢滢，绕我之旁。石岩岩石，殿立轩昂。
> 中若游龙，旁礴渀沆。触鼺探骊，石穴是藏。
> 伊惟吉人，钟毓其祥。生而懿范，世莫与亢。
> 归真反璞，久而弥芳。塕然太虚，精气莫当。
> 明德惟馨，代有耿光。子孙绳绳，俾炽俾昌。

赐进士出身、文林郎、知萧山县事龙眠年家小侄姚文熊拜撰。

民国十三年《萧山埭上黄氏家谱》卷三

盛严墓志铭

世学公墓志铭　第十世

　　萧山盛槐谒予西湖别墅，再拜告曰："先人生平谨厚，不幸卒，年仅四十有二。不肖黾勉治葬，哀痛荒迷，未遑乞铭立言于君子，而墓祭两清明矣。今不图，则先人之潜德日就湮泯，罪将奚逭？执事以文名世，辱念同郡之好，秉笔表诸墓隧，不惟先人赖以不朽，不肖孤之不孝亦庶几免焉。"因而泣下，授予行状。予聆其言有可矜者，遂不复辞。

　　按状，处士讳严，字世学，姓盛氏，其先居富阳龙门，元末徙家萧山新义乡。传数世至秀毓，秀毓生文理，处士大丈夫也，皆弗仕。母周氏，淑行。父善治生，赀产日饶，以旧居在凤林之东，去河不远，潮汐震荡，非经久计，乃置别业，分命三子各掌之。长世材，次世民，幼即处士。处士所掌名西庄，距家二里许，辰往暮还，省定无违礼。父尝遘疾，处士垢面鬖头，躬调汤药，至夕稽颡北辰，愿减己算以益父寿。疾寻愈，后父高年令终，处士方卧病，恸哭顿绝，自是瘠甚，杖而后能兴。卜葬有日，二兄戒其勿劳苦，处士泣曰："公已死矣，吾何生为？"力疾至墓所，弗懈。服阕，迎母就养西庄，奉事尤谨。母留兄家，处士心恒怏怏，必往见母始安。事非琐碎，咸咨决于兄，故宗族乡党称其孝悌。所居小斋揭"耕读"为扁，昼课童仆辛勤畎亩，间灯下展书讲读，涉猎大义。每指二字诲其子曰："人不耕则饥，不读则不知修身之要，以致辱先丧家。吾服膺于斯，没齿不变。若等毋作玩具。"家贮万石，处士三载一任其事，公不逋私，租不敛怨，人或假贷，不觊重利，以产来售，必厚其值。凶年乏食者，从近及达无不赒给。延师家塾，必择端朴，曰："此铸器之炉冶，若非其人，必致无益。"亲友过从，治甚款洽，未尝毁人之行。

　　闺门雍肃，配韩氏，善于内辅。子男二：长槐，次楠。女一，适沈春。孙男五，女二。处士生于永乐壬寅年十二月八日，没于天顺癸未年十一月廿五日，是年正月二十五日葬张家山之原。处士笃行如此，不足以致寿乎？造物冥冥，不可诘也。为善者，其可怠乎？因特表而出之以为劝。

太常寺少卿会稽陈志拜撰。

光绪二十七年《萧山盛氏宗谱》卷一

包淑清墓志铭

韩母包太夫人墓志铭

天顺癸未六月，监察御史韩公祺卒于京师，其弟襘归葬萧山，于今二十有八年矣。予尝游公门，获与襘交，违远之际，每一念及，未尝不怆然于中也。今年，襘以事来京师，概论存殁，益有感焉，间以其兄祐所述母夫人状请予铭其墓，谊不可辞。

按状，夫人讳淑清，姓包氏，适韩，事舅姑如事父母，相夫子玉堂公综理家政，日致殷阜。生五子，教养有方，不一于慈。公执役于外，夫人程督加严，以次子祺器识不凡，请于公，遣入邑庠充弟子员，学日超诣。正统丁卯，登浙藩乡荐为第一人。时公病疯，四体痹痿，侍医问药盖皇皇焉。诸子娶妇必择性行贞洁和孝者，躬率以礼，闺门之内孝友辑睦，蔼如也。既而祺登天顺丁丑进士第，擢福建道监察御史。夫人念之，屡遣幼子祼、襘往省视，往则寓书戒以"廉慎守官，无忝其先"。是以祺刚介不苟，卒以致祸云。夫人既伤祺早逝，抚其孤妇益厚。迨其晚年，诸孙森列，娟秀可念，夫人一一课试之，随其才质各授以业，俱能有立，家益饶裕，恒推所有以济贫乏。年九十，值朝廷养老恩，颁赐粟帛，将闻于官。夫人曰："吾家颇足衣食，况无涓埃报上，不敢当赐。"坚辞之，人益高其行。

盖年九十一而卒，揆其生则洪武乙卯九月二十七日，其卒则弘治乙酉十二月廿四。子之长曰礼，娶朱，卒；次祺，即御史，娶吴，镇江郡守崔公之女，无子，以弟之子宜侃继；次祐，娶张；次祼，娶史；次襘，娶许，继任。诸孙宜仲、宜佐、宜侦、宜侃、宜俨、宜赟、宜倬、宜倄、宜杰、宜信。孙女适黄诚、来鸳。以卒之明年十二月十三日祔玉堂公之封。铭曰：

> 繫子之显，惟母之贤。怀此至宝，中道以捐。
> 呜呼命耶，岂理则然？惟寿惟福，惟以永年。
> 达彼于此，聊慰九泉。铭以志之，贤母之阡。

　　赐进士出身、通议大夫、礼部左侍郎兼经筵讲官、翰林学士同修国史钱塘倪岳撰，承德郎、太仆寺寺丞姑苏张翔书丹，征仕郎、中书舍人、直文渊阁东吴刘棨篆额。

民国三十七年《湘南韩氏宗谱》卷四

韩惟论墓志铭

玉吾公墓志铭

嘉靖己未，玉吾韩公繇福建沙县教转山东汶上令。汶当南北之冲，车马往来昼夜不绝，吏民供应不支，疲罢困极。豪猾奸党，积弊潜蓄，号为难治，前之邑令失职相继。公至，廉以持己，勤以干职，平易以亲民，明察以照奸，兴民之利惟恐不及，剔民之蠹惟恐有失。期年而邑大治，民谣曰："汶上令，真贤圣。清如水，明如镜。"喧传道路，直达京师。方将大为以新邑政，而太老先生卒于官所。邑民号呼拥道，赴抚按乞留，弗使奔丧，以终其治。夫民岂不知公之情不可夺，其去不可留乎？而必强欲留之者，盖爱戴之心切，不暇为公罔极之痛计矣。抚按持疑不知所决，公不暇束装，仓皇上道。民知公不可留也，扶老携幼，攀辕卧辙，咨嗟涕洟，送至数百里而返。相与筑祠，塑公像貌而四时祭祀焉。三年，知公服将阕，相与聚谋，赴阕再乞韩侯，不幸以疾告终矣。

公于嘉靖丙午中浙江乡试，礼部不第，为沙县教。是时岭南冈峰海公讳瑞者掌教南平，独与公亲厚。公转汶上，冈峰持一金为赠，且曰："此吾俸资也。"《易》曰"方以类聚"，以冈峰之节操凌励冰雪，非其类也，虽当道权贵不忌，非其义也，虽一介不妄予人。使公制行少訾，岂肯与公相亲厚？又岂肯捐俸以赠公乎？公之志节不愧冈峰，而治汶之政尤为煌炜，使天假之年，名位当何如哉？不幸中道而亡，岂非命耶？然公之德惠，民怀思之；公之甘棠，民封植之；公之庙貌，汶民千载而俎豆之。其生也荣，其死也哀，乌在寿考？景公富而无称，夷齐饿而不泯，官之高下，寿之短长，何足较乎？

公讳惟论，字仲言，玉吾其别号也。髫年颖异，长而通敏，入邑庠蔼然有才名，其为诗文清丽可喜。生于正德丁丑四月十七日申时，卒于嘉靖甲子二月初五日戌时。卒后九年，隆庆壬申十二月二日卜葬周家湖山之北麓。父讳辇，母於氏，夫人汤氏，弟惟谦、惟讃，俱邑庠生。男五人：长曰振疆，次曰抚疆，次曰扩疆，次曰持疆，次曰指疆。女一，适予次男庠生来孔贯。呜呼！予老病山林，誓不为文久矣。顾唯与公相知最深，而又忝预姻娅之末，公之懿德，固不可不述以传后世，乃志其事以铭。铭曰：

呜呼！玉吾之器，金玉珪璋。玉吾之政，卓异循良。

天不慭遗，哲人云亡。我铭其藏，永永不忘。

师宗州知州眷姻弟来日昇拜撰。

民国三十七年《湘南韩氏宗谱》卷四

韩璿墓表

叔美处士墓表

赐进士、南京湖广道监察御史同邑何舜宾撰文
赐进士、奉政大夫、湖广按察司佥事同邑富铉书丹
赐进士、工部都水清吏司主事同邑来天球篆额

文林郎、扬州宝应知县韩立克中母太孺人姜氏卒于家，讣闻，立解官匍匐东还，与兄愚等极力图厥襄事，奉兄命率季弟乡进士宪、叔弟邑庠生勉诣予请曰："立寡兄弟罔德，祸延二亲，先君子卒已三十四年，尚未刻词，盖有待焉者。今母氏又卒，此而不图，则澄德终泯，罪益深重。"因出其所述事状，皆再拜呜咽不已，必欲为之执笔，情亦至矣哉！忍不为之言？

处士讳璿，字叔美，号坦斋，萧山义桥里人。高祖处静，行仁一，曾祖长卿，行智一，祖汝梅，行祚五。五代有善德而不显于仕，父文昇，袭祖父风，尤积善树德以大其家。母吴氏，允称其配，生兄弟四人，处士居长。事亲极孝敬，存没一致。待诸弟笃友爱，怡怡如也。其宅心坦率，与人交则洞见肺腑。善治生，恒产颇赢余，性不吝费，人有求辄应之，无德色。家众分炊均一无重轻，诸弟咸服。从弟琚没，乏嗣，以四子肃后之。初无所利念，其为宗子之支，礼不可绝也。家旧谱散逸，请富春俞古章先生重编成帙，复介其姻宁化知县徐维翰氏乞冢宰魏文靖公为之序，甚加称许。春秋渐高，将以家务委愚、定以求晚闲，且其子立志向异凡儿，遣游邑庠，间亲课其勤怠，冀必成名以报太平，盖其志也。忽无疾而作，实天顺癸未十二月初一日，距生于永乐庚寅十二月二十九日，得年五十有四。

太孺人姜氏，崇化里善俗女，父伯龄，母童氏。太孺人赋质凝重，性温粹心慈，父母钟爱之。及笄归处士，于凡女红中馈内职所当为者，力任劬勩，尤慎于事舅姑，如事父母。日用衣服之节，靡或之违，甚得欢心。相君子顺而有礼，处士素好宾客，太孺人必亲为供具，无厌倦意，教子女，处妯娌，至御群下，无不以道，宗党咸以贤称。方期与处士偕老以享子孙之成，不意中道遽分，孺人哭之甚哀，遂丧明。时愚、定甫长，太孺人治之甚严，故能不坠厥家。立甫弱冠，择师友教之，若常德同府沈先生公望、峡山儒士韩先生蕴夫，皆尝及门受业。前此亦

从予游，立能有成，领成化甲午乡试荐。太孺人喜，谓之曰："吾儿幸兹一得，使未亡人他日无愧见而父于冥冥矣。"立泣拜受命，益图前进。宪寻长知学，太孺人复遣之游邑庠。弘治己酉亦荐于乡。太孺人喜益不胜，即以向之语立者语宪。立连不利于春官，与宪偕试犹然。宪归侍左右，立谒选天曹，被简擢获知畿内县事，制不敢越境以东，遂莅任，亟治舟走，其子清等奉迎太孺人就禄，以老辞不赴。立恒郁郁于母氏节束，奉俸资归助甘旨，太孺人乐之，且示曰："我在，尔兄弟皆能奉养，勿屑屑为我以分心妨政，我无不乐也。"立终不释，适一考满，借道以归，银鞶鹭服，奉觞为太孺人寿，乃曰："吾得见尔此归，老死无憾矣。"促之亟往。未逾年，一日忽微恙，召愚等言："我度不可起矣，尔兄弟治生读书勿废，但尔弟恨不及见也。可语以始终保名节。"嘱之再，更不他及，翛然而逝。永乐戊戌六月二十五日生，弘治乙卯五月二十五日卒，得年七十有八。男五：愚、定、立、肃、宪，肃为叔氏后。女三：一适河间司训俞禴，一适万石长朱恺，一适庠生张力本。孙男九：澄、清、深、泽、瀛、洲、洪、沄、潘。孙女八：一适盛涛，一适王佩，一适李滔，余尚幼。卜以卒之明年十二月十一日葬于龟山祖茔之次，与处士合兆。

呜呼！凡人之有生，则必有死。犹夜旦之必然，在所不免，所贵者在不死其名耳。若处士若太孺人，身虽云亡，子孙绳蛰以克世其家，又能读书立身而相次登科，致人称之曰"联璧"者，其名位功业尚未可量，漏恩光泉下有日，一皆善德所发，名其果死乎？予因按其状之概与素得之详，并为文以表诸墓道，俾过者式而敬慕云。复系之以铭。铭曰：

> 峡山拔秀兮，江水渊泓。钟此吉壤兮，宜尔佳城。
> 既固且宁兮，呵护有灵。嗣续振发兮，德善之征。

民国二十年《萧山义桥韩氏家谱》卷一

韩立墓志铭

庸斋公墓志铭

赐进士、通议大夫、陕西按察司使同邑来天球撰文
赐进士出身、太仆寺寺丞门生同里盛浤书丹
赐进士、试都察院同邑徐官篆额

庸斋韩公之配孺人张氏以正德丁丑五月二十一日卒，是年闰十二月十三日葬龟山先茔，合庸斋兆。其子清等持乡贡进士沈璇状，皆再拜呜咽不已，请予为志，曰："吾先君尚未有铭，兹敢以劳职事。凡所以昭吾考妣之行于不朽者，永惟先生是赖。"呜呼！予与庸斋为姻契，乌可辞？

按状，韩为萧山著姓，居义桥里，传至于庸斋曾祖汝梅、祖文昇、父璿，皆行修于乡。母姜氏，德闻于族。庸斋讳立，克中其字，别号庸斋。自少失怙，警悟不凡，孝友纯笃，志行端洁。治壁经，游邑庠，登甲午乡试进士，弘治三年仕宝应令。以地当要冲，事繁民瘠，莫能为之。庸斋持廉秉公，刻意修复，凡可以利民生、省民财、节民力者，虽梦寐不遑。几三载，政通民悦，鬼神歆享。他凡兴贤礼宾、刑奸禁慝，诸务不求异而自当其可。当道式意旌荐，以内艰去任，邑民遮留之若父母。然厥弟克有亦登乡举，庸斋授以官箴，出宰万载，弘著刚明之誉。越弘治十一年，庸斋补太平，其立心行政于宝应加严。郡守刘公楫重而礼之，荐疏方上，而庸斋又卒于官矣。民为哀之而罢市，乃弘治壬戌三月初十日，距生之正统十一年九月十五日，享年五十逾七。

孺人姓张，讳德柔，同邑处士张民惠女，母姚氏。以孺人赋性贞淑，早闻姆训，甚钟爱之，择配归庸斋。惟姑氏在堂，朝夕承侍，孝敬备至。其相庸斋，竭蘋蘩以代奉养之诚，谨织纴以供衣巾之具，与其资益官事，教进诸郎，名登季子。而睦邻爱族，周贫济乏，常不吝遗。若俭素之心终不逾始，足为母道仪范。生正统十一年正月二十四日，享年七十有二。男三：长清，娶许氏；次泽，娶杨氏，九江府教授日升之女也；幼洲，中弘治甲子乡试，娶葛氏，继娶杨氏。女一，适王佩。孙男九：遇、迪、运，运为邑庠生，遵、遴、逅、达，逅、达为邑庠生；送、遷。孙女七：一适黄珏，一适田桢，余尚幼。噫！庸斋名重于时，

而官不永其寿；孺人贤闻于世，而身不逮其封。是皆有可惜而垂休于后者。铭曰：

> 杨之父母，庸斋是承。韩之伉俪，孺人其膺。
>
> 孰显于官，孰著其声。孰相于内，孰迪其成。
>
> 皇有其报，子登云程。推封有待，恩荣愈腾。
>
> 龟山佳地，并奠厥灵。传世永久，我铭斯征。

民国二十年《萧山义桥韩氏家谱》卷一

韩洲墓志铭

文林郎知福建福安县事居轩公墓志铭

《萧山义桥韩氏家谱》封面

赐进士及第、承务郎、国史馆修撰、经筵讲官年家晚生钱塘茅瓒撰文
赐进士出身、中顺大夫、广西南宁府知府、前北京太仆寺寺丞眷生同里盛沱书丹
乡进士、襄府长史、诰封奉直大夫进阶朝列大夫眷生同邑孙光篆额

嘉靖丙午秋七月，萧山福安侯韩公居轩考终正寝，予适丁外艰，致居于家。

公子遵等渡江衰绖诣予，曰："昊天不吊，先君子卒葬有日，此而不图，则实德终泯，罪孽深重。"因出从兄庠生运所述状，皆再拜呜咽请铭，从弟庠生继祖从旁赞之。予与公三子逅有同年之好，公固予父行也，铭何敢辞？

按状而序之，韩氏本相州人也，元至正、大德间讳继先者为婺州司征，遂居于婺。继先六世孙讳逊之任萧山县尉，卒葬于今义桥里，因占籍于萧山。庸斋克中翁立，凡七世，始发贤科，领成化甲午乡试，历任巨邑。厥配张氏，柔德维则，生三子，公其季也，讳洲，字宗宁，别号居轩。自幼聪警不凡，孝友天至，倜傥大度，诚笃不欺。庸斋钟爱之，命受业于其弟克有宪。数年，尽其蕴奥，而汪洋浩瀚所自得者尤多。盖克有翁因庸斋发迹，有"联璧"之誉者也。公甫游邑庠，庸斋翁谢世于官，泣血之余，益志前进，且承顺母志，凡所奉养，靡不周至。服阕，亦荐于乡，实弘治甲子也。既而屡蹶春闱，以母氏年高，将图禄养，忽得异梦，亟驰南归，视母氏，果疾作，人以为孝诚所致。母疾不可为，则日夜号泣，庐于墓所。叙风木哀思，以写追慕之意，士大夫多相与咏叹成帙。古人所谓"生事尽养，死事尽思"者，于公见之。方经理葬事，孟兄亦卧病危急，公复进汤药，节候安否，疾竟得愈。

正德庚辰，获选授闽之福安。邑界山海，民多健讼，山寇时发。公念先人之令大邑也，善政善教，浃洽于民，咸以名宦闻矣，吾何修而可以无忝哉？至惟廉以律身，勤以莅事，仁爱以临民，威严以驭吏。始至，讼者盈庭，未逾年，几于无讼。盖公以剖决如流之才，加之哀矜恻怛之念，众自不忍欺也。民有负逋官物者，将鬻妇以偿。公廉得其情，即赀之使完其家室。所属巡检刘江莅官三日而卒。江，山东人也，其子欲以幼妹为敛费。公闻之，因用怃然，为之委曲调度，更捐资以助之。而儒学谕训金公铎、杨公相、应公第往往卒于官，公以冷官惜之，资给优厚。虽道途险远，咸得归葬，非止其平日相与款洽也。邑西里许有溪名栖云，要津也，水常泛滥，行旅艰之。公创为浮桥，木石料理不烦于民。既成，民题其石曰"韩公桥"。儒学旧处卑隘，众议造于龟湖山，公亟为之申请，得允改作，不期月而就绪。圣像不可移，则改作木主，先得我皇上谓"土像不经"之心。巡按沈公灼因美之为新政首，称邑之文教大振，士始科第，公之功也。俗尚妖幻，水旱疾疫相听命于师巫。公治其尤，使不惑众，民咸誉之曰："我公真神人也。"往时州使至邑，多叫嚣于庭，不以长官为意。公曰："是皆以执事不修受侮也。吾奉法修职，此而不较，何以临民？"闻者慑服，不致复肆。邻邑盗起，剽掠不已，檄至，公提民兵应之。所至灭迹，被掠战死之家设法赈给敛葬，为文以吊祭之。民忘其盗。故巡按汪公珊保推为闽中第一，曰："政令威严而吏民咸服，综理周详而巨细毕举。"人犹以为不足以尽公之德云。此其居官之大者，余固更仆不能数也。阅九年，政通人和，超擢有日。

公以时事难言，雅有退休之意，于是东归，筑室于龟山之前，日以诗酒自娱，课子以读书为事。俸余率以给宗族，虽邻里之贫乏者，亦量济之。益宽洪简重，不以贤智先人，贤愚内外无不慕其德而怀其惠者。每痛兄早世，待寡嫂及仲兄恩礼弥至，抚其犹子，教育谆切，卒能成立，常曰："宁使汝辈无依也耶？"公平日契旧姻友多不可述，与之交游往来，白首如一日。虽素刚介寡合者，独与公亲厚，人益难之，且未尝干谒在位。故邑令王公伟称为"不入城郭先生"，待之加异。张公选保推当道，谓"年高耆迈"，力请就宾筵。儒学教谕萧公仁，相见以"德星"呼之，迩者原泉黄公世显亦称为"盛德之士"。讣闻，悼惜不已。因悉蠲其丁役，犹厚以大祀，神祚之颁。脱①视公之死，宛如生也。公之硕德懿行，取重于缙绅如此。

嘉靖丁酉，季子逅与予同乡荐。公教以务学亲贤，以图大用，而于犹子之抱才未遇者，则以"乐天知命，修身以俟"诲之。辛丑岁，皇帝制下，重纂《大明一统志》。闽人思公不已，遂叙入名宦，其略曰："持身刚介，莅事公勤，劝农与学，靖盗恤民。为政九年，始终一致。既归，人思慕之。"公论不泯，固如是也。公平时癣疮，惟居官不发。及致政复作，今年夏秋之间益甚，兼以痢疾，药疗不克，竟以是殒。前一日，犹与犹子论杜诗"风暖鸟声碎，日高花影重"一联意义，及己作写怀诗属和。将终，命诸子移榻于正寝，且曰："士为贤士，农为良民，则予死固瞑目。后事不足，可弃产以给之。"乃翛然而逝。观此则公之养正自持，官无余蓄又可知矣。

公生于成化十年八月初一日，享年七十有三。先娶葛氏，原籍富春，应天府耆士葛公瑾之女，扬州葛公世隆之妹。盖庸斋翁初试官时，携公北上，葛公择婿而归者也，无出。继娶西兴杨公珪之女，甲辰进士东湖杨公应元姊也，生子曰遵，曰逅。遵娶黄氏，逅娶施氏。副室邓氏，生子亦二，曰遴，曰送。遴娶徐氏，继娶何氏；送娶董氏。女二，皆杨氏所出，长适长潭里沈九皋，次适昭名里任希哲。孙男十人，曰煦，曰杰，曰熊，遵所出；煦娶里仁乡岁贡东螺

---

① 原校：此句疑有误脱。

张公瑛之女，杰聘王公官之女，熊未聘；曰熙，遴所出，娶大桥瞿公叔之女；曰点，曰兼，曰鳌，逅所出；曰羔，曰黛，曰窯，送所出，俱幼未聘。孙女一，逅所出，受浔州太守东源田公孙大弁之聘。曾孙女一，熙所出。

呜呼！士大夫立身天地，所负者纲常伦理之重而已，公之所行，纲常伦理，一无愧焉。于事亲也以征孝，于事长也以征悌，于教子也以征慈，于临民也以征忠，于交友也以征信。而且秉明哲之几，乐恬淡之趣，广敷兴之仁，卒于正寝而逝焉。使天下人人如公，则何皇风之不清而民俗之不淳乎？昔苏子序韩昌黎伯庙碑有曰："匹夫而为百世师，一言而为天下法。其生也不偶，其死也有为。"予于公，行复趋朝，载诸列传，固予素志，亦我明天子厉世作人之心也，又岂特荣膺封秩，沐恩光于九泉也哉？因系之以铭。铭曰：

> 于维间气，公孕而生。皇建有极，公迪其成。
> 谦恭孝友，明允笃诚。民之父母，世之典型。
> 光前裕后，赫赫厥声。天闵我公，有德如生。
> 岂惟闽邑，食庙上丁。行观信史，终古流馨。

民国二十年《萧山义桥韩氏家谱》卷一

葛云飞墓志铭

皇清诰授振威将军提督衔浙江定海镇总兵壮节葛公墓志铭

赐同进士出身、户部主事、江南司兼福建司行走马平籍里人王锡振撰并书

公讳云飞，姓葛氏，浙江山阴县人。父承升，官江南长淮卫千总，授武略佐骑尉。公幼读书，成童赴郡试，闻母疾弃归。武略日率家人十数骑猎，顾谓公曰："弧矢男子事也，汝能之乎？"公诺，援弓矢，六发皆中。武略喜曰："我弓六石而能挽中，当弃儒为将，其可成父志乎？"公跪受命。年三十一，中嘉庆己卯科武举人，道光癸未成进士，授营守备，请改水师，补温州中营守备，五擢至定海镇总兵，丁父忧去官。

公方以忧去，而大府稔公才，就询海上事宜。公手疏八十七条，且极言广东禁鸦片烟令方急，夷船阴狡，虑为变波，浙洋宜先事定谋。及英吉利兵船突据定海，巡抚乌尔恭额寔公先见，驰书要公诣镇海计防御。公得书，白母张太夫人，遂行，时道光二十年六月也。

公至，请尽出劲兵扼金鸡、招宝两山间，又以计俘夷军师，英吉利贼大惊扰。公请乘机收复，当事者竟不决。夷书投天津，直帅以闻，得旨会议广东，明年遂通市。夷请释俘而归定海，公率所部往收定海，而以寿春镇总兵王锡朋、处州镇总兵郑国鸿帅师协守焉。定海故海屿四悬，其城三面倚山，北晓峰岭，东摘箬山，西竹山门，皆滨海为障。惟南道头空旷，临海数里无屏蔽。公议增筑土城，事见从。又请于土城及晓峰岭等处周列巨炮，并塞竹山门深港之可容舟者，而立炮台于海中之五奎山吉祥门，诸岛为犄角。主者以费辞。

七月，夷袭厦门，公又牒大府增置炮，及拨营船备水剿吏，又执不与。八月癸巳，夷果再犯定海，攻竹山门，败走。同日又窥东港浦，又败走。明日复犯小竹山，复击却之。先是，两镇兵驻城中，惟公扎土城。及是，寿春兵出守晓峰岭，处州兵守竹山门。夷船二十九，贼众至二万余，我兵合三镇仅四千，飞书大营请济师。大营疑其张大，戒死守无望援。又粮台饷单日给，军人饭仅三器，不得饱。天雨浃旬，公青巾麻袍，著铁齿靴，日夜偕士卒奋呼霆潦中，而士心殊无怨恨。夷屡进且却，杀伤甚众，持数日不下。戊戌，天大雾，夷

全队逼土城。公倚睥睨间，闻风帆海水声，微辨贼舻将近城，炮击焚之，夷倏遁，分道攻晓峰、竹山。晓峰无炮，贼众夺间道上，并缘攻破竹山门，遂下薄土城。公手掇四千斤炮回击之，血流成渠，贼殊死进，炮身至火炙不可发。公率所部持短刀步战，夷酋英吉利者，即前所释俘也，执大绿旗拥贼进。公骂曰："逆贼终污吾刃。"斩之，刀折，复拔所佩刀二冲荡贼队。至竹山门，方仰登，一贼长刀劈公面，去其半，血淋漓，径登，贼骇进。而有炮背击公，洞胸穴如碗，前后枪铳雨集，中伤余四十，遂卒。

方贼将逼土城，公行营药桶二，密纳火线其中，而朱书其上曰"兵饷"。城陷，贼踏半塘营，争取之，火发，焚数百人，或言戕公之贼在焉。徐保者，定海义勇，夜迹公尸，走竹山门。雨霁月微明，见公半面，宛然立崖石上，两手握刀不释，左一目睒睒如生，泣曰："此我葛大人也。"欲负之行，不能起，拜而祝曰："盍归见太夫人乎？"负之起，乘夜浮舟内渡。及明抵镇海，大吏护公丧还山阴。张太夫人一恸而止，曰："我有子矣。"

初，癸巳之捷事闻，得旨嘉奖，赏加提督衔，先换顶戴。及是，上悼甚，命即照提督例加恤，谥曰"壮节"。乌乎！公以良将材当去国数万里穷斗之寇，使早从公言严守御，或即战时从公言使兵力完且援者继进，庶城守不再陷，乃战守事，一不得如意，徒一身血战死，人皆诵其节，奇其勇，余独悲其谋不克施于国家大事为可惜也。

公性简朴，服食如寒儒，而治军严。尝有卒取民家一芋，鞭之流血，所部肃然。好读书，旁涉子史，闲为诗词，慷慨言志。著《名将录》《水师缉捕管见》《制械要言》《制药要言》《全浙沿海险要图说》，皆成书。为裨将时尝伪作商舟以诱贼，屡获巨盗，贼中惧，为之谣曰："莫逢葛，必不活。"及任定海，视事甫一月，东南洋水师大振。明年以忧去，而定海竟陷焉。公卒年五十三，子以简，以公故特赏文举人，以敦，武举人。事定召见，上咨悼久之，即复授以简直隶州知州，兼袭骑都尉，又一云骑尉世职，以敦营守备，并即用。以道光二十二年十月　日卜葬公于县西王弯上寺基之左。锡振先籍山阴，于公同里，宜为铭。铭曰：

乌乎公也，天弗俾成厥功，遂其忠也。
暴客突来，孰纵绁以无常，而使肆其凶也？
战守绌其谋，其忠则遂而心则恫也。

我瞻稽山郁郁乎，有浩气凌虚而上者，公之宫也。

民国六年《山阴天乐葛氏宗谱》卷一

葛云飞墓表

皇清诰授振威将军提督衔定海镇总兵官葛壮节公墓表

公姓葛氏，讳云飞，生时大云如蠹立庭中，故名。自英吉利狶突东南海上，数破陷城邑，滨海文武将吏睹巨舶利炮辄惴缩，所至溃靡，坐失律逮治者难悉数。独公以饥卒二百人，当穷寇数万，且苦战六昼夜之久，终以援穷力竭，奋身殉难，而视前后死事诸公为尤烈焉。先是，公尝为定海总兵矣，以忧归。归不逾年而定海陷。大府稔公材，以书招。公方督僮奴治田山阴，令持书见公陇上。公慨然白母，立驰之镇海，画守御具甚悉，而朝廷遂有起复之旨焉。受事镇海，树旗集散亡，旬月教练一军复振，遂以计禽夷首数人。会节相伊里布视浙师，议以所获夷俘易定海。既成说，命公率所部渡海收复其地，而以寿春总兵王锡朋、处州总兵郑国鸿帅师协守焉，时道光二十一年二月四日也。

既而夷事中变，江督裕谦代伊里布更议战守。其秋，贼酋朴鼎查以兵船二十九再犯定海。定海故海屿四悬，城三面倚山，其阴曰晓峰岭，陡绝临海，有间道俯瞰县城，其左曰摘箬山，右曰竹山门，皆滨海为障。其南曰道头，则旷无蔽，为海步往来所由。公曰："二镇，客将也。"俾寿春守晓峰岭，处州守竹山门，而己驻所筑道头土城间，当敌冲。八月癸巳，贼艘蓦入窥土城，公自发大炮击贼头桅，断之，贼惧而退。翼日自丑至午，击之退。又翼日自巳至戌，复击之退。道头南小岛曰五奎山，距岸五里，丙申，贼营其巅，将举炮击我。公以炮仰击，殪其红衣酋一人。翼日，贼匿五奎山后，以炮仰天隔山击我，我兵亦隔山击之。当是时，天大雨连旬，将士奋呼泥淖中，衣甲沾湿，一绞戾常出水数斗。我兵合三镇仅四千，贼每艘五六百，可二万人，分番迭进。我兵乘厓拒守，昼夜不得息，主客劳逸竟相反。饷给不时，则又益饥疲。而晓峰岭、竹山门皆无炮，所恃火枪，抬炮不利远击。戊戌，晨大雾，贼肉薄登，晓峰岭遂失，缘攻竹山门，竹山门亦失，乃下萃道头。公顾视贼众，弥漫南下，命移炮内向。炮陷淤泥不动，公力扳四千斤，向贼才一发而群贼蜂至。公出怀中敕印付小校，手刀大呼，跳荡入贼中，转战二里许，所杀无算。浸及竹山麓，一酋乘高以长刀力砍，去公首之半，公半面血淋漓，跃追之，酋愕避去。贼计公不可近，乃以火枪攒击，被四十余创，一酋以抬炮自后击，铅丸洞公背自胸出，穴巨如碗，公遂立竹山门崖石而卒。尸植不仆，手擎刀作杀贼状，左目炯如生。久之，贼乃敢谛视，叹诧。时公衣上下黑色，青巾铁齿靴，召土人辨之，哭且拜曰："乃我定海总兵葛大人也。"大白板者，定海民徐保，惯市窃，跷捷如飞，是夜独迹求公尸。四鼓至竹山，见厓有立人，却不敢前。忽云破月光穿漏，仿佛公半面，良是。大白板泣且拜，负之坚不动，拜祝之如故。最后祝曰："不念太夫人乎？"乃轻可负，疾趋纳小舟内渡焉。公先以自然炮击夷，奏入，赏加提督衔，恤典视提督，世荫骑都尉，又一云骑尉，又赐长子以简举人，次子以敦武举人。既又授以简直隶州知州，以敦营守备，并即用。而赐谥曰壮节，祔昭忠祠，且立专祠祀焉。

公字鹏起，世浙江山阴人，父讳承升，武举，官卫千总，母张太夫人。公嘉庆二十四年武举，道光三年成进士，授营守备，改就水师，五转而至总兵，皆在浙海。先后捕海盗甚众，贼为之谣曰："莫逢葛，必不活。"所撰《名将录》《制械制药要言》《水师缉捕管见》《浙海险要图说》及诗文凡数十卷，授□□。年五十三。娶金氏，子二人。以道光二十二年十月　日卜葬公于县西王弯上寺基之左。始公为副将时，命工制佩刀二，为《宝刀歌》以见志，且铭其镡，一曰"昭勇"，一曰"成忠"。即临阵所佩，殁犹握不释者也。

仁和邵懿辰表。

民国六年《山阴天乐葛氏宗谱》卷一

傅珍墓表

福建闽清县儒学教谕傅先生墓表

　　成化十一年十月十一日闽清县学教谕萧山傅先生卒于官，其子衡等奉柩归，将卜以明年四月十一日葬邑西湘湖之凤山，从吉壤也。衡谓舜宾实门人，以计闻南台，俾为文以表墓。舜宾幸不困草莱，而窃名禄仕，先生之教也，忍不文以没其名，使欲知先生者无所从质，尚何人哉？遂收泪为执笔。

　　按，先生姓傅，讳珍，字时聘，初号仪松，人又号庸斋，世居邑北街里。高宗以下皆业农读书，以善行植身，不占仕籍。考仲安，妣樊氏，颇大其家。先生自少知孝敬，性颖敏，丰神秀爽。在小学，头角辄崭然异群辈，乡长者咸奇其不凡，仲安甫窃以为喜。宣德间游邑庠，治《书经》，所尚记诵，先生刻志奋为，而痛革故习。解经义必究极其旨归，为时文必本经传，而吐词极清丽，诵之作金玉声，且合程度，先辈者亦罔不敬畏。会朝廷用建白增置宪臣，奉敕督学浙江按察副使丰城胡公荣轸实司其柄。公性刚方，考校极严励，先生试为第一，甚见称奖。继兹累更代，试咸如之，两浙驰名。寻丁内外难，迟回岁月，益得以肆力于学，旁通诸经子史，尤攻古今文词，必法韩欧大家。同门后进暨闾巷子弟执经受业于其门，惟恐或后。浙东称老学，必属之先生。景泰庚午，登乡荐第十二，录首策论，刊示天下。明年会试乙榜，授九江府学训导。学久缺师，士业弛怠，而鲜出科目。力欲振之，制于长寮，不得以直遂。久之，学者始自悟，知所亲炙。先生则尽心启迪，率多务学，自是领荐于乡者间有其人，实造就之功也。先生已解任，功不获收之率如例。应例考选，居优等，仍元职，改肇庆府学。师阙，士鲜与九江均，启迪造就之心益劭于昨，士尤翕然信从，亲相授受，而成材众盛，倍于九江。由科目出者累累不乏，伟有功效，前此未闻。秩满，献绩天官，核试之，从翰林去取。先生第首选，例应不次县令，力辞之至再，获免，乃循常职升是官。南还昌，炎暑以往莅厥任，其所经涉，山川风物险阻萧条，先生处之自若，视事如常。学政久废，先生复以为己任。每旦夕则身先率励诸生，善开论之，曰："人皆可以为尧舜，况学问细务，焉有不可为哉？患不之思耳。"诱掖勤拳，有足以感发人心。诸生勃然兴起，皆知向方。忽疾作，至弥留，比卒，诸生哭尽哀，为丧具殡敛如仪。坐席未暖，能得人心如此，况再久乎？要之本于一诚，意所动，宜其随寓见重于贤达。其知深者，若官肇庆日，督学金事临江胡公荣，莅任连溪，于时才少许可，独爱重先生，每称之曰"傅道学"云。

先生生永乐十年壬辰十一月十一日，卒年乙未，寿六十四。配严氏，子二：衡、卫。女二，适同邑士人沈宣、邑庠生张岩。孙男四：桂、松、积、梅。孙女二，适邑庠生吴泰、王公远。

呜呼！先生为人，立心正大，操行峻洁，利欲绝不经其念。历官三任，几二十五年，家无余赀。平生志于作人，能因才而笃，人易悦从。所至有恩义，其未仕、逮入官及门受业之徒，登贤科、第进士，为时显宦者在在有之尤盛。比年来萧山以书经成名登用者，皆其所传，源流相续，尚未艾也。又尝应聘同典试四川，所取多名士，先生之功业于是乎见。使之居穷秩、膺重任，无乎不可，何栖栖一文学终身，不得尽展所抱负也已？虽然，先生之名足以垂世，而存殁无间，以功不以位也，何歉乎人哉？用是以表诸墓道，凡欲知先生者，庶有所考焉。

赐进士出身、前行人监察御史门人何舜宾撰。时乾隆五十五年岁次庚戌八月谨刊。

道光二十一年《萧山傅氏宗谱》卷一

楼文隽墓铭

检阅公墓铭

　　至元己未十二月二十三日，检阅楼府君卒，享年七十五。又明年二月二日，葬里之仙岩山中银坑东岗。孤子寿高先期一月泣拜余于湘滨乞铭。呜呼！澄斋，余友也，辱交三十年，铭其奚让？

　　按，君讳文隽，字元英，号澄斋。系出东楼公，受封于杞，支孙以楼为氏。世居陈留雍丘，由雍丘徙谯都，后汉中郎将望后也。由谯徙会稽，蓝田侯泰也。由会稽徙乌伤者，车骑将军苗也。由乌伤徙会稽之萧山，吴越镇遏副使彦孚也。彦孚之后生八府君，八府君生十府君，十府君生绍回，绍回生赟，赟生沼，沼生国光，国光生允武，允武生玑，玑生文隽。母谢氏，生母安氏。

　　君纯孝端悫，闻义勇为。平居巍冠博带，不以时饰有间古雅。明轩净几，左右图史，凡经传、子史、天文、历律、阴阳、地理，潜濡涵咏，医药靡不精，别以究其归。开庆中，君与秘书少监洪公友善，荐公受登仕郎、行在院检阅文字。未几，以父疾免归，病亟，医生束手无所奏其技。君叹曰："天乎？果夺吾父耶？"潜刲股糜粥以进之，寻瘳焉。后母疾甚，亦如之，人谓之孝感所致。盗有窃其仓廪者，君遇之，且开以善端，曰："尔为贫所役尔，岂果盗耶？"囊粟仍肩去，以愧之。邻有谇语其亲者，君召至，即训以人子之道，反复详论，卒变其行。家有老仆徐者，摊麦阶下，怪而问之，徐曰："麦贷与人，摊阶可出升斗也。"君怒曰："是何行绩可见？汝祖不德，生汝为干，今又将此行绩教我子孙耶？"叱令急收之。里有苞苴以求庇，则毅然而却之。干有取人以重息，则疾责而返之。宋季凶荒，贤士大夫多失所，君悉家资以赡之。乡邻耄倪，饿者食之，寒者衣之，道有黄冠缁衣之流，茕寡残疾之无告者，咸食之，赖君活者甚众。

　　初，君未有子时，尝饭一异人，异人曰："君今无子，后日当得一子五孙。"后果应此，必有感而然也。配夫人孟氏，夫概元一官巡之女也。子男二人：长即寿高；幼寿宝，夭。女三人，皆嫁为士人妻。

　　呜呼！三代邈矣，君之孝义能如是哉！余尝历历闻见之矣，一事一行，每叹其不可及也，益余多矣。故余造文，一以昭君之德，以勖君之子孙；一以写余之悲，以泄余之私。铭曰：

嗟嗟耄士，律古为师。孝不有身，刲股进糜。

义不有家，出资济饥。轻冕若尘，好义如饴。

揆之前古而无愧，传之后世而可仪。贞石勒铭，以勖后来。

君生于嘉定辛巳七月十一日，氏生于嘉定戊寅二月二日，卒于大德乙巳九月三十日。

具官本邑友生冯梦栩撰。

民国十七年《仙岩楼氏宗谱》卷六

楼寿高墓铭

南山府君墓铭

也就不欲達而行其所學以榮親也今既不及行
學矣而又反從事於冷官何哉遂篤志先業祖居
創室百餘楹咸揭其額之中曰椿桂堂之東曰
堂堂之西曰庫堂東小樓曰排翠曰則會揖於
胡望則會拜於祠夜則與諸子登樓或講書或撫
或論時事更餘休寢以是為常丞諱壽高字雲齊
山則號也祖璣伯文煥父支僑配孟氏夫樂元一
巡孫女也子男五人曰齊賢湖之德清縣教諭曰
賢本縣教諭曰象賢曰與賢曰友賢杭之富陽縣
諭孫男一十六人孫女二人嗚呼公之孤友賢之
益余者實同出於思梅先生胡公之門公之行余
素聞者銘曰狩歟樓氏代勒其人公緣後之善行
敦靈椿丹桂盎然春溫屬文勒銘胤及後昆公生
寶祐丙辰正月廿三日子時氏生寶祐丁巳九月
七日卒於己卯八月初三日 鐵笛道人楊維禎撰

杨维祯撰《南山府君墓铭》

南山府君卒于国朝延祐己未五月十三日，享年六十四，明年十二月二十六日庚申毕葬事。至正十六年秋，其幼孤友贤始琢石勒铭墓上，请铁笛道人杨维祯为之辞。辞曰：

公恺悌人也，好读书，善教子，师必择其经明行修者，如思梅胡公、平溪张公、茂陵陆公，延归西席，使教诸子。学成，时人咸以燕山窦氏目之。至元己卯以书经试有司，登第春选黄茂孙榜，秋选董元吉榜，两中科目，授本县儒学直学。即舍之，曰："嗟乎！人之生于世也，孰不欲学，所学以明道也，及其明道也，孰不欲达而行其所学以荣亲也。今既不及行所学矣，而又反从事于冷官，何哉？"遂笃志先业，祖居东创室百余楹，咸揭其额，堂之中曰"椿桂"，堂之东曰"祠堂"，堂之西曰"库堂"，堂东小楼曰"排翠"。日则会揖于堂，朔望则会拜于祠，夜则与诸子登楼，或讲书，或抚琴，或论时事，更余休寝，以是为常。

公讳寿高，字云齐，南山则号也。祖玑，伯文焕，父文隽，配孟氏，夫概元一官巡孙女也。子男五人：曰齐贤，湖之德清县教谕；曰得贤，本县教谕；曰象贤；曰与贤；曰友贤，杭之富阳县教谕。孙男一十六人，孙女二人。

呜呼！公之孤友贤之最益余者，实同出于思梅先生胡公之门，公之行，余所素闻者。铭曰：

> 猗歟楼氏，代贤其人。公继后之，善行维敦。
> 灵椿丹桂，盎然春温。属文勒铭，勖及后昆。

公生于宝祐丙辰正月廿三日子时，氏生宝祐丁巳九月初七日，卒于己卯八月初三日。

铁笛道人杨维祯撰。

楼齐贤墓志

教谕思斋楼公墓志

　　余访南山隐君于椿桂堂中，君策杖而见，容貌臞然，因而请曰："不面久矣，君何瘠甚？"君曰："噫！子坐，吾与语焉。吾儿齐贤，颇聪慧，十岁能诗文，克孝友。年十二肆业县庠，王廉访入泮宫，试诸儒，目吾儿与赵继清、戴叔嘉为三杰。治书经，元贞间应本路儒学，累试中第，授湖之德清县儒学教谕。拟大德乙巳秋之任，是岁夏往越城，卒邸舍，时六月初九日也，年二十五。今葬将岁余，特痛吾儿死于故矣。吾家世邸，甲户力庸繁剧，吾儿占官籍，役必例免，乙户恐及己，阚吾儿往潜继之，毒死非命，老怀舐犊之爱，何有穷已？且吾儿妇孟得孙女华数岁矣，得孙男公美、公道，尚在怀抱，呱呱而泣，朝夕闻之，是重吾之痛也。吾儿所著书《历代崇儒》《庙学典礼》，所业文藁若干篇，置之几间，时或一展之，字迹犹湿，是又重吾之痛也。吾瘠必矣，子曷与吾一言，舍吾之痛，伸吾儿于泉下乎？"余闻伤哉，既而曰："令子总角能诗，方之不学无术者，为孰优？孝弟有于身，方之大伤厥考心者，为孰胜？三杰见称，一举中第，之数者，道也。《传》曰：'朝闻道，夕死可矣。'苟得闻道，则生顺死安，无复遗恨。若令子者，可谓无愧于生，无愧于死，魂安于天，魄妥于地矣。君毋痛焉。"君曰："唯。吾今而后知吾子之教之也善，与吾书之，吾以为吾儿铭。"

　　公生于至元十八年辛巳三月十二日亥时，卒于大德九年乙巳六月初九日子时。氏生于至元十四年丁丑二月廿五日辰时，卒于大定三年九月十九日寅时。

　　眷晚生胡一中述。

民国十七年《仙岩楼氏宗谱》卷六

楼公权墓志

元衡楼府君墓志

　　先君楼公卜葬本里大塘之原三十八年矣，不肖孤维观始克述所闻以志之。呜呼！孤生八岁而先君终，又五年而生母逝，又七年而兄亡，所恃者惟母氏一人而已。先君生平之德行莫能备悉，尝闻诸叔父曰："汝父执亲丧哀毁尽礼，竭家资以营丧具，岁时祭祀必精严。虽处昆季中，凡有急难必挺身解纷而区处之。"不肖默识焉。族伯祖手泽略曰："吾侄元衡慕父立身处世，追思继述，可谓能子矣！"噫！先君孝亲友弟之诚，油然而形诸外矣。母亦尝告曰："汝父平居若有不豫色。"然孤曰："仓有余粟，库有余帛，充拓饶沃。吾父不豫何为？"母述父云："吾祖宗积德之久，子孙振振。然遭凶荒兵燹之余，习与俗移，志不立矣。守吾家之成法，立吾宗之门户者在吾犹线，吾何为得不豫哉？"母曰："汝父婴疾时云：'术者谓我岁行在辰将死，吾病必不起矣。'回视汝等而言曰：'弱息如此，奈何？吾亡，若肯延师教吾子乎？'吾应之曰：'诺。'翛然而逝。"呜呼！先君继志述事之心，隐然而有诸中矣。不幸孤深孽罪，延及先君，仅事中寿。假使天与之年，尽其所蕴，称其所施，则吾门之昌大岂止于斯？呜呼，痛哉！

　　先君讳公权，字元衡。始祖乌伤人，讳彦孚，仕吴越黄岭镇官，因家焉。曾祖宋登仕郎讳文隽，行在院检阅文字，祖寿高，父象贤，母王氏，夫概梓里人。先君生延祐甲寅十月一日，卒至正甲辰十月二十五日，享年五十有一。先妣吴氏，本邑西河人，无子，生皇庆癸丑十二月四日，卒建文辛巳闰三月三日，享年八十九，葬先君墓右。生母曹氏，生男二人：长维物，早世；幼维观也。母生至顺庚午六月一日，卒于洪武己酉三月九日，享年四十，葬小村秀水原。孙男三人：乘岳、乘嵩、乘崋。呜呼！先君葬日，孤幼弗克乞铭，先妣葬，忍死姑识其略于圹。

　　孤哀子维观谨志，中顺大夫、黄州府知府致仕金华府戴垠填讳。

楼公爽墓铭

全善先生楼府君墓铭

荀子云：天定者胜人，人定亦能胜天。余尝考天下之故，以是知天人之道未始不轇轕相纠，芬芬泯泯，似若胶不可解，然或岐而析之，或会而通之，或揉而合之，或控而揣之，又何往而不吻合而无间哉？昔者黄帝与岐伯论医方之说，或者以为后人所托。至扁鹊和缓辈出，尚未立文字，而名实以著。华陀、仲景、叔和，言人人殊，后人多祖之，而起死回生之功班班可考。夫富贵寿夭、死生祸福，天之素定也，然天之与人果若是乖剌哉？寒暑之不时，六沴之不平，人不能慎于未然，固为天所胜。有医师者作，攻之达之，砭之灸①之，若游刃之经肯綮，金钥之透关键，则人定而胜天矣。要之于道，莫不皆然。故韩退之以宰相方医师之良，可见矣。

绍兴府萧山全善先生姓楼氏，讳公爽。其先婺之乌伤人，有曰彦孚者，先生之十五世祖也，为唐吴越黄岭镇官。曾祖文隽，宋行在院检阅，祖寿高，父友贤，元富阳儒学教谕。先生儒家子，少嗜书尚志，揭其室曰"真实心地"，于道早有所闻。专尚力行，于经史、天文、地理无所不习，而尤邃于医，唯不好佛老书。母曰赵氏，宋室缙恭宪王五世孙女也，严于训饬，虽祁寒暑雨不废。

先生颖悟出于天性，自幼以孝谨闻。元季兵乱，负母逃难，居丧哀毁骨立。尝夜行，道遇一女子，询所从来，不答，颇有姿色，惧为人所掠，命婢守之达曙，人不称乱。又遇一酒佣扶二病叟出，祈活甚恳，佣不许。先生曰："姑缓之，万一不讳，吾为直之。"即出药疗之，逾月而愈，感泣而去。其治家之法，一遵朱子家礼，每月朔，宗族庙谒听训，戒理祭田，造祭器，谨丧事，规模粲然可观。隐仙岩洞，勘李东垣、朱丹溪不传之秘，其自得之功殆过于古之以医名家者。声誉播于江湖，闻于朝署，朝廷将遂用之，以老得赐归。未几，临淮丞孟恪以名医举，天官以前例沮。奋然曰："吾之医得于天授，将以济吾欲，乃今不俾于行，是违于天也。"又曰："世人得一秘方，往往靳而不以示人，盖欲为子孙计也。吾今反之，将以惠天下，非求阴骘也。"于是著《内经运气类注》

---

① 灸，原作"炙"，据文义改。

四卷、《医学纲目》三十九卷、《参同契药物火侯论释》如干篇，《仙岩日录杂效》如干篇，皆平生精力所造有明验者，传于世云。

先生生于元至顺壬申三月十五日，卒于皇明洪武辛巳十一月十九日，享年七十，明年十月初九日葬于小村尚坞山之原，礼也。配张氏，丈夫子三：衮、裪、师儒。孙男七：远、辕、轮、轲、辕、轸、范。曾孙二：旌锐、旌钢。

生平以儒亢家，勇于为义，及医名既盛，遂以医取声于时，儒术乃为所掩。襄阳知府方晖称其于义有所不闻，闻之必行；有所不学，学之必成，为东浙奇才，盖亦为此。然使其用世，当大振于时，而卒止于是，惜哉！此固天之已定者，而非人之所能胜也。使先生一用儒术以惠斯民，岂不能蚤致身于要路哉？然非人之所可必也。呜呼！士生于时，不欲以功业自致者，多托于方技以自晦，虽不与世俱荣，亦不与时俱谢，先生之释参同，其殆将有脱屣之意欤，可为宏达也已。初，先生尝闻道于太医院使戴公原礼，原礼深器之。至是，其子衮复介原礼来乞铭，余雅重其请，不辞。铭曰：

> 轩岐云邈，学失其真。其徒倡之，惠行八夤。
> 丹经海藏，阐泄坤珍。夫容伏火，变化陶甄。
> 世人夸毗，剽掇殊伦。杏林橘井，刲割鬼神。
> 猗嗟先生，唯儒之醇。孝动郡邑，名传缙绅。
> 晚集群书，文理纷纷。长生久视，熊经乌伸。
> 医国之手，握化之钧。摈斥佛老，远师先民。
> 朝阳鸣凤，郊薮游麟。侯诗侯礼，燕翼子孙。
> 抱道不售，非身之屯。不见所欲，乃全吾仁。
> 梓木已拱，与时皆春。吾铭其坟，如见其人。

翰林学士、奉议大夫兼修国史括苍[②]王景撰。

民国十七年《仙岩楼氏宗谱》卷六

---

② 苍，原作"仓"。括苍，丽水旧县名，《大清一统志》卷二百三十六《处州府》："丽水县：汉会稽郡回浦县地，后汉为章安县地，三国吴以后为松阳县地。隋开皇九年析松阳县至东乡置括苍县，为处州治，十二年为括州治，大业中为永嘉郡治。唐初曰括苍，仍为括州治，大历十四年改曰丽水。"

楼淮墓志铭

明故缙八处士墓志铭

仙岩楼氏，诚余邑之望宗也，儒学相传，代不乏人，余常仰慕焉。有处士讳淮字永新者，名闻尤表。卒之后，厥孤镇绖衰造余，告且泣曰："昔父辱交于先生，知吾父者宜有所述以传不朽，乞铭其墓。"余不得辞。

据处士状云，鼻祖象贤，字则可，力学颖茂，好吟咏，风情雅丽。曾祖讳公权，字元衡。祖维观，字尚夫，学问渊源，博古通今，号为性理先生。宣德间有司以礼币致聘修郡邑志，于是太常博士今天官大冢宰魏公南斋亲礼延致，且曰："是郡是邑地理多未详，万乞过议始末，庶成完书，以惬众望。"观此言也，其学识之超迈概可知矣。积善施仁，生有贤子顺孙。考讳乘岳，读书不仕，妣本乡鲍氏。处士早失怙，赖祖育诲以成德，性刚直而果断。祖既逝矣，奉母至孝，旦夕无违，志气英迈，笔瀚如流。正统二年，有宗叔万石长讳武成者以处士名达有司，辟为邑掾。公辞曰："吾志在学问儒术，敦行孝弟，奚以吏为？"累辞弗脱，有司督之，不得已而为焉。其事官长也，严恭寅畏；处官事也，竭悃输诚。公而正，仁而恕，凡事必便于人，咸称曰"积善楼公"也。职弥六载，有司称为得人，且嘉之曰："诚孝子儒吏也。"十四年，迫赴京师，与母诀曰："子今赴京，当亟辞职而归养。"水行至扬子江而遇盗，处士辞气愿款，曰："吾本良善人，非商贾也。为王事所劳，家有老母，乞恕归养。"群盗感而舍之，遂克获全。是岁冬，乃诣廷奏曰："忠臣孝子之职，第不能两全耳。臣母在家，无他备养，望垂怜悯。"于是可其奏，遂得还乡以奉慈帏。三年，母其逝矣。居丧甚恸，由是综理家政，轮奂日新，赀产饶裕。教子孙，课僮仆，甘清淡，好施与，乡间之贫乏被其泽者，咸啧啧称美。

成化十七年春正月二十二日，沐浴冠带，令其家人设酒馔。醉饮加餐，饮毕，喟然叹曰："吾幼涉险，不干荣禄，避喧奉母，乐守田园，男室女嫁，心事颇惬矣。吾所最恨者，早丧吾父，弗克其孝也。"复命子孙曰："恶者莫为，善者莫欺，益励厥行，永言孝思。"言毕，正寝而卒。生永乐己亥六月十七日午时，享年六十有三，卒成化辛丑正月二十二日戌时，葬小村庙坞。先配本乡黄岭俞氏，早世；复配暨阳次峰俞氏，生子二：长曰镇，字景安；次曰颖，字景用。女一，适次峰俞廷镇。孙男俨、仅。为之铭曰：

> 服役于公，亲庭莫前。私之于亲，亲又违焉。
> 曰忠曰孝，庶几两全。蓄德之裕，蕴行之贤。
> 有鉴于世，无愧于天。勒铭贞珉，以丽千年。

本邑苏潭乡贡进士蔡英撰。

民国十七年《仙岩楼氏宗谱》卷六

楼乘骢墓志

明故伯房先生墓志

季父伯房先生，予赖开导化育之功，既没之后，可不叙行实以为之铭？

先生讳乘骢，字伯房。曾祖讳得贤，字立可，天资颖悟，一览成诵，精明《诗经》业，元元统间屡试有司不得志，遂无意于功名。祖公规，字原善，读书好礼，积善施行，生有孝子贤孙。考讳天祐，克遵义方，尚儒术，严礼让。母鲍氏，生母蒋氏，有女德。先生甫七岁，天资高迈，若老成人。有季父尚孚性理先生见而奇之，遂令读书。父即遣就学，日记数千言。甫十二岁，母卒，先生抚柩恸哭，几成疾。明年考疾剧不能起，携手嘱先生曰："吾将死矣，所最恨者不能训若成人，尚孚当以师事，而日亲近毋怠，日后成器，允绍先烈，虽死无所憾。"考没，执丧哀戚甚，远近见闻者咸称其孝。

公遵遗命，励志略无懈怠。习《尚书》，每就季父讲明经业，文词平顺。其学以至诚为本，无矫揉干誉之非。平居端坐一室，博览子史百家，虽造次而手不释卷。其于处宗族、接朋友，则浑是一团和气，冠婚丧祭一遵家礼而行以为常，祭祀尤馨其诚。人或犯之，受而不校，且曰："可怒在彼，吾何校焉？"好吟咏，诗赋词章各臻其妙。远近士子闻公学业之盛，从游于门，家塾不能容。自是，暨阳次峰俞公聘过于塾，训诸弟子。先生严毅方正，起居行止皆可为法。虽大暑必盛服，终日端坐，子弟领其教者，咸循循雅饬。其教以礼让行实为先，以讲明经业为本。不数年，而弟子散之四方者皆成德器，迄今爱戴先生之恩义者非一人矣。本邑天官大冢宰魏公一日睹先生一二诗文蒸，唯唯叹曰："伯房公可谓得性理先生之传者。"景泰间，魏天官器重其人，累亲礼，令邑令叶公、梁公遣庠生延为蜡宾者三，由是德望日隆，韬光岩壑。每约一二同志之士，日以诗酒，而终天年之乐。享年七十岁，寝疾不起，命子孙曰："吾家敦尚儒术，吾死慎弗以佛老治丧。"遂就正寝而卒。

先生生于洪武戊寅七月廿八日申时，卒成化丁亥十月初六日亥时，葬本乡小村借史坞。娶富春大源费氏，生三子：绍曾、绍颜、绍思。为之铭曰：

孝于亲，慈于众，仁之所以备已。

诲于人，益于友，智之所以及物。

呜呼！学贯天人，心涵性理。惜乎不见，甘隐自卒。

宜勒碑于志铭，使不以善自没。

从侄以德撰。

民国十七年《仙岩楼氏宗谱》卷六

楼长民墓志铭

明故清慎处士楼公墓志铭

余邑仙岩楼氏，旧族也，诗礼相传，代有其人，余素景仰。成化丙午春，有名闻者衰绖过余，持其尊人状请铭。

君讳长民，字以德，清慎其谥也。高祖齐贤，字思可，元元贞①间登进士第，授湖之德清教谕。曾祖讳恭美，祖讳仲华，考讳宜梅，不仕，妣溪口卜氏。君早失怙，从季父伯房先生励志读书，学业日进。后从师者日众，持己以庄，于人若无所容，即之则和气可掬。人或犯之，受而不较。事母至孝，待兄甚恭，自奉甚薄。至于追远之礼，有厚于奉生。往遭回禄之变，毁其祠堂神主，君重为之，祭祀一遵家礼。为诗文忌浮藻，尚淳朴，富春古章俞先生一见叹服。成化甲辰夏四月，疾作，叹曰："吾疾终不愈矣。"且命家人曰："吾家当有火患，宜豫防之。"遂穿井。秋七月，邻火果延及，得水弥其患，此君思患豫防而能然也。至乙巳疾笃，或请祷，君曰："修短有数，奚祷之有？"乃作诗曰："一声啼罢到今朝，千百艰难命里招。六十四年挑剔尽，阴升阳妥各逍遥。"仍戒诸子曰："吾没，治丧勿用浮屠。"九月十四日卯时卒于正寝，享年六旬有四。君生于大明永乐壬寅十一月廿三日未时，卒之年十月二十五日壬寅，葬小村元宝基祖茔之右，遵遗命也。配高都谢氏，有贤行，子男三：曰闻，即请铭者；曰阁，曰阔。孙男二：曰遂，曰迎。为之铭曰：

> 爱亲敬兄，有此令德。善诗能文，有此美绩。
> 宜其食天禄仕天职，云何陆沉竟归窀穸？噫！
> 身虽云亡，名则不息。子孙象贤，鉴此铭石。

时成化二十三年岁在丁未春三月吉旦，同邑苏潭蔡友宗学撰。

民国十七年《仙岩楼氏宗谱》卷六

---

① 元贞，原作"贞元"。按，元贞（1295-1297），元成宗年号。

楼源溆墓铭

南峰公墓铭

楼公讳源溆，字惟洪，别号南峰。其先婺之义乌人也，远祖图南，宋吉州知府，终中奉大夫。迄数世而元讳寿高者登文科，授直学，不禄。又数世讳公爽，行修而不展于时，学纯而不卒于用，注心云岐，海藏百家。我太祖礼召所有，试可其万一，命之官，果辞归，成《医学纲目》三十九卷、《运气类注》四卷、《正传录》一帖、《仙岩文集》四卷，广行于天下。又复五世至公，少聪警，于诗于文罔不谙练，且书穷八法。士大夫动以重于湖公者重之，鄙禄仕，养高林壑，为家有心计，丕先绪，曷止什伯？娶蒋氏，生二子：长曰枢，次曰杠。蒋先公卒，嗣娶沈，生琴。盖沈柔嘉淑贞，孝敬严肃，相良人著声内政，抚三子不知异焉。正德庚午，公年六十加二，不欲预尘务，幸枢、杠有成立，而琴又配俞，会亲族三分之，无容间然。方公之为人也，言规行矩，周贫恤孤。正德戊辰，适无辜罹网，数人泣不复生。公与之出谋发虑，得不死，远近蜚声，凡有所为于其家、于其乡闾，佥曰："楼公闻之，得无不可于其意否？"莫不参酌而后行，其视夫不齿诸人者，贤不肖何如也？

惟洪于嘉靖癸巳八月十五日未时卒，年八十有五。其蒋氏已久附葬于舅姑墓侧，公过重地理，改筑生茔高都白华桥之原，今又不理于口。琴子谓公不得其厝，尚奚顾所费，慨然独捐赀一百二十两，更筑近西阿母山。不幸母沈继卒甲午十月十四日亥时，其公与沈于是年十二月廿二日之吉归葬焉。公之孙焯、煜、杰、熊、灯、炬、燠、燿、灯营治勤剧，介昆学，期光公，金、炤、炯方韶龄。曾孙基、埙、墠、圭、台、坦、垣、墅、埴、垠、埘、圻，一龙在垔，间有磊落不羁，合男孙妇共四十六人。环邑人如父如母，能几何哉？是固不宜无铭，但余于公于母之懿不能尽录，而亦有不得不录也。取其可法者，特详焉，所以见公与母之志也。铭曰：

> 嗟乎于皇，谓督不忘。佳城之锡，阿母之岗。
> 虎伏龙蟠，郁郁昂昂。公兮母兮，归得其藏。
> 庆衍于孙，以蕃以昌。亿万斯年，永洽烝尝。

时嘉靖十三年季冬朔日，赐进士第、荣禄大夫、南京工部尚书、前都察院右副都御史、进阶光禄大夫、柱国上卿兼太子太保、礼部尚书姚江简庵陈雍撰。

孤哀子楼琴、杠泣血立石。

民国十七年《仙岩楼氏宗谱》卷六

楼宗诰志铭

明封鸿胪寺序班楼公志铭

公讳宗诰，字邦行，号镜峰，萧之许贤里人也。粤自夏少康封东楼公于杞，以奉禹祀，遂世姓东楼。厥后分迁婺之乌伤，曰图南者登绍兴二年进士，积阶中奉大夫、祥符县开国男，食邑，赐紫金鱼袋，知吉州军州事。迨五世祖宦游绍兴，至萧山之长山镇，目其溪山庄丽，遂尔家焉。嗣后螽斯繁衍，缙绅接武，以科贡蜚声者代不乏人。历传至公之曾大父曰长民者，博综群籍，遁迹考槃，事亲以至孝闻，邑党中蕰德而善良者若干人。大父曰阁，父曰遂，澡身稽古，代宾黉序，莘莘多儒者风。遂生四子，公盖冢嗣也。生而颖异倜傥，毅直裹诚，嗜文艺，旁通星学岐黄。每擘画今古事宜，骎然中綮，若烛照鉴观然也。接人无少长崇卑，言笑晏晏，白黑往迹，昭韪群编，惟欲翼就人于善尔。服用不喜纤浓，见有涉华腴，辄恚曰："常得温饱，布粟当留不尽以遗子孙。"然其享祀必丰洁，宴客必尽欢乃已。

公业固素饶，与杨孺人尤勤综理，不惮夙夜，累资以万计。贫无给餐襦、礼无毕昏敛者，赒恤之备至。会岁歉，逋负者几千金，悉焚券弗取。有田宅相贸，识公庆者往往值外需求无厌，公固无难色。孺人又内赞曰："贫故易产尔，贪得何尤？"此其襟次天植，而孺人淑慎和理，脍在人口，可镜也。冢允曰良材者，由鸿胪寺序班尝左迁丰城牧，公勉之行，且诫曰："富贵在天，得为清白吏足矣。"果莅任弗染，凡四部粮储，例计数千金，悉蠲不取。丰之民建碑树德，可谓锡类恩欤。耆年丧父，踊泣几灭性。事俞氏弥谨，跬步弗违左右。后母九十有六，而升遐之日公年已七旬有奇，哀恸迫切，懵不知朝夕。迨封树竣，家居隔墓里许，晨昏往泣，中夜常悲号彻旦。公耄年矍铄，无甚疵疴，寻以悼母故始随杖起居云。

其劝善一念，弥老弥笃，或宴会，或嬉游，引经摭史，亹亹诱之不倦。隆庆六年，以鸿胪君秩满，敕封鸿胪寺序班，德望茂著，前后两冠宾筵，俦不快睹光仪、津津颂懿轨者？适杨孺人先公遘疾卒，公泣曰："汝孝我父母，睦我室人，暴浣我衣，今其已夫。余数亦终。"逾二日果寝疾，子姓以药进，公笑却曰："岂不明药石如数定何？寿考全归，生平大幸矣。惟尔曹业书者毋徒呫哗忽躬修，毋缘利钝携心志，当以鸿硕自期。务生植者，亦当劼恐芳规，各勉卓树，以丕承先德尔。"后孺人十四日而卒。呜呼！公构厦新成，门生艳彩，四方趋观之，金曰："后当有显者。"倘所谓盛德之休征耶？天相吉人而将昌其后耶？

厥配诸暨十都处士杨然廿六女，平生上再乳。初乳良材，任鸿胪寺序班，末乳良知，任上犹县主簿。良材娶任顺天府保定卫知事孟文知女，侧室校尉张贵女，孟生元亮、元震、元魁。亮，邑庠生，娶秀士杨天鸿女，生云昂、云昇、云晟、云昌。昂聘绍兴卫武进士叶忠孙女。元震，邑庠生，娶县尹孙香女。元魁，娶国伦孟处士女，生云璨、云瑞、云璋。张氏生元明，娶俞允明女，生女二，长许援例儒士杨意子清芳；继娶韩直毅女，生云祥。良知者娶应世翰女，生元峻，娶省祭俞思仁女，生云龙、云凤、云鹤、云麟，女珠姐。云龙娶任福建都司曹南金之子秀士曹君法女，云凤娶任郑府典宝王一言女，女许聘进士王景星子延禧。

公距生弘治辛酉十二月十六日亥时，卒于万历壬午八月十一日酉时，享年八十二。孺人距生正德二年丁卯四月十四日午时，卒万历十年壬午七月廿八日申时，享年七十有六。殁后艰于宅兆，鸿胪君得梦征，当在东纪之乡。上犹君偕堪舆往，获吉于兄之山。鸿胪君即自创敛室襄域，藏公与孺人，首酉止卯，合葬于东纪之岗。既卜地，征铭于不佞。不佞与二国器交游在都，厥孙隶三礼辱与儿辈窗契，稔识而艳羡者，奚辞为？因援笔草志，从而铭之曰：

镜台龍翠，钟毓伟良。韬光岩壑，誉日孔彰。

淑配棣棣，一德相将。猗欤庭范，二嗣蜚扬。

荷天褒锡，烨烨龙章。齿德硕茂，叠宴胶庠。

两鹤泮奂，丛滕芝兰。嗟吁乘化，翔翔忘还。

东纪之阳，瑞霭云翔。双玉全归，夜台永藏。

千万斯祀，震兑敷祥。

刑部左侍郎、工科左给事中张岳撰。

楼京澜墓志铭

文生先生墓志铭

古称为善最乐，良非虚语。而世人偏行之艰，非行之艰也。性刻而吝，不好施与；又或崇浮名，弗克敦行不怠，以故善人不少概见。

萧邑文生楼公，余从兄姻戚也，闻诸从兄曰："公身不甚伟，声若洪钟，服俭素，敦淳庞，凡世俗奢豪之习、浇漓之行无一足入其目。"盖天性然也。所居堂名曰"宝善"，公乃顾名思义，为善孳孳。居乡厚重谦慎，无疾言，无遽色，无与人争胜负。人有不良，猝然犯之而不怒，其邃养有如此者。方髫龄，遭国运鼎革，土寇起，累世储蓄几罄。故虽颖敏强记，读书数过辄不忘，然阻于时艰，遂废举子业，督农桑，自是家日饶裕，为德日益溥。桥倾则修，无病涉也；路缺则补，无泥泞也。饥施谷，寒施棉，病施药，死无归者施棺衾，生死无憾也。而且通衢设亭舍，广施与，夏则茗，冬则汤，昼则草履，夜则灯炬，风雨则箬笠，如是者岁以百千计。故远近感甚，咸啧啧称善。公卒无为而为，始终不渝，盖亦乐善不倦者矣。

公性不喜佛，尝曰："祖宗者人之本，不可不敬，人有五伦，能尽孝弟忠信则休征自致。若向冥冥之中祈来生果报，不大惑乎？且吾家苟有赢余，则道路之颠连无告者所在多有，乃以之饱彼民蠹乎哉？"因戒其子侄诸孙慎毋佞佛，故其家独卓然不为世俗所惑，虽妇女无饭僧礼忏者。公昆季三人，伯氏早世，主家政者惟公，处季弟，抚犹子，率宽和有恩，家人薰其德而亲睦焉。五世共爨，丁不下百口，无一人离异者。事上闻，有司旌其门，且延之饮于乡，乡人荣之。抑吾闻善人质美未学，而公性嗜学，离宅数里许，构一家塾，延名师朝夕课子侄，弦诵不辍。族人慕且效，致人文蔚起，非公振兴，奚以至是？

晚年好山水，精堪舆，凡曾、杨诸名家书无不考究精详，说者谓心有福田，宜得福地。公家子弟种学积行，或登雍，或游庠，将来必有昌大其门祚者。以公素履卜之，知天之报施善人不爽也，讵藉地灵云尔哉？

公讳京澜，配俞氏，子二：长抡，有名诸生；次栋，文学。女二：长适次峰俞文耀；次适俞基，太学生，考授承德郎。孙四人：肇熊、肇煊、肇熠、肇燿。寿八旬有奇，生于明崇祯甲戌七月初七日未时，卒康熙丙申六月初三日丑时，葬高塘山，俗名燕子窝也。公之嘉言懿行，不克详述，姑举闻诸从兄者数端，以志生平大概。因歌以铭之曰：

> 高塘之中，屈曲揽龙。山回水绕，佳气攸钟。
> 丰草嘉木，郁郁葱葱。谁宅于兹，惟我楼公。
> 公之生平，实大声宏。存心济物，子惠困穷。
> 民之无良，同气相屏。乾糇失德，锥刀有竞。
> 公也慨然，独秉其正。五世同居，希踪张郑。
> 粤稽我公，惟仁与义。式孚民情，用感上帝。
> 富春之阳，祖茔攸卜。秀脉灵长，右隆左伏。
> 帝遣六丁，培其左麓。沙行石走，若填若筑。
> 子子孙孙，介兹景福。作善降祥，孰云无征？
> 百尔君子，视此刻铭。

　　时康熙六十年岁次辛丑七月，赐进士出身、由翰林院庶吉士转升检讨眷侍教生寿致润顿首拜撰。

民国十七年《仙岩楼氏宗谱》卷六

楼文焕暨妻章氏王氏墓志

太学生楼公文焕与原配章继配王孺人墓志

　　公讳文焕，字有章，号成斋，上舍生华年公之幼子也。昆玉三杰，皆古道是敦，为克家之令子。惟公幼颖悟，嗜读书，目辄数行下，咸以大器期之。应童子试，屡列前茅，因数奇不售。后华年公年老，授以家政，遂弃举子业，援例入成均。然公家固素封，权出入，课农桑，俭朴自持，不以奢华相尚。且行己端方，不屑随俗。喜慷慨，乐施予，是非当前，泾渭分明，言常呐然不出诸口。至于治家必以严肃，教子必以义方，亲丁数十，寂无诟谇声，家庭间雍雍如也。其最足尚者，孝行本诸至性，视膳问安，无亏子道，婉容愉色，益得亲欢。洎乎严慈见背，哭踊逾恒，丧祭一以古礼为式。后以卜吉无从，引为己忧。数十年攀藤扪葛，遍历名山乃得佳穴于上坞。双股金钗，营窀穸以妥先灵，公独任不辞。虽为子者分所当然，要非素明大义者，未必知先务之是急焉。

　　公原配富邑章孺人，固称内助，生子三。公在时，购得本邑十一都二图地，在杜桐小家湾珠字二百十五号，系次峰表亲俞德威公所择。公感其情，与伊媳朱氏合穴。继娶田村王孺人，亦称贤淑，生一子，与公合墓于章氏左首，实系三子春玉、次孙绍敬二人协力，始得卜兆焉。生卒忌辰备详行传，兹不赘述。公丈夫子四人：长春宝，次春辉，三春玉，幼春江。孙男七人，曾孙二人，俱头角峥嵘，家传耕读，迄今门楣光大，户口寖昌。于是知天之报施善人，固昭昭其不爽，实以公之处心积虑有以邀天眷也，其流泽殆未有艾欤！

　　时光绪岁次丁亥律叶仲吕归余上浣之吉，乙酉科举人俞瞻淇拜撰。

民国十七年《仙岩楼氏宗谱》卷十二

楼春玉暨妻俞氏李氏墓志铭

润生公暨俞李太孺人墓志铭并序

时届民国十七年岁次戊辰仲夏全浣之吉，王师陆史麓

　　清太学生润生公姓楼氏，讳春玉，字效乾，行校六百七，国学生文焕公第三子。配俞孺人，诸暨次峰太学生玉书公长女，洪杨时先公病故，继娶李孺人，诸暨汪家坞世袭云骑尉克忠公长女，景福、介福、筱福三君之母也。李孺人端靖严贞，褦顺衷和，来嫔之始，无非无仪，既诣既肆，戚党贺公得干妇。年三十八而寡，遗子三人，女三人。三子即景福、介福、筱福，长十一岁，次九岁，幼者三龄，诸女皆未及笄。茕茕弱息，牵衣绕膝，黄口无知，索乳则啼。李孺人泣血茹蘗，饥者哺之，寒者衣之，养之教之，为之延师，为之择业。既长，又各为之婚嫁。迨诸子之成立也，堂构聿新，兰竹挺苗，重闱之内融融然，泄泄然，人咸羡李孺人之躬膺多福，孺人亦顾而乐之。孺人举丈夫子三人，女子子三人，孙子九人，曾孙子三人，寿七十有四，民国戊午年十月十七日亥时卒。

　　景福兄弟以润生公暨俞孺人宅兆未安，而又痛罹凶厄，大殓后停柩于堂以自促。于是各匍匐号泣，求所以妥厥考妣之灵，久乃得近村迤西徐家店鼠山之阡。兆穴既成，择吉并恭扶润生公暨俞孺人、李孺人之枢合葬，置田以供春秋祀事。

　　夫余获交景福兄弟久，其子又先后师余，故得习闻其家世，宜为之铭。铭曰：

> 维公潜德暗弗章，德配河间厄洪杨，李来继之用发祥。
> 维车有辅员于辐，维矢有房利于镞，维壶有贤家之福。
> 吁嗟卅八之年失所天，凤之雏兮谷变迁，有女未笄泣涕涟。
> 苦尽甘来否则泰，浮氛扫净瑞烟霭，俾炽俾昌光而大。
> 新居翼翼蠹绿亩，桑麻松竹围前后，珠树三株孙枝九。
> 子既生孙孙又子，子子孙孙无有已，宰木青青桐与梓。

民国十七年《仙岩楼氏宗谱》卷十三

管兴墓志铭

管公嗣欣墓志铭

管公讳兴,嗣欣其字也。世居邑之一都,少时以家贫,就滨海田牧,数年间有畜数百头,谷数万斛,悉售诸市,得金数千,置田数顷,又为五亩宅于马厂,迎其父标兄隆居之。娶王氏,生四子:长曰宏恩,次曰宏飞,三曰朝富,四曰朝贵。其后公父及兄俱卒,公将所有田宅拨半与侄,又半则分与长次三诸子,己与少子复往茬山之阴开垦闲田,不五年而少子亦成富室。又十余年而公卒,临终谓诸子曰:"税粮乃公家正赋,民人所当效力者。女曹宜依期供纳,毋得拖延规避。"语毕乃卒,时年八十有四。子四人,孙十五人,今其曾孙谷香与余从兄凤璋相善,以墓志为请,兄即以命余。

呜呼!余生也晚,不获奉教于公,而公之嘉言懿行又不尽传于世,纵使人心不没而里中父老犹能谈其轶事,然皆一节之长,均未足以满公之量也。况为人志墓,必纪其实,苟属传闻,岂无舛谬?而且公殁以来,已历三十余载矣,其所述之事虽非无据,而余终未敢信也。所可知者,自公迄今仅四五传耳,而子孙约以百计,藉非公之积善,曷克致此?谷香名廷兰,宏恩之孙,凤山之子也。铭曰:

> 小江之北,螺山之麓。郁郁佳城,苍苍古木。
> 吉气攸钟,善人是卜。呜呼!公之行事,湮没无闻。
> 公之子孙,其盛如云。三十年后,我铭其坟。

所耿耿者,末由详述清芬,而徒穆然深思,瞩起空之白云。咸丰三年岁次癸丑十月朔,七龄童子任若金谨撰。

光绪元年《萧山管氏宗谱》卷四

管贵墓志铭

管朝贵公墓志铭

昔阳虎言为富不仁为仁不富虎之意恐为仁之害于富也其后孟子引之恐为富之害于仁也由此观之则富者不必仁仁者不必富富而且仁吾于管公得之矣按公讳贵字朝贵姓管氏其先邑之里仁乡人大父德标始迁滨海之马厂父士与再徙萑山之阴母王氏生四子公其幼也以乾隆己亥十二月二十三日生七八岁时即知稽事比长娶同邑陈氏生二子三女公天资朴实喜豪饮尝日饮斗酒不失其仪又善居积与之致

朱凤标撰《管朝贵公墓志铭》

昔阳虎言"为富不仁,为仁不富",虎之意恐为仁之害于富也。其后孟子引之,恐为富之害于仁也。由此观之,则富者不必仁,仁者不必富,富而且仁,吾于管公得之矣。

按,公讳贵,字朝贵,姓管氏,其先邑之里仁乡人。大父德标,始迁滨海之马厂,父士兴,再徙茬山之阴。母王氏,生四子,公其幼也,以乾隆己亥十二月二十三日生。七八岁时即知稼事,比长,娶同邑陈氏,生二子三女。公天资朴实,喜豪饮,尝日饮斗酒,不失其仪。又善居积,兴之致富,公与为有力焉。工人数百,类皆驭之以严,结之以恩,衣食听其取携,银钱任其支用,病者药之,劳者息之,由是人皆感激,愿为之用。道光甲午,岁大祲,富户多捐金赈之,公亦与焉。时族有贫者,公以每岁赢余济之,又拨闲田数顷使之耕种。及诸家各能成立,公然后收其田,别为召佃,其稍不振者,即以予之。其他细德盖实有不胜指美者。余从叔石史闻其贤,愿以幼女妻其孙襄。

咸丰己未春正月朔后八日,公将易箦,子孙环立求遗教,公曰:"吾父临终戒余兄弟毋欠官钱,汝曹亦宜勉之。"又曰:"吾族宗谱久废,前士贵劝吾重葺,奈吾不谙谱事,未获践言,吾子孙有能葺之者,吾其含笑于地下矣。"言讫而卒,时年八十有一。配陈孺人,先公十六年卒。至是乃合葬于邑之螺山,而仲兄宏飞亦共兆焉。迄于今已有十二载矣,而墓石未有刻辞,次孙襄惧先德之泯,来京乞言。余嘉其诚,是为志。铭曰:

> 平昌世胄,滨海逸民。敬以持己,恭以接人。
> 老老幼幼,长长亲亲。以义为利,与德为邻。
> 以迄于今,子孙振振。我铭其坟,企慕用伸。

同治十年岁次辛未十一月上浣之吉,赐进士第、诰授光禄大夫、太子太保、武英殿大学士兼吏部尚书姻再侄朱凤标谨撰。

光绪元年《萧山管氏宗谱》卷四

瞿大璐墓表

赠朝议大夫河南陈州府知府江西饶州府经历淡斋瞿君墓表

淡斋瞿君既卒之四十有三年，其子昂自河南陈州府官所寓书于金钊曰："无禄，先君子弃养早，不克求名公巨卿论撰德美，勒诸贞珉。所以埋诸幽者，惟生卒衔名是记，表扬阙如，心窃痛焉。今将立石墓门，幸阐幽发潜以赎不孝知而弗为之咎。"金钊与昂同贯，同官翰林，又申之以婚姻，虽不文不敢辞。

按状，君姓瞿氏，讳大璐，字宝儒，淡斋其号也。先世自亚三公于宋乾道间卜居萧山之孝悌乡，遂世为萧山人。廿二传至学人公，君之祖也。考赠朝议大夫伯融公，生五子，君次二。家故素封，至君生已中落，然家人习于丰不能俭也。君性孝友，见父母持家孔艰，不得已游京师谋生理，助姻亲之居积者，刚方正直，所主家甚倚赖之。岁益其酬，然至岁入可养家而父母已不待，兄弟又析爨。君每言此，未尝不泪涔涔下也。姻亲子弟或逾闲检，君苦口发于至诚，有令人不能不感动者，其家传为盛德云。

年三十，娶何恭人，越五年而卒，不复娶，亦不置妾。君居京久，以顺天籍引例得府经历，补江西饶州。耿介自持，君教子严，不稍假以辞色，遇戚友之读书者必敬爱之，弟侄辈每挈以自随，不顾匮乏，勤加训课。年四十九卒于官，乾隆五十三年十二月也。以子昂贵，累赠朝议大夫。配何氏，山阴望族，终温且惠，维德之行，先君十六年卒，累赠恭人。子昂，嘉庆壬戌进士，历官翰林院编修、右春坊右庶子、刑部郎中、河南陈州府知府。孙二：嘉祜，道光戊子举人；嘉福。女孙三。曾孙一，绳昶。曾女孙一。葬于萧山石马坞庙横，何恭人先葬于祖茔侧，不合葬。夫忠信，庸德也；孝友，庸行也。修之于身，无名可称，天之所笃，正以其善之阴。悃悃瞿君，质直好义，敦于本根，不皦皦而炫，不赫赫而矜。身未跻通显而食报于子孙，是足以表见于奕世而垂法于后昆已。

道光十年庚寅夏闰四月既望，赐进士出身、光禄大夫、经筵讲官、上书房总师傅、礼部尚书加一级姻侄萧山汤金钊顿首谨表。

道光二十七年《萧山大桥瞿氏宗谱》不分卷

附录一　参考文献

《古越萧南丁氏宗谱》二十五卷，宣统三年木活字本，族人藏，萧山档案馆藏 2013 年版。

《萧山于氏宗谱》十卷，光绪四年木活字本，日本东洋文库藏。

《苎萝王氏宗谱》四十八卷，民国三年木活字本，浙江图书馆藏。

《萧山车里王氏家谱》十二卷，民国六年木活字本，浙江图书馆藏。

《萧山王氏家谱》十四卷，乾隆二十年木活字本，美国哥伦比亚大学中文图书馆藏，萧山图书馆藏七卷。

《萧山新发王氏家谱》八卷首一卷，光绪十年木活字本，上海图书馆藏。

《萧山苎萝孔氏宗谱》八卷，光绪二十九年木活字本，美国哥伦比亚大学东亚图书馆藏。

《觉山孔氏宗谱》二十四卷，民国八年木活字本，绍兴图书馆藏。

《欢潭田氏宗谱》四十八卷，光绪三十年木活字本，美国犹他家谱学会藏，萧山图书馆藏 2020 年版。

《萧邑史氏宗谱》二十四卷，民国七年木活字本，浙江图书馆藏。

《赭山冯氏家谱》二十二卷，宣统元年木活字本，山西省社会科学院藏。

《萧山瓜沥朱氏宗谱》十二卷，道光七年木活字本，上海图书馆藏。

《萧山朱家坛朱氏宗谱》二十卷，同治八年木活字本，宁波市天一阁博物院藏，萧山档案馆藏 2015 年版。

《萧山朱氏宗谱》十六卷，同治九年木活字本，美国哥伦比亚大学东亚图书馆藏。

《萧邑桃源朱氏宗谱》六卷，民国十年木活字本，族人藏，萧山区地方志办公室藏复印本。

《黄阁河朱氏家谱》八卷，民国二十一年木活字本，美国哥伦比亚大学东亚图书馆藏，萧山档案馆藏 2016 年版。

《萧山任氏家乘》二十卷，同治十三年木活字本，美国哈佛大学哈佛燕京图书馆藏。

《萧山华氏宗谱》十四卷，光绪十五年木活字本，族人藏。

《萧山夏孝汤氏家谱》十卷，民国十八年木活字本，美国犹他家谱学会藏。

《杭州汤氏宗谱》六卷，2016 年排印本，萧山档案馆藏。

《山阴碧山许氏宗谱》二十三卷，光绪十四年木活字本，日本东洋文库藏。

《萧邑桃源许氏宗谱》八卷，民国三十五年木活字本，萧山档案馆藏。

《天乐李氏家乘》六十四卷，民国五年木活字本，上海图书馆藏，萧山档案馆藏 2015 年版。

《萧山来氏家谱》六十卷，民国十一年木活字本，萧山档案馆藏。

《萧山吴氏宗谱》六卷，光绪三十年木活字本，辽宁省图书馆藏。

《萧山何氏宗谱》二十卷首一卷，光绪十九年木活字本，中国国家图书馆藏。

《萧山长巷沈氏宗谱》四十卷，光绪十九年木活字本，中国国家图书馆藏，萧山档案馆藏 2012 年版。

《萧邑中潭沈氏宗谱》十四册，2013 年排印本，萧山档案馆藏。

《唐里陈氏宗谱》不分卷十册，同治八年木活字本，中国国家图书馆藏。

《来苏周氏宗谱》十八卷，光绪十五年木活字本，中国国家图书馆藏。

《萧山於氏宗谱》十二卷，民国八年木活字本，萧山档案馆藏。

《萧山郑氏宗谱》十二卷，民国十三年木活字本，中国国家图书馆藏。

《萧山单氏家谱》十六卷，民国十一年木活字本，日本国立国会图书馆藏。

《萧山赵氏家谱》十卷首一卷，光绪二十二年木活字本，美国哥伦比亚大学东亚图书馆藏。

《山阴天乐赵氏宗谱》四卷，2017 年排印本，萧山档案馆藏。

《萧山黄岭俞氏宗谱》三十二卷，民国二十二年木活字本，族人藏，萧山档案馆藏 2014 年版。

《萧山施氏宗谱》十卷，民国五年木活字本，上海图书馆藏。

《萧山洪氏宗谱》二十八卷，2009 年排印本，族人藏。

《萧山桃源祝氏宗谱》十卷，民国三十七年木活字本，族人藏。

《桃源姚氏宗谱》四卷，光绪三十三年木活字本，族人藏，萧山档案馆藏 2016 年版。

《所前东山夏氏宗谱》十卷，民国七年木活字本，族人藏，萧山档案馆藏 2018 年版。

《古越萧邑桃源倪氏宗谱》十二卷，民国十九年木活字本，族人藏。

《萧山徐氏宗谱》十六卷，嘉庆二十四年木活字本，中国国家图书馆藏。

《萧山徐氏宗谱》二十卷，光绪二十四年木活字本，萧山图书馆藏。

《萧山郭氏宗谱》八卷首一卷，同治十年木活字本，上海图书馆藏，萧山档案馆藏 2012 年版。

《萧山埭上黄氏家谱》三十卷首一卷搜遗录一卷，光绪二十一年木活字本，中国国家图书馆藏。

《萧山埭上黄氏家谱》三十卷首一卷搜遗录一卷，民国十三年木活字本，中国国家图书馆藏。

《萧山盛氏宗谱》十三卷首一卷，光绪二十七年木活字本，中国国家图书馆藏，萧山档案馆藏 2015 年版。

《湘南韩氏宗谱》六十八卷，民国三十七年木活字本，萧山图书馆藏。

《萧山义桥韩氏家谱》十卷首一卷，民国二十年木活字本，上海图书馆藏，萧山档案馆藏 2013 年版。

《山阴天乐葛氏宗谱》十卷首一卷末一卷，民国三十五年木活字本，族人藏。

《萧山傅氏宗谱》十六卷，道光二十一年木活字本，日本国立国会图书馆藏。

《仙岩楼氏宗谱》九十卷，民国十七年木活字本，萧山图书馆藏。

《萧山管氏宗谱》四卷，光绪元年木活字本，日本国立国会图书馆藏。

《萧山大桥瞿氏宗谱》不分卷，十二册，道光二十七年木活字本，上海图书馆藏，萧山档案馆藏 2008 年版。

《尚书正义》，（唐）孔颖达，《十三经注疏》整理委员会整理，李学勤主编，北京大学出版社，1999 年。

《毛诗正义》，（唐）孔颖达，《十三经注疏》整理委员会整理，李学勤主编，北京大学出版社，1999 年。

《春秋左传正义》，（唐）孔颖达，《十三经注疏》整理委员会整理，李学勤主编，北京大学出版社，2000 年。

乾隆《萧山县志》，（清）黄钰修，《明清萧山县志》，上海远东出版社，2012 年。

《明史》，（清）张廷玉等撰，中华书局，1974 年。

《钦定大清会典》，（清）允裪等撰，影印文渊阁《四库全书》本，台湾商务印书馆，1983 年。

李维松著：《萧山宗谱知见录》，浙江人民出版社，2020 年。

来新夏著：《古籍整理讲义》，鹭江出版社，2003 年。

《杭州萧山馆藏家谱图录》编委会编：《杭州萧山馆藏家谱图录》，国家图书馆出版社，2014 年。

洪雅英编：《萧山姓氏志》，萧山市地方志编纂委员会办公室，1995 年。

李灵年、杨忠主编：《清人别集总目》，安徽教育出版社，2000 年。

柯愈春著：《清人诗文集总目提要》，北京古籍出版社，2001 年。

王鹤鸣主编：《中国家谱总目》，上海古籍出版社，2008 年。

王连龙主编：《中国古代墓志研究》，社会科学文献出版社，2023 年。

附录二 墓志责任人索引

说明:本索引收录本书墓志文章作者、书丹者、篆额者、填讳者,以
汉语拼音为序编排。前列姓名,后列本书页码。

作者	页码	作者	页码	作者	页码
C		G		姜逢元	160
蔡 英	304	龚 勉	215	蒋敬时	228
蔡 友	308	郭尚墉	28	金 兰	50
曹南金	12	H		金 璐	15
陈 殷	120	韩 范	97	K	
陈 殷	86	韩 纶	203	孔继翔	38、225、240
陈 雍	309	韩守正	104	孔昭瑛	36
陈 志	275	杭世骏	222	L	
陈敬宗	65	何 鳌	264	来 杰	145
陈寿祺	88	何 均	163	来鸿瑨	143
陈祥燨	58	何 垣	24	来集之	133、135、250
程秉铦	98	何丙炎	62	来日昇	279
D		何国泰	3、32	来汝贤	113
戴子静	103	何世学	207	来天球	283
杜 臻	196	何舜宾	281、294	来宗道	75
杜应誉	30	何应瑞	100	李 实	105
F		胡 华	187	林 策	121
丰 坊	119	胡 卿	239	刘 谦	77
冯梦栩	296	胡 濙	181	刘 铉	152
冯梦祯	268	胡国楷	26	刘 因	186
傅贵清	40	胡一中	300	刘宗周	130
傅廷机	252	J		楼 观	11、83

作者	页码	作者	页码	作者	页码
楼维观	301	寿致润	313	谢孔元	232
楼以德	306	苏颂	169	徐表	259
卢荫溥	202	苏伯衡	79	徐国楠	167
罗万化	156		T	许汝霖	198
骆奎祺	64	汤金钊	94、320	薛纲	9
	M	汤元苣	92		Y
毛甡	注：见毛奇龄	唐顺之	261	杨溥	235
毛奇龄	19、137、158、171、219	陶望龄	125	杨大章	115
		田麟	44	杨景辰	127
茅瓒	123、285	田惟祜	257	杨士奇	237
	N		W	杨廷筠	193
倪岳	277	汪辉祖	200	杨维祯	298
倪名皋	99	王景	302	杨钟羲	230
	P	王掞	17	姚文熊	22、191、273
潘晟	266	王三才	209	叶济英	247
彭敷	42	王师陆	7、316	佚名	67
	Q	王锡振	289	殷旦	189
齐召南	165	王宗炎	60、90	俞偰	185
钱溥	108、241	魏骥	87、106、179、183、205、253、255	俞瞻淇	315
	R				Z
任若金	317	魏完	84	湛若水	48
	S	翁文	177	张嵩	117、175
邵蕃	110	翁方纲	217	张经	81
邵晋涵	140	翁五伦	154、245	张湄	147
邵懿辰	292		X	张玘	85
史兆麟	53	谢迁	243	张试	1、215
				张预	73

作者	页码
张　岳	311
张文埏	270
张应曾	149
章基远	227
郑　纪	233
郑祖侨	211
周之麟	55
朱　城	34
朱　赓	4
朱　珪	69、212
朱凤标	96、318
祝　瀚	46

附录三 墓主索引

说明：本索引前列墓主姓名，后列本书页码。以汉语拼音为序编排。

序	墓主姓名	页码	序	墓主姓名	页码
047	来天球	110	073	楼宗诰	311
048	来统 / 黄氏	113	074	楼京澜	313
049	来行甫	115	075	楼文焕 / 章氏 / 王氏	315
050	来鹄	117	076	楼春玉 / 俞氏 / 李氏	316
051	来鹬	119	077	倪启周	240
052	来鹗	120	078	瞿大璐	320
053	来统	121	079	任宗汤 / 支氏	75
054	来宏辉	123	080	任昌	77
055	来经济 / 周氏	125	081	任荣	79
056	来冠岩	127	082	任谦	81
057	来斯行	130	083	任溥	83
058	来自京	133	084	任高	84
059	来彭禧	135	085	任昂	85
060	来集之	137	086	史妙清	259
061	来起峻	140	087	史继善	53
062	来荫溥	143	088	史孟章	55
063	来其鉴	145	089	沈衡	169
064	楼文隽	296	090	沈云英	171
065	楼寿高	298	091	沈玺 / 史氏	175
066	楼齐贤	300	092	沈恩	177
067	楼公权	301	093	沈子富	179
068	楼公爽	302	094	沈宗善	181
069	楼淮	304	095	沈宗瑜	183
070	楼乘骢	306	096	沈宗政	185
071	楼长民	308	097	单无咎	213
072	楼源溆	309	098	单无违	215

序	墓主姓名	页码	序	墓主姓名	页码
099	单家桂	217	125	王文炜 / 单氏	30
100	盛严	275	126	王仲华 / 丁氏	32
101	施文台	230	127	王如珠	163
102	田华中	40	128	王兰	34
103	田钜	42	129	吴观	147
104	田可 / 汪氏	44	130	吴元礼 / 傅氏	149
105	田奇	46	131	许在衡 / 张氏	98
106	田渊 / 俞氏	48	132	许之梁 / 来氏 / 孙氏	99
107	田元福 / 俞氏	50	133	夏明文	239
108	汤克敬	88	134	徐宁	241
109	汤元裕 / 来氏	90	135	徐洪	243
110	汤杰	94	136	徐宰	245
111	汤宰熙 / 张氏	96	137	徐大夏 / 陈氏	247
112	汤宰熙 / 张氏	97	138	于文熊 / 于惠昌	3
113	王国桢 / 朱氏	4	139	於士宏	200
114	王师陆 / 曹氏	7	140	於盛斯	202
115	王政	9	141	於王臣	203
116	王道由	11	142	俞燕卿	238
117	王允	12	143	俞妙真	237
118	王一和	15	144	姚友直	235
119	王慎之 / 施氏	17	145	朱圣麟	60
120	王先吉	19	146	朱显卿	62
121	王九龙	22	147	朱盈义	64
122	王人骥	24	148	朱仲安	65
123	王钧 / 周氏	26	149	朱彩	67
124	王镇	28	150	朱筠	69